Andy Holzer

Balanceakt

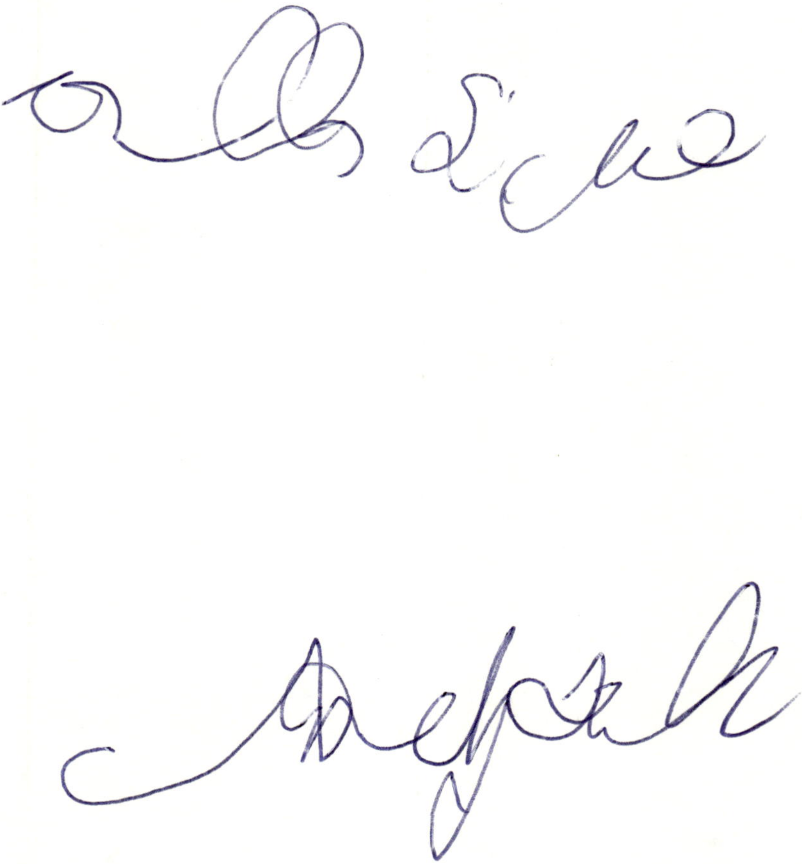

Andy Holzer

BALANCEAKT

BLIND AUF DIE GIPFEL DER WELT

WALTER

Bibliografische Information der Deutschen Nationalbibliothek: Die Deutsche Nationalbibliothek verzeichnet diese Publikation in der Deutschen Nationalbibliografie; detaillierte bibliografische Daten sind im Internet über http://dnb.d-nb.de abrufbar. Walter Verlag, Mannheim 2010. Autorenfoto Umschlagklappe: © Klaus Alber. Umschlagmotiv: © Andreas Scharnagl; Andreas Unterkreuter. Umschlaggestaltung: init. Büro für Gestaltung, Bielefeld. Printed in Germany. ISBN 978-3-530-50613-6

Ihr seht Dinge, die vorhanden sind,
und fragt: »Warum?«
Aber ich träume von Dingen, die es nie
gegeben hat, und frage: »Warum nicht?«
GEORGE BERNARD SHAW

INHALT

ICH TASTE MIT MEINER LINKEN HAND *nach oben, um wieder sicheren Halt zu finden. Gott sei Dank kommt mir ein Griff in die Finger, weil ich schon spüre, wie der winzige Felsvorsprung, auf dem ich mit dem rechten Zehenballen stehe, ganz langsam unter mir zerbröselt. Das durchlebe ich in den letzten zehn Minuten nun schon zum vierten Mal. Trotz dieses erbarmungslosen Ausgesetztseins oder vielleicht gerade deswegen genieße ich meine Lage auf eine sonderbare Weise – weil ich erneut dabei bin, die Grenzen meiner Möglichkeiten weiter auszudehnen.*

Dass ich mich dreißig Meter über dem Abgrund befinde, spüre ich ganz deutlich. Mein Sicherungsseil läuft an diesem Tag nicht gestrafft hinauf wie sonst, wenn Hans mich von oben sichert. Stattdessen hängt es von meinem Klettergurt in einem leichten Bogen schlaff nach unten. Beim Einstieg, auf einer abschüssigen Felsrampe, steht meine Mutter, die mir das Seil nachgibt und meinen Kletterkünsten blind vertraut. Was soll sie auch sonst tun, ist das doch ihre erste richtige Klettertour. Und sie hat keine Ahnung, wie man so eine Seilschaft händelt. Kurz vor unserem Einstieg in die Wand habe ich ihr noch schnell gezeigt, wie man den Bremsknoten macht, der das Seil im Falle meines Sturzes in ihrem Karabiner blockiert.

Mutter ist mit mir in der Früh zwei Stunden über teils wegloses Geröll bis zum Wandfuß der Teplitzerspitze hochgestiegen, weil ich für mein Vorhaben an diesem prächtigen Septembertag keinen anderen Partner gefunden hatte. Beim aufrechten Gehen bin ich auf die Geräusche eines Partners angewiesen, dessen Schritte ich akustisch analysiere. Auf diese Weise kann ich unterscheiden, ob mein Fuß beim nächsten Schritt auf einem festen Untergrund, einem schlüpfrigen Rasenflecken, einem schiefen Schotterpodest oder einem weichen Moospolster landen wird. Ich folgte also meiner Mutter, die in diesem mühsamen Gelände meine Führerin war. »Wir müssen jetzt hinauf zu diesem Schneefleck und dann leicht nach rechts in die zweite Schlucht von rechts«, erklärte ich ihr gemäß meiner virtuellen Landkarte, die ich im Gehirn gespeichert habe, und das genügte ihr, um uns zum Einstieg zu bringen. Ab dort war ich der Chef, weil ja nun meine Finger den jetzt senkrecht verlaufenden Boden ertasten konnten und ich plötzlich genügend Sinneseindrücke erhielt, um mich zu orientieren. Um die Moral unserer Seilschaft hochzuhalten, sagte ich meiner Mutter noch, dass es oben bald wieder flacher werden wird und wir dann leichter vorankämen.

Ich merkte schon sehr bald, dass es an diesem Tag ernst werden würde. Ein Schwefelgeruch, der entsteht, wenn das Gestein durch Erosion und wetterbedingte Einflüsse brüchig ist, und glitschige Wasserflecken in tieferen Einbuchtungen sind für mich Alarmzeichen. Es fühlt sich an, als kletterte man im Souvenirladen über ein gläsernes Regal und hielte sich an lauter Kaffeetassen und kleinen Blumentöpfen fest, die jederzeit mit einem in die Tiefe stürzen wollen. Trotzdem schiebe und drücke ich mich durch eine körperbreite Spalte immer höher. Mir kommt in den Sinn, was Hans gemeint hat, als er mir sagte, dass sich diese Nordwand für mich nicht eigne, weil der Fels so brüchig sei und schon sehende Kletterer hier ein großes Risiko eingingen. Trotzdem bin ich meinem unbändigen Kletterdrang gefolgt, habe meine eigene Mutter, eine Dame von über fünfzig Jahren, als Seilpartnerin eingeteilt und raufe nun ums Durchkommen. Einen kurzen Moment denke ich auch an einen Rückzug, was mir jedoch in meiner prekären Lage als reiner Selbstmord erscheint. Wenn man beim Hochklettern schon an der Grenze des Möglichen ist, dann ist ein Abklettern blanker Wahnsinn. Und irgendwo ganz tief in mir spüre ich ganz deutlich, dass kein Grund zur Panik besteht.

Mit meinem Kletterhelm stoße ich plötzlich gegen einen Überhang. Mir wird klar, dass ich am oberen Ende des Risses angekommen bin und mich meine Route nun nach rechts in nicht mehr ganz so steiles Gelände führen muss. Ich taste mich über die rechte Kante hinaus und versuche mich über einen Felshöcker, der sich anfühlt wie der Rand einer überdimensionalen Badewanne, hinüberzuschwingen.

Als ich mich dabei mit dem Fuß abstoße, löst sich wieder ein Felsbrocken, und ich glaube ins Leere zu fallen. Mir ist klar, dass ein Absturz an dieser Stelle nicht zu überleben ist, weil ich bis jetzt noch keine einzige Zwischensicherung eingehängt habe. Was heißt eingehängt, ich habe auch noch keinen Haken zum Einhängen gefunden. Intuitiv winde ich meinen Oberkörper und bekomme punktgenau eine fingerbreite Ritze zu fassen, die ich mir Sekunden zuvor beim Abtasten gemerkt habe. Im selben Moment höre ich weit unten den Felsbrocken irgendwo dumpf aufschlagen. Oh mein Gott, meine Mutter!

»Pass auf!«, ruft sie, und weil sie keine Sichtverbindung mehr zu mir hat, weiß sie auch nicht, wie hart ich kämpfe. Ich bin beruhigt, dass sie der Stein, dem sie gerade noch ausweichen konnte, nicht verletzt hat. Während ich ihr aufmunternde Worte zurufe, bewege ich mich die steile Felsrinne weiter nach oben.

Ich selber war noch nie in dieser Wand und ich klettere nur dem Bild in meinem Kopf nach. Wenn mir Menschen etwas beschreiben, bin ich nach einigen gezielten Rückfragen in der Lage, mir eine sehr genaue, ja sogar detailgetreue Vorstellung davon zu machen. Das Bild dieser Route habe ich aus Erzählungen anderer Bergsteiger für mich generiert, und nun hoffe ich, mich darauf verlassen zu können. Demnach müsste mein fünfzig Meter langes Kletterseil langsam zu Ende gehen und hier irgendwo müsste der erste fixe Stand mit zwei Felshaken sein. Meine Mutter bestätigt mir lautstark von unten, dass ich nur noch zwei Meter Seil habe, und ich weiß nun, dass ich dringend einen Standplatz finden muss, um mich festzubinden, meine Mutter am straffen Seil nachzusichern und dann die nächste Seillänge in Angriff zu nehmen. Bis jetzt habe ich noch nicht den mindesten Hinweis darauf gespürt, dass sich hier tatsächlich ein von Menschenhand eingeschlagener Haken befinden soll. Ich weiß also nicht, ob ich überhaupt in der richtigen Route bin, und werde langsam nervös. Es ist natürlich immer noch denkbar, dass meine gedachte Landkarte mit der tatsächlichen Topografie nicht übereinstimmt und mir mein Vorstellungsvermögen einen bösen Streich gespielt hat. Wie wild fingere ich mit beiden Händen an den Felsen herum, um diese verdammten Metallhaken endlich zu finden. Wenn meine Mutter jetzt losklettert, liegt auf einmal nicht nur mein Schicksal, nein, auch das Schicksal meiner Mutter ganz in meiner Hand. Meine Mundhöhle ist staubtrocken und mein Gaumen schmeckt bitter.

Als mich meine Mutter von unten immer wieder fragt, was los sei, weil sie an der stagnierenden Seilbewegung erkennt, dass irgendetwas nicht stimmen kann, versuche ich ihr mit entspannter Stimme zu vermitteln, dass ich mir nur die Schuhbänder knüpfen müsse. Ich weiß haargenau, *dass ich es bin, der unsere trudelnde Seilschaft nun ins Lot bringen muss. Also konzentriere ich mich noch einmal ganz auf das, was mir Monate zuvor von anderen Bergsteigern über die Teplitzer Nordwand erzählt worden war. Natürlich hatten sie nicht im Traum daran gedacht, dass dieser verrückte Blinde diese Route nun als Seilführender klettern würde, denn sonst hätten sie wohl geschwiegen.*

Hatte damals nicht einer gemeint, dass er die Haken mit der Hand fast nicht erreicht hätte und noch ein kleines Stück höher steigen musste, um den Sicherungskarabiner dort einzuhängen? Also strecke ich mit dem Karabiner in der Hand meinen Arm so hoch ich kann nach oben und höre endlich das metallische Klirren vom Standhaken. So schnell ich kann, klinke ich ihn ein und rufe mit selbstbewusster Stimme: »Nachkommen!«

Nach kurzer Zeit höre ich von unten, dass meine Seilpartnerin ihren Aufstieg beginnt und ich sie nun am gespannten Seil die erste Seillänge bis zu mir herauf nachsichern kann. Schnell kehrt mein Urvertrauen zurück und ich bin stolz darauf, wie meine Mutter am anderen Ende des Seiles relativ flott heraufklettert, und ebenso stolz darauf, der Führer dieser besonderen Seilschaft zu sein.

Zwischen uns werden nicht viele Worte gewechselt, weil wir uns inmitten einer dreihundertfünfzig Meter hohen, wilden Felswand befinden. Ein Entkommen ist nur noch über den Weg nach oben möglich. Meine Mutter begreift schnell, dass sie unser Team nun nicht mit destruktivem, panischem Verhalten, sondern nur durch Zuversicht und gegenseitiges Vertrauen positiv beeinflussen kann. Immerhin haben wir noch zwölf Seillängen vor uns.

Ein kleiner Schock, den sie aufgrund ihres Augenlichts erst nur für sich verarbeiten muss, ist der Anblick der zweiten Seillänge. Sie führt über eine aalglatte Felsplatte, die steil ist wie ein gekipptes Fenster, horizontal hinüber. Meine Mutter kann nun die ganze Kletterstrecke bis zum nächsten Standplatz und die verschiedenen Zwischenhaken einsehen. Diese für sie ungewohnte Sicht in ein Labyrinth von Abgründen hilft nun wiederum mir, unsere zweite Seillänge zu meistern. Ihre kurzen Zurufe genügen mir zur groben Orientierung, und ich muss mich nur noch auf die Feinabstimmung meines Körpers, auf Tritte und Griffe konzentrieren. Die Überquerung dieser schrägen Platte bedeutet eine große Herausfor-

derung für mich, weil meine Füße nicht mehr meinen Händen folgen können und ich keine Information darüber habe, wie es unter meinen Sohlen aussieht. Ich bringe diesen Balanceakt jedoch hinter mich und freue mich über eine zwanzig Meter lange, handbreite Spalte, die mir den Weg durch diese Plattenwand bis hoch zum Standplatz weist. Wieder das Hantieren mit Haken und Karabinern, Seil einhängen, das Kommando »Nachkommen!« und schon darf sich meine Mutter, von mir gesichert, ein paar weitere Schritte dem Gipfel nähern.

Stunde um Stunde vergeht, eine Seillänge folgt auf die andere. Unsere Seilschaft hat sich lange schon auf ihre Stärken und Schwächen eingestellt, und nur noch vierzig Höhenmeter trennen uns vom höchsten Punkt. Nun lasse ich meiner Mutter den Vortritt. Ungläubig schaut sie mich an. Schaut mich an? Ich registriere das anhand ihrer Atmung, der wärmenden Ausstrahlung ihrer Haut und anderer mir teils unbewusster Signale, die mir sagen, wie ihr restlicher Körper positioniert ist.

Meine Mutter war schon immer eine selbstbewusste Frau und steigt wirklich die letzten Meter der Steilwand hinauf, um dann nach wenigen Schritten die kleine Gipfelfläche zu erreichen. Ein aus tiefster Brust ertönender Juchzer von oben bestätigt mir, dass dies auch für meine Mutter einer der schöneren Tage in ihrem Leben sein muss …

EINE GANZ NORMALE KINDHEIT

AMLACH, MEIN HEIMATDORF, ist eine Dreihundert-Seelen-Gemeinde, ein kleines, idyllisches Nest in Osttirol. Zwischen schroffen Dolomitenzacken im Süden und den wildromantischen Gebirgszügen der Hohen Tauern im Norden liegt es sanft eingebettet im flachen Talboden von Lienz und wird vom schützenden »Amlacher Waldele« umrahmt. An diesem verträumten Platz ist mein Vater auf dem Hof seiner Eltern erwachsen geworden und hat sich zusammen mit meiner Mutter, die aus Lienz stammt, und mit seinem Bruder Alois und dessen Frau Christl ein Zweifamilienhaus gebaut. 1961 heirateten meine Eltern und zogen in das mit viel Mühe geschaffene Eigenheim ein. Mein Vater war Briefträger und meine Mutter Textilverkäuferin, und so hatten sie alle Hände voll damit zu tun, sich diese gemeinsame Bleibe zu schaffen. Im Mai 1963 kam dann endlich das erste Kind zur Welt, ein Mädchen. Als meine Mutter nach einigen Tagen aus dem Krankenhaus nach Hause kam und meine Schwester Elisabeth im Gepäck hatte, war im Hause Holzer die Stimmung nicht zu überbieten.
Nur wenige Tage konnten meine Eltern dieses Glücksgefühl genießen, bevor die Schreckensmeldung eintraf: Der Bruder meiner Mutter sei von seiner Tour noch immer nicht zurückgekehrt, obwohl es schon finstere Nacht war und er am nächsten Morgen zur Arbeit musste. Onkel Franz war ein begeisterter, ja beseelter Bergsteiger und hatte mit seinen zarten siebzehn Jahren schon so manche schwere Route gemeistert. Er wollte das lange Pfingstwochenende für mehrere Tagestouren hintereinander nutzen, um dem Alltag beim Klettern im warmen Dolomitenfels für eine Weile zu entkommen. Am Samstag war er ganz alleine aufgebrochen und jetzt war Montagnacht, doch von Onkel Franz gab es keine Spur.
Dass irgendetwas nicht stimmen konnte, war meinen Eltern so-

fort klar, konnte man sich auf ihn doch immer hundertprozentig verlassen. Am Dienstagnachmittag kam dann die traurige Nachricht, dass mein Onkel in der Hochstadel-Nordwand, einer knapp 1400 Meter hohen Felswand am östlichen Rand der Lienzer Dolomiten, von einer Schnee- und Steinlawine in den Tod gerissen worden war. Mein Großvater war selbst ein guter Bergsteiger und half der Bergrettung bei der Suche nach seinem Sohn.

Innerhalb einer guten Woche das erste Kind zur Welt zu bringen und den eigenen Bruder zu verlieren, das muss für meine damals einundzwanzigjährige Mutter eine Achterbahnfahrt der Gefühle gewesen sein. Mein Vater, vierzehn Jahre älter als sie, hat damals alles Erdenkliche getan, um seiner Frau in dieser harten Zeit beizustehen.

Die zweite schwere Prüfung erwartete das junge Ehepaar, als die Ärzte nach einigen Untersuchungen die lähmende Diagnose »Retinitis pigmentosa« für ihre Tochter Elisabeth stellten.

Die »RP«, wie diese schwere Augenerkrankung in der Medizin abgekürzt wird, ist eine irreparable Netzhauterkrankung, die häufig zur völligen Erblindung führt. Bei diesem Netzhautschaden fehlen die Stäbchen und Zäpfchen im menschlichen Auge teilweise oder vollständig. Diese lichtempfindlichen Sehzellen wandeln das optische Bild, das durch die Pupille auf die Netzhaut im Augenhintergrund projiziert wird, in elektrische Signale um und schicken es über den Sehnerv in das Gehirn.

Elisabeth wird erblinden, das war die bittere Erkenntnis für meine Eltern, dabei hatten sie noch nicht einmal bemerkt, dass mit den Augen der Kleinen etwas nicht in Ordnung war.

Meine Schwester hat eine Form der RP, bei der sich das Gesichtsfeld langsam von der Peripherie in Richtung Zentrum einengt, weil die Sehzellen vom äußeren Rand der Netzhaut aus abzusterben beginnen. Bis in die Pubertät hinein konnte sie noch etwas sehen, die Bilder dieser Welt genießen, wenn auch nur mit dem sogenannten Tunnelblick, ein im Durchmesser sehr stark eingeschränktes Gesichtsfeld, als schaue man durch eine Röhre. Elisabeth hat sich schon als Baby so auf das Leben mit viereinhalb Sinnen eingestellt, dass sie die optischen Ausfälle zunehmend durch Informationen der anderen Sinnesorgane kompensieren konnte. Sie hantierte genau wie ein normal sehendes Kind mit ihren Spielsachen, und wenn ihr etwas hinunterfiel, griff sie recht zielstrebig danach, weil sie ja genau hörte, wo es hinfiel. Sie fand sich in ihrer gewohnten Umgebung sehr gut zurecht. Erst als Elisabeth über zwei Jahre alt war und die Eltern mit ihr die ersten Ausflüge machten, fiel in bestimmten Situationen ihr eigenartiges Verhalten auf. Meine Schwester reagierte zum Beispiel nicht, wenn ihr mein Vater aus dem fahrenden Auto ein weidendes Pferdchen zeigte.

Wenn dann jedoch der Wagen abgestellt wurde und der Motorenlärm verstummte, wurde das Tier für sie plötzlich interessant und es gab kein Halten mehr. Diese eigenartigen Wahrnehmungsstörungen machten meine Eltern stutzig, und so gingen sie der Sache auf den Grund. Eine Augenerkrankung kam zunächst selbst den Ärzten nicht in den Sinn, weil sich Elisabeth diesbezüglich ja ganz unauffällig verhielt. Man vermutete sogar, dass ihr sonderbares Verhalten mit einer Geisteskrankheit zusammenhängen könnte. Bis dann ein Augenarzt die richtige Ursache herausfand und meiner Mutter sagte, dass ihre Tochter erblinden würde. Meine Eltern sollten wissen, dass jedes weitere Kind dieselbe Erkrankung, sogar in einem noch fortgeschritteneren Stadium, mit auf den Weg bekommen würde. Diese Hiobsbotschaft kam für meine Mutter allerdings zu spät, weil das zweite Kind schon unterwegs war. Und das war mein Glück. Es war der 3. September 1966 um null Uhr 22, als mich meine Mutter im Krankenhaus in Lienz zur Welt brachte.

ALS WILLE GOTTES ODER ALS LAUNE DER NATUR, egal, wie sich meine Eltern die Krankheit ihrer beiden blinden Kinder damals erklärt haben, in Verzweiflung gerieten sie darüber nicht. Im Gegenteil, sie entwickelten eine Kraft, für ihren Nachwuchs zu kämpfen, wie man es von Löwen kennt. Ganz intuitiv, ohne Unterstützung von Fachleuten, erkannten sie, dass ein ganz normaler Umgang das einzig Richtige war, um ihren Kindern ein erfülltes Leben zu ermöglichen. So wurde ich nicht besonders gewarnt,

wenn ich mit meinem Kopf nur noch fünf Zentimeter von der Kante des Küchentisches entfernt war, weil ich dort, wenn es richtig wehtat, sicherlich nur einmal anstoßen würde.
Mein Kinderzimmer, unser Wohnzimmer, unsere Küche, das Badezimmer, den Flur und das Treppenhaus sondierte ich automatisch mit meinen Händchen, Beinchen und den sensiblen Sinneszellen meiner Haut, die mir an jeder beliebigen Stelle meines Körpers schmerzlich anzeigten, wo mir ein Hindernis im Wege stand.
Eine gezielte Untersuchung meiner Augen ergab, dass ich als zweitgeborenes Kind noch schwerer von dieser Augenkrankheit betroffen war als meine Schwester, genau so, wie es die Ärzte schon vor meiner Geburt prophezeit hatten. Das war für mich nicht unbedingt ein großer Nachteil, weil ich mich von Anfang an auf das Sehen mit Ohren, Nase und meinen restlichen Sinnen einstellen konnte. Mit Leichtigkeit jonglierte ich mich schon als Kleinkind durch meine »Dunkelheit«. Es war, wie zweisprachig aufzuwachsen.
In den ersten Lebensmonaten lernt der Mensch so viel binnen kurzer Zeit wie in späteren Jahren nie mehr wieder. Meine Anpassung an die sehenden Menschen war daher schon im Kleinkindalter so weit fortgeschritten, dass meine Blindheit für meine Spielkameraden nie ein Thema gewesen ist. Sie ist ihnen nie sonderlich aufgefallen. Meine Spielgefährten waren damals die Kinder der Geschwister meines Vaters, also meine Cousins und Cousinen, die alle in unmittelbarer Umgebung in Amlach lebten. »Der Andy sieht schlecht«, wurden sie von ihren Eltern informiert. Doch diese Warnung war für sie genauso unwichtig wie für mich selber, weil es ja praktisch keine Defizite bei unserem gemeinsamen Herumtollen gab. Jeder von uns war eben anders als der andere, und so wussten wir genau, was man mit wem anstellen konnte. Wenn es zum Beispiel um ein Ballspiel ging, bei dem ich ohne Augenlicht immer nur verlieren konnte, hatte ich gerade keine Lust dazu. Genauso wie der Franz gerade keine Zeit hatte, wenn wir ein Wettrennen im Sackhüpfen veranstalteten. Franz war nach sechs Monaten als Frühchen mit gerade mal 975 Gramm Körpergewicht zur Welt gekommen und im Vergleich zu uns ande-

ren von relativ schwacher Konstitution. Und so versuchte eben jeder von uns, seine Schwäche zu verbergen, um seinen Stellenwert in der Gruppe nicht zu verlieren.
Kompliziertere Aktionen wie das Heuhüpfen, bei dem wir in der Tenne meines Onkels von der obersten Etage präzise durch die Lücken einer Zwischendecke sprangen, um dann im Heuhaufen im untersten Geschoss zu landen, konnte ich nur mit Karli oder Hannes angehen. Meine beiden Cousins hatten die nötige Gewandtheit, sich beim Springen im richtigen Augenblick so zu winden und zu drehen, dass sie mit keinem ihrer Körperteile an den staubigen Holzbalken anschlugen. Nebenbei hatten die beiden eine ganz besondere Art, mir gerade so viel Information zukommen zu lassen, dass auch ich ohne schwere Verletzung durchkam.
Für mich war der Tonfall ihrer Stimmen entscheidend. Daran erkannte ich, ob Spitzen rostiger Nägel meinen Durchschlupf seitlich einengten, also Gefahr lauerte, oder ob freie Bahn für mich vorlag. Auf den Tonfall kam es deshalb an, weil sie mich nie direkt vor solchen Gefahren warnten, sondern sich einfach auf meine Wahrnehmung verließen. Warum auch, der Andy bekommt das eh alles mit, haben sie wohl gedacht. Indem sie mir das zutrauten, taten sie mir einen großen Gefallen. Das Johlen und Schreien von Hannes und Karli genügte mir, um den Raum für mich zu analysieren und meinen Sprung richtig zu trimmen. So landete ich haarscharf neben ihnen im Heuhaufen.
Eine andere große Herausforderung bestand darin, mit meinem Onkel und dessen Kindern die Kühe von der Weide in den Stall zu treiben. Onkel Hans war der älteste Bruder meines Vaters, der den Bauernhof von meinem Großvater übernommen hatte. Er war Vater von fünf Kindern: Hannes, Magdalena, Matthias, Gertraud und Seppi. Die Viehweide lag am Dorfrand, und es war nicht einfach, die störrischen Rinder ohne Zwischenfälle durch die schmalen Gassen von Amlach nach Hause zu treiben. Bei den Hofeinfahrten wollten sich die Tiere in den Gemüsegärten der Bäuerinnen bedienen oder ihre Sehnsucht nach anderen Artgenossen bei den Nachbarbauern stillen. So liefen wir Kinder voraus, um an neu-

ralgischen Stellen mit einem Haselstock in der Hand die kleine Herde von zwanzig Kühen auf dem richtigen Weg zu halten. Onkel Hans ging meistens hinter seinen Wiederkäuern her und gab uns Anweisungen, wie wir uns aufstellen sollten.
Wenn mich mein Onkel dann aufforderte, eine Abzweigung zu einem fremden Gehöft zu versperren, geriet ich ganz schön in Stress, weil ich nun alleine für diese Problemstelle zuständig war und die Verantwortung dafür spürte. Es war für mich schwierig, nur nach Gehör zu unterscheiden, ob nun eine Kuh schon hinter mir, praktisch im Sperrgebiet, oder doch noch knapp auf der Dorfstraße vor mir die Stelle passierte. Die Akustik spielte mir oft einen Streich, weil die Tritte der vielen Paarhufer im Gemäuer der Bauernhäuser widerhallten und mir ein falsches Klangbild übermittelten. Dass Onkel Hans schimpfte, wenn auf mich kein Verlass war, tat ein Übriges, um mich zu noch mehr Konzentration anzuspornen.
Die Erwachsenen gingen damals mit mir genauso unkompliziert um wie die Kinder, weil sie aus meiner Körpersprache keine größere Einschränkung ableiten konnten. Sie wussten zwar, dass Elisabeth und ich praktisch blind waren, schenkten dem aber keine sonderliche Beachtung. Es kam auch vor, dass ich mit meinem Haselstock noch dastand, obwohl die kleine Gesellschaft von Rindviechern schon an mir vorbeigezogen war, und das, was ich hörte, war eine Gruppe Touristen, die sich unserem Viehtrieb angeschlossen hatte.
Erst wenn die Kühe im Stall standen, erholte ich mich von meiner heimlichen Anspannung. Richtig wohl fühlte ich mich erst wieder, wenn ich auf Tuchfühlung mit den Pinzgauern und dem Fleckvieh war und ihnen mit dem Striegel das Fell reinigte. Die Kühe waren im Stall dicht nebeneinander angekettet. Ich spürte ihre Körperwärme und die kleinsten Bewegungen dieser großen Geschöpfe. So konnte ich erahnen, ob sich meine Kuh im nächsten Moment hinlegen oder sich in eine andere Richtung bewegen würde. Das gab mir Sicherheit. Ich spürte auch, ob das sechshundert Kilogramm schwere Tier mit meiner Behandlung zufrieden war oder ob es sich gerade unwohl fühlte.

Kinder aus der nahen Stadt, die wir manchmal in den Stall mitnahmen, bewunderten meinen Mut, mich so nah bei den Kühen aufzuhalten, obwohl ich diesen Riesenviechern nur bis zu den Hüftgelenken reichte. Ich konnte geschmeidig unter ihren »Banzen«, ihren Bäuchen, hindurch auf die andere Seite schlüpfen, was noch größeres Staunen hervorrief.
Improvisieren war für mich angesagt, wenn Hannes und ich im Winter eine Sprungschanze bauten, damit wir mit unseren Schiern Weitsprung üben konnten. Als die Schanzen noch eher klein waren, fiel es mir leicht, den Anlauf, den Schanzentisch mit der Absprungkante und den Bereich der Landung zu berechnen. Erst als wir größer wurden, mussten auch unsere Sprungschanzen immer höher und unsere Sprünge immer weiter werden. Damit nahm auch die Geschwindigkeit zu, und ein Sprung wurde für mich allmählich zu einem unkoordinierten Höllenritt ins Ungewisse, weil die angestrebten Höchstweiten bereits jenseits von zwanzig Metern lagen.
Schon in der Anlaufspur strauchelte ich manchmal, und den Schanzentisch traf ich oft nur mit einem Schi. Ein fürchterlicher Sturz war dann nicht mehr aufzuhalten. Die Zuschauer, also die Kinder aus dem Dorf, interessierten sich für unser Treiben. Sie waren begeistert, wenn Andy, der »wilde Hund«, die Sau rausließ. Ich sagte ihnen ja nicht, dass ich die Schanze gar nicht sehen konnte, sondern tat einfach so, als ob mein Straucheln eine geplante Gaudi-Aktion gewesen sei. Für mich wäre es das Schlimmste gewesen, wenn ich meinen Status als pfiffiger Kerl mit genialen Einfällen – natürlich ohne Schwächen – verloren hätte.
Bald merkte ich, dass ich so auf die Dauer nicht mehr mithalten konnte und mein Ansehen in unserer Rasselbande verlieren würde, wenn ich mir nicht etwas einfallen ließe, um meine Missgeschicke zu minimieren. Dazu nutzte ich das neue Farbfernsehgerät, das seit Kurzem in unserem Wohnzimmer stand. Damals lief die Direktübertragung der Olympischen Winterspiele in Innsbruck, und täglich saß ich vor dem Bildschirm, um möglichst viele Titelkämpfe live zu verfolgen. Es regte mich immer auf, wenn ein langweiliger Kommentator dran war, weil ich meine Informatio-

nen ausschließlich von ihm und vom Platzlautsprecher im Hintergrund empfing. Der Lärm des Publikums und das schürfende Geräusch der Schier auf der Schanze genügten mir, um die Weite des Fluges zu schätzen. Der zeitliche Abstand vom Absprung am Schanzentisch bis zur Landung war deutlich zu hören, und so war es für mich einfach zu erkennen, ob ich mich über eine große Weite meines Favoriten freuen konnte oder mich über seinen verpatzten Sprung ärgern musste.

Der Jubel oder das Raunen der Zuschauer bestätigten mir mein jeweiliges Hörbild. Der missglückte Sprung eines Koreaners sollte mir für meine eigene Karriere als Schispringer besonders zugutekommen. »Um Gottes willen! Knapp am Tannenreisig vorbeigeschrammt«, so kommentierte der Sprecher das Missgeschick des Asiaten, und ich fragte meinen Vater, was Schispringen denn mit Tannenreisig zu tun habe. Da erklärte er mir ganz beiläufig, dass die Organisatoren am Rand der Anlauf- und der Landezone Tannenzweige in den Schnee gesteckt hätten, damit der Sportler bessere Sicht habe und seinen Sprung gut berechnen könne. Umgehend setzte ich meine neue Erkenntnis in unser Projekt Schispringen um und sagte zu Hannes, dass wir Tannenzweige holen und im Abstand von einem Meter beidseitig der Anlaufspur in den Schnee stecken sollten. Seine Frage, wozu das gut sein sollte, beantwortete ich mit der Gegenfrage, ob er denn am Tag zuvor nicht im Fernsehen gesehen hätte, dass die richtigen Schispringer auch Tannenzweige zur Kontrastverbesserung verwendeten. Für mich war es natürlich nicht der Kontrast, der mich an dieser Idee begeisterte, sondern die größere Chance, überhaupt die Anlaufspur und den Schanzentisch zu treffen. Wenn ich von der Spur abkam, würde ich das an den Tannenzweigen merken, die dann meine Beine streifen würden. Mit diesem simplen Trick konnte ich meinen Kurs augenblicklich wieder korrigieren.

Unsere Sprunganlage wirkte nun mit den grünen Tannenzweigen im weißen Schnee viel professioneller. »Das war wieder eine gute Idee vom Andy«, meinten meine Freunde. Dass ich nun plötzlich wieder pfeilgerade über den Schanzentisch sauste, fiel weiter keinem auf. Nur ich selbst freute mich nach jedem gelungenen Sprung still und heimlich über diese geniale Idee.

Ein ganz besonderes Spektakel war es für die Holzers, als es hieß, das Dach unseres Hauses neu einzudecken. Durch die großen Schneemengen im Winter und die ausgeprägten Temperaturunterschiede im Laufe des Jahres wird es von Zeit zu Zeit notwendig, die in Mitleidenschaft gezogene Ziegeldeckung auszutauschen. Die Nachbarschaftshilfe wurde in Amlach immer großgeschrieben und so war es klar, dass sich das Leben nun für einige Tage auf dem steilen Dach meines Elternhauses abspielen würde. Für meine Eltern war es unmöglich, den kleinen Andy davon auszuschließen, und so saß ich mit einem Hammer und einigen Nägeln ausgerüstet, genau wie mein Vater, Onkel Lois, Karli, Hannes und die anderen Helfer, oben am offenen Dachstuhl.

Mit meinen Fingern tastete ich den Quadratmeter, auf dem ich mich gerade befand, nach den schmalen Dachlatten ab, damit ich nicht dazwischen in die Tiefe fiel. Spielraum gab es für mich im Gegensatz zu den anderen in dieser Situation fast keinen, weil schon eine falsche Bewegung auf der dünnen Lattung einen Absturz bedeuten konnte. Je weiter die Arbeit fortschritt und je mehr sich die Dachhaut schloss, desto größer wurde meine Bewegungsfreiheit, und ich konnte beim Verteilen der neuen Dachziegel tatkräftig mithelfen. Die Ziegel wurden in kleinen Stapeln auf der Dachfläche deponiert, damit der Dachdecker, der aus dem Nachbardorf engagiert worden war, möglichst kurze Wege zum Material hatte.

Meine Mutter und mein Vater wurden von den Menschen im Dorf natürlich immer wieder darauf aufmerksam gemacht, dass der Andy ja nicht gut sehen würde und sich trotzdem oben am Dach herumtreibe. Tante Leni, die Schwester meines Vaters, die direkt gegenüber wohnte, zündete immer Kerzen an, wenn sie solche gefährlichen Aktivitäten beobachten musste, damit der Herrgott seine schützende Hand über mich hielt.

DER HERRGOTT SPIELTE IN MEINER KINDHEIT eine große Rolle, weil der Glaube und der Kirchgang bei uns sehr gepflegt wurden.

Ich sehe es als schöne Fügung, dass das Gotteshaus von Amlach ausgerechnet der heiligen Ottilie geweiht ist. Die heilige Ottilie ist nämlich als Patronin für die Augenleidenden und blinden Menschen auf dieser Welt zuständig. Der sonntägliche Gottesdienst gehörte zum ganz normalen Wochenablauf, und so saß ich als kleiner Junge zwischen den flauschigen Sakkos meines Vaters und anderer Erwachsener hinten rechts in den Männerbänken unseres Kirchenschiffes.

Meine Schwester wartete währenddessen neben meiner Mutter in den Frauenbänken die Predigt des Herrn Pfarrers geduldig ab. Anstrengend wurde der Gang in unsere Kirche für mich erst später, als wir Kinder nicht mehr hinten bei den Erwachsenen sitzen wollten, sondern vorne in den Jugendbänken bei den anderen Kindern von Amlach. Von nun an war extreme Konzentration erforderlich, damit ich mich in dieser heiligen Stille, verfolgt von den zahlreichen Blicken der versammelten Gemeinde, möglichst unauffällig zur richtigen Kirchenbank vortasten und dort Platz nehmen konnte. Es war für mich schwierig festzustellen, in welcher Reihe meine Cousins am jeweiligen Sonntag saßen, und so kam es auch vor, dass ich in der falschen Bankreihe landete. Das war dann immer ein peinlicher Moment, wenn ich mich nicht neben Hannes, Franzi oder Karli wiederfand, sondern eine mir unbekannte Körperausdünstung neben mir feststellte.

Noch schlimmer wurde es für mich, wenn ich nach der heiligen Kommunion, zu der man sich von der Kirchenbank erheben und ehrfürchtig den Altarraum betreten musste, meinen Sitzplatz wiederfinden wollte. Ich nutzte dann das Gedränge der Menschenmenge, weil ich mich so unmerklich vom einen zum anderen tasten konnte.

Das Fest der Erstkommunion, bei dem junge Christen im Alter von acht Jahren zum ersten Mal die heilige Eucharistie empfangen dürfen, bereitete mir großes Unbehagen. Wir waren damals fünf Erstkommunikanten aus Amlach und hatten im vorderen Bereich unserer Ottilienkirche Platz genommen, ganz ähnlich, wie es das Brautpaar bei der kirchlichen Trauung tut. Wie auf dem Präsentierteller fühlte ich mich von der ganzen Festgesellschaft bei jeder meiner zaghaften Bewegungen beobachtet. Der Programmablauf dieser feierlichen Zeremonie war Schritt für Schritt mit unserem Herrn Pfarrer einstudiert und es durfte ja nichts schiefgehen. Die fünf Erstkommunikanten mussten sich im richtigen Moment erheben, niederknien oder gemeinsam einige Zeilen eines Textes vorlesen.

Nach dem Gottesdienst schritt ich mit meinen vier Freunden stolz aus der Kirche und es ging gleich weiter zum Fotografen, der diesen einmaligen Tag in meinem Leben bildlich festhalten sollte. Ich stand da, in meinem stilvollen, olivgrünen Anzug mit Fliege, meine Taufkerze in der Hand, wie es sich für einen strammen Jüngling an so einem großen Tag eben gehörte.

Allzu entspannt dürfte mein Blick allerdings nicht gewesen sein, weil mich der Fotograf immer wieder zum Lächeln und zu einem Blick in die Kamera aufforderte. »Hierher! Daher!, kannst du nicht gradaus schauen? Schau mal dorthin!« Mit solchen Befehlen wurde ich gequält. Eine ganze Weile konnte ich mich trotz der kränkenden Bemerkungen des Fotografen über meinen unkoordinierten Blick noch beherrschen, bis endlich meine Geduld erschöpft war und meine Traurigkeit sich in einem Weinkrampf Luft verschaffte.

Ein mentaler Kraftakt war für mich jedes Jahr das Fronleichnamsfest, das mit einer Prozession begangen wurde. Dabei bewegte sich eine lange Menschenkette, beginnend mit dem Kreuzträger, dem Kirchenchor, der hohen Geistlichkeit, gefolgt von Trägern der Heiligenfiguren, der Musikkapelle und dem Volk durch die Wiesen und über die Wege von Amlach. Betend, im Takt von getragener Musik, gingen die Männer getrennt von den Frauen und den Jugendlichen. An bestimmten Plätzen im Dorf, an denen weiß gedeckte Tische mit oppulentem Blumenschmuck aufgebaut waren, blieb die Prozession stehen und der Pfarrer verkündigte unter freiem Himmel das heilige Evangelium. Die Herausforderung für mich bestand darin, dass ich nicht irrtümlich aus der Reihe der Gläubigen trat. Solange es still war, konnte ich meinen Weg durch die Schrittlaute meiner Vorder- und Hinterleute recht gut voraussehen. Doch wenn die Musikkapelle mit ihren Pauken und Trompeten den Festakt zu untermalen begann, drohte meine Ortung in der Menschenreihe völlig zu versagen. Ich musste schon alle meine Ressourcen aktivieren, um dieses Fest zu überstehen, ohne großes Aufsehen zu erregen, und um meinen Platz in der langen Schlange der Gläubigen zu behalten und im Gleichschritt mit ihnen zu marschieren.

MEINE ELTERN HABEN SICH STETS BEMÜHT, uns blinden Kindern ein ganz normales Leben mit all seinen Facetten zu ermöglichen. Sie haben versucht, uns das Schifahren, das Eislaufen, das Schwimmen genauso wie das Radfahren und das Rodeln beizubringen, eben all das, was ein Kind bei uns in Osttirol so machte. Mein Gleichgewichtsorgan hat immer schon ausgezeichnet funktioniert, und es war für mich kein großes Problem, auf Schiern, Roll- oder Schlittschuhen zu stehen. Auch die Stützräder meines Kinderfahrrades wurden bald schon abmontiert. Die Schwierigkeit lag einzig und alleine in der Frage, wohin ich fahren sollte, weil ich ja auf diesen Sportgeräten keinen direkten Bodenkontakt mehr hatte und so schnell die Orientierung verlor. Meine Fußsohlen gaben mir keine Information über den Untergrund, und bald wurde mir klar, dass ich mit anderen Sinnen erkennen musste, wo ich mich befand.

Schließlich hatte ich doch noch vier andere, und schon das schleifende Geräusch der Schier meines Vaters genügte mir, um so recht und schlecht den Schihang hinunterzukurven. Nach der zweiten oder dritten Abfahrt kamen mir die einzelnen Unebenheiten der Piste schon bekannt vor und ich berechnete, wo ich die nächste Kurve machen musste, um nicht im Abseits zu landen. Es machte mir Spaß, dem Bild, das ich mir von der Strecke im Kopf schon ausgemalt hatte, mit vollem Körpereinsatz nachzufahren. Ein Schi-Rennläufer, der sich den Kurs vor dem Start x-mal durch den Kopf gehen lässt, tut eigentlich genau dasselbe.

Der Einstieg beim Schlepplift machte mir oft Schwierigkeiten, weil ich nicht wusste, wann der Bügel kam und in welche Richtung die Fahrt dann ging. Wenn ich die Zugrichtung auch nur um wenige Grade falsch berechnet hatte, wirkten gleich enorme Kräfte, die meinen Körper an den Rand der Liftspur zerrten, und ich hatte große Mühe, mich am Bügel festzuhalten. Nicht nur einmal flog ich bei solchen Manövern mit meinem Vater aus der Spur, was prompt mit hämischem Kichern der anderen Schifahrer quittiert wurde.

Im Laufe der Zeit prägte ich mir die einzelnen Stellen unserer Schigebiete detailgetreu ein. Egal, ob es sich um einen schrägen Übergang, eine eisige Stelle oder die Querung einer Lifttrasse handelte, ich wusste nun immer ganz genau, wo ich mich befand. Sonntag für Sonntag konnte meine Familie mit mir diese herrlichen Wintertage genießen, und meine Blindheit wurde nie zu einem Problem gemacht.

In den Sommermonaten war neben dem Kuhstall, dem Heustadel oder unserem Garten das Amlacher Waldele der Spielplatz von uns Kindern. Mit Hannes kroch ich auf dem weichen Waldboden herum, um möglichst gleichmäßig gewachsene Ästchen zu sammeln. Damit bauten wir in einer Art Blockbauweise kleine Bauernhöfe. Ich steckte zwei kurze Stäbchen so knapp nebeneinander in die Erde, dass ich ein drittes dazwischenlegen konnte. Eine Armlänge weiter machte ich dasselbe und im richtigen Winkel dazu noch einmal, bis der Grundriss meines Häuschens geschaffen war. Jetzt brauchte ich nur noch längere Ästchen für die Wände. Um die Fenster und die Türöffnungen zu bilden, war besondere Kreativität nötig. Das Dach bauten wir mit Baumrinde, die wir von alten, schon umgefallenen Bäumen ablösten. Auch einen Zaun bastelten wir, und Tannenzapfen spielten die Rolle unserer Kühe. Jeder von uns war mächtig stolz darauf, den schöneren Bauernhof als der andere gebaut zu haben.

Ich wusste natürlich nur, wie mein eigenes Werk aussah, weil ich ja jedes Teil selber in den Händen gehalten hatte. Was mein Cousin Hannes fabrizierte, konnte ich nicht so genau feststellen, da ich es nicht mit meinen Fingern abtasten konnte. Es wäre mir peinlich gewesen, wenn ich sein fragiles Gebilde mit einer ungeschickten Bewegung zerstört hätte. Mir blieb neben meiner Fantasie also nur seine Beschreibung, um mir ein Bild von seiner Kreation zu machen.

DER REGELMÄSSIGE BESUCH BEIM AUGENARZT ging mir auf die Nerven. Ich verstand einfach nicht, was der Herr Doktor bei mir finden wollte. Dass ich nicht gut sah, hatte ich doch schon oft genug von meinen Eltern sowie von den Leuten im Dorf gehört, und es war eine lästige Prozedur für mich, den Druck der harten Linse des Untersuchungsgerätes auf meiner Hornhaut zu verkraften.

Bei der Augenspiegelung, einer genauen Untersuchung des Augenhintergrundes, wo sich die Stäbchen und Zäpfchen befinden, presst der Ophthalmologe sein Instrument auf den Augapfel, um das Gewebe der Netzhaut zu betrachten. Das empfand ich als extrem unangenehm, und manchmal wurde ich davon ohnmächtig. Dabei hatte ich das beklemmende Gefühl, dass mir jemand mit dem Korkenzieher ins Auge bohrte und den Augapfel umdrehen wollte. Da ich von klein auf sehr empfindlich an den Augen war, habe ich diese kleinen Eingriffe wahrscheinlich als viel schlimmer empfunden als andere Kinder.

Wenn sich der Doktor nach diesem Martyrium dann von seinem Sessel erhob und meinen Eltern mitteilte, dass sich seit der letzten Kontrolle nichts geändert hatte, sank die Stimmung im Arztzimmer jedes Mal auf einen Tiefpunkt. Die Hoffnung, dass sich meine Netzhaut vielleicht regenerieren könnte – was aus medizinischer Sicht blanker Unsinn war –, wollten meine Eltern als Letzte aufgeben. Mir selber war die Tragweite meiner Situation nicht im Ansatz bewusst, hatte ich doch bisher ein wunderbares Leben ohne Einschränkungen geführt.

Als sich das Gespräch nun allerdings um Blindenschule und Blindenheim drehte, wurde ich hellhörig. Solche Spezialeinrichtungen für blinde Menschen ermöglichten eine behindertengerechte Ausbildung, und dies sei die einzige Chance, aus dem kleinen Jungen doch noch was Vernünftiges zu machen. »Wenn Sie nicht wollen, dass der Andreas ein Depp bleibt, müssen Sie ihn dorthin schicken«, lautete der dringende Appell des Herrn Doktor an meine Eltern. Nicht der Schultyp oder der Status einer solchen Institution trieb mir die Tränen in die Augen, nein, es war die Angst, meine Welt in Amlach verlassen zu müssen und meine

Schulzeit mehrere hundert Kilometer entfernt zu verbringen. Zu Hause fiel ich beim Schlafengehen meiner Mutter um den Hals und verlangte auf der Stelle die verbindliche Zusage von ihr, mich ja nicht von daheim wegzugeben. Das versprach sie mir sofort. »Wir geben dich nicht fort, auch wenn du ein Depp dabei wirst«, sagte meine Mutter. Die Entscheidung meiner Eltern, mich nicht auf eine Blindenschule zu schicken, war eine markante Weichenstellung für meinen weiteren Lebensweg.

VIEL ZU SCHNELL VERGINGEN meine wunderschönen Kinderjahre, und eine für mich nicht abschätzbare Bedrohung rückte immer näher. Meine gleichaltrigen Spielkameraden konnten es kaum erwarten, bis sie mit ihrer neuen Schultasche zum ersten Mal ausrücken durften, während ich mich heimlich vor diesem Mysterium fürchtete.

Die Schule erschien mir als Bedrohung, weil das bedeutete, dass ich alle meine bisher angewandten Techniken umstellen musste, wollte ich nun auch mit den neuen Kameraden und Lehrern ein ganz normales Zusammenleben führen. In unserem Dorf erkannte ich jeden Einwohner schon an seinem Schritt, seiner Stimme oder bei näherem Kontakt an seiner Körperausdünstung, wodurch jede Situation für mich berechenbar war. Als ich dann als Sechsjähriger mit meinen Eltern in der Halle der Volksschule in Lienz auf die Schuleinschreibung wartete und mich die Geräuschkulisse von fast hundert Tafelklässlern beinahe erdrückte, wusste ich, dass meine Angst vor der Schule berechtigt war. Weil es in Amlach keine Volksschule gab, mussten alle Kinder den über drei Kilometer langen Schulweg nach Lienz, der einzigen kleinen Stadt im Umkreis, auf sich nehmen.

Die hallende Akustik in der Aula brachte mein Orientierungssystem komplett durcheinander. Plötzlich war ich vollkommen hilflos und auf die Hand meiner Mutter angewiesen, und zum ersten Mal im Leben konnte ich mich nicht mehr frei bewegen. An dem Stimmengewirr der unzähligen Schüler und Erwachsenen, die ich vor mir, neben und hinter mir, ja sogar über mir vernahm, erkannte ich, dass es sich bei diesem Schulhaus um ein sehr weitläufiges Gebäude mit vielen Treppen und Ebenen handeln musste. Keinen einzigen Schritt wollte ich alleine machen, um ja nicht mit jemandem zusammenzustoßen oder über eine Stufe zu stolpern. Wenn mich nur meine Freunde aus Amlach jetzt nicht in dieser misslichen Lage sahen.

Als dann eine Lehrperson meinen Namen aufrief, begann mein kleines Herz noch viel heftiger und schneller zu klopfen, als es bei meinen tollsten Sprüngen über unsere Schanze oder in den Heuhaufen je geklopft hatte. Nicht weil ich mich vor den Lehrpersonen gefürchtet hätte, nein, weil ich mir nicht vorstellen konnte, wie ich mir hinter meiner Mutter ohne Missgeschick den Weg durch dieses Menschengewühl bahnen sollte.

Als wir endlich an einem Tisch mit vielen Zetteln und Dokumentenordnern angekommen waren, konnte ich mich wieder etwas entspannen, während meine Eltern sich mit der Frau Direktor und einer Lehrerin unterhielten. Ich schenkte dem Gespräch der Erwachsenen vorerst nicht viel Beachtung, weil ich immer noch versuchte, dem Thema Schule beizukommen, indem ich es einfach ignorierte.

Erst als ich meiner Mutter anhören konnte, dass sie ziemlich wütend war, schenkte ich der Diskussion, die sie mit der Schulleitung führte, Aufmerksamkeit. Mir war der Tonfall meiner Eltern von klein auf so vertraut, dass ich – genau wie ein Sehender an der Mimik – allein schon daran erkennen konnte, dass meiner Mutter der Hut bis zur Feder brannte. Die Rede war wieder einmal von der Blindenschule, was für mich bedeuten würde, dass ich meine Eltern, meine Schwester, meine Cousins und Freunde in meinem Heimatdorf verlassen musste, um die nächsten Jahre in der Ferne zu verbringen. Doch ich war mir sicher, dass mich meine Mutter und mein Vater niemals auf eine Spezialschule in die Fremde schicken würden. Auf ihr Versprechen konnte ich mich verlassen.

Von einem Integrationsmodell, bei dem behinderte und nicht behinderte Kinder gemeinsam unterrichtet werden und voneinander lernen, war man in den frühen Siebzigerjahren bei uns in Osttirol noch ziemlich weit entfernt. Die Aussichten, als blindes

Kind in dieser Schule in Lienz aufgenommen zu werden, waren daher nicht gerade vielversprechend. Das weckte in mir die leise Hoffnung, vielleicht sogar ganz auf die Schule pfeifen und mich dem uneingeschränkten Genuss des Lebens hingeben zu können: »Wenn schon die anderen Kinder etwas sehen können, ich muss dafür nicht in die Schule gehen.« So einfach hab ich mir die Gerechtigkeit auf dieser Welt vorgestellt. Und war glücklich und zufrieden.

Ich sehnte mich sowieso schon wieder hinaus nach Amlach, in meine kleine Welt, wo ich die Dinge unter Kontrolle hatte. Dieser Tumult hier in der Schule war mir viel zu heftig. Als dann jedoch die Frau Lehrerin Gutwenger mit der Frau Direktor vereinbarte, dass sie versuchen wollte, den kleinen Andy in ihre Klasse aufzunehmen, fiel meinen Eltern ein Stein vom Herzen, und meine bunte Fantasie von der großen Freiheit fand ein jähes Ende. Der Tag, an dem der Ernst des Lebens für mich beginnen sollte, rückte unerbittlich näher, und rasend schnell verging mein letzter Sommer in der Geborgenheit meines Heimatdorfes.

Der erste Schultag verursachte mir zum ersten Mal jenen bitteren, trockenen Gaumen, den ich auch heute noch bei extremen Grenzgängen am Rande meiner Wahrnehmung verspüre. Die Sitzordnung im Klassenzimmer gestaltete unsere Frau Lehrerin so, dass der Frieden zwischen den auffälligen und den ruhigeren Schülern gewahrt blieb und sie den nötigen Überblick über ihre Schützlinge hatte. Mich setzte sie in die erste Bank in der Mittelreihe, ein Platz, der eher für Streber reserviert war und meiner Natur so gar nicht entsprach. Direkt neben mir saß Klaus, ein Junge aus meinem Heimatdorf, der meine Lebensgewohnheiten schon von früher kannte, weil wir uns beim Spielen in Amlach schon öfter über den Weg gelaufen waren. Die Art und Weise, wie mich die Frau Lehrerin in die Klassengemeinschaft integrierte, ärgerte mich und bereitete mir Unbehagen. Dabei ging sie ganz und gar nicht sanft mit mir um, im Gegenteil: Frau Gutwenger war ziemlich barsch zu mir.

Erst viele Jahre später erkannte ich, dass diese Art des Umgangs die einzig richtige Methode gewesen war, meinen persönlichen

Status unter den Schülern nicht zu untergraben. Hätte sich die Lehrerin ständig um mein Wohlbefinden bemüht, meine Schwäche verteidigt oder meine mangelhaften Leistungen unter den Tisch fallen lassen, dann wäre ich sicher als kleiner Liebling unserer Frau Lehrerin dagestanden und aus der Gemeinschaft ausgeschlossen worden. So nutzte Frau Gutwenger zum Beispiel die Situation, wenn ich mit meinem Banknachbarn Klaus einen kurzen Wortwechsel hatte, mich zur Strafe am Arm zur Tafel zu zerren. Eine ungeschickte Stolperei über eine im Weg liegende Schultasche wurde so verhindert und ich wusste, dass die Gunst der Mitschüler auf meiner Seite war. Mit der Kreide in den Fingern und geführt von der Hand der Frau Lehrerin musste ich dann eine gewisse Form an die Tafel malen.

»Der Andy hat nun das A auf unsere Tafel geschrieben«, sagte sie zur Klasse gewandt, und dann malte sie mit mir noch eine ganze Zeile voller A an die Tafel, und meine Schulkameraden mussten das in ihrem Übungsheft nachmachen. In dieser Manier brachte mir Frau Lehrerin Gutwenger sämtliche Buchstaben und Zahlen bei, was mir in meinem Kopf bis heute ein Bild von unserer Schrift vermittelt hat.

Das zeilengenaue Schreiben war ein großes Problem, weil ich ja die Linierung im Heft nicht riechen oder hören konnte. Da hatte die Frau Lehrerin die gute Idee, mich mit Hilfe eines Lineals schreiben zu lassen. Es war einfach, das Lineal nach jeder vollgeschriebenen Zeile zwei Zentimeter nach unten zu schieben, um die nächste Zeile zu beginnen. So schrieb ich plötzlich seitenlange Aufsätze. Meiner Fantasie waren keine Grenzen gesetzt. Bis auf die zahlreichen Rechtschreibfehler war meine Frau Lehrerin damit eigentlich sehr zufrieden. Da ich das geschriebene Wort nie zu sehen bekam, fielen mir diese natürlich nicht so schnell auf wie den Sehenden.

Unmöglich war es mir jedoch, meine Texte selber zu lesen. Trotzdem war ich öfter gezwungen, kurze Passagen meiner Niederschrift laut preiszugeben. Unsere Frau Lehrerin warnte mich jeweils kurz davor, so dass ich die Sätze einfach auswendig lernen konnte. Da mein Gestammel nur Fragmente aus einem zusammenhängenden

Text enthielt, ergaben meine Ausführungen für die Mitschüler und die Lehrerin oft keinen Sinn. Das Allerwichtigste war aber, dass Andy gelesen hatte. Umso mehr war ich überrascht, wenn Frau Gutwenger meine Aufsätze als gute Beispiele laut vorlas. Sie schummelte sich dabei, nur für mich hörbar, geschickt über meine kapitalen Schreibfehler hinweg, um mich nicht vor der ganzen Klasse zu blamieren. Aber sie gab nicht auf und machte mich immer wieder leise flüsternd darauf aufmerksam, wenn sie einen groben Rechtschreibfehler in meinem Heft entdeckte.

Heute, nach 36 Jahren, bin ich Frau Gutwenger für ihre unermüdliche Art, mir den Umgang mit der Schrift näherzubringen, immer noch unendlich dankbar. Mittlerweile arbeite ich mit dem Computer. Mit Hilfe einer Spezialsoftware wird mir der jeweilige Bildschirminhalt in hörbare Sprache umgesetzt und über Lautsprecher ausgegeben. Gedruckte Texte von Büchern oder Zeitungen kann ich mir einscannen und ebenfalls vorlesen lassen. Für die Eingabe von Texten verwende ich eine ganz normale Computertastatur, deren Tasten »F«, »J« und »5« standardmäßig mit einer leichten Erhebung gekennzeichnet sind. So finde ich auf Anhieb die Grundreihe des Zehnfingersystems, mit dem auch jede Sekretärin blind in Höchstgeschwindigkeit schreibt. Ohne die technische Entwicklung wäre es mir auch nicht möglich gewesen, die Seiten dieses Buches mit meiner Gedankenwelt zu füllen.

In den Rechenstunden tat ich mich besonders leicht, weil ich mir die kurzen Zahlen doch viel leichter merken konnte als lange Sätze. Das Rechnen an sich, das bei mir grundsätzlich Kopfrechnen im buchstäblichen Sinn ist, machte mir wahrscheinlich wegen meiner großen Vorstellungskraft, die ich als blinder Mensch entwickelt habe, keine größeren Probleme. Bei komplizierteren Aufgaben, bei denen man sich Zwischenergebnisse notieren musste, war ich schon sehr gefordert. Doch selbst die Algebrafunktionen und das Zapfenrechnen brachte ich ganz passabel hinter mich.

Bald hatte ich erreicht, dass meine Mitschüler ganz normal mit mir umgingen, außer beim Völkerballspiel im Turnunterricht. Da der Ball lautlos durch die Luft flog, bevor er den Gegner traf, hatte ich natürlich keine Chance, darauf zu reagieren. Bei der Auswahl der Mannschaften blieb ich daher immer als Letzter übrig, weil man mit Andy im Team doch nur verlieren konnte. Ganz anders bei den Übungen, bei denen man ein Seil, eine Stange oder eine Leiter bis an die Decke des Turnsaales hochklettern musste, da war Andy ein Joker.

Als die vier Jahre Volksschule vorüber waren, kam die Frage auf, ob ich nun in die Hauptschule oder doch auf das Gymnasium gehen sollte. Frau Gutwenger meinte, dass ich die Fähigkeiten hätte, das Gymnasium bis zur Matura zu bestehen. Mir gefiel das weniger und ich war sehr froh, dass meine Eltern die Entscheidung mir überließen.

MIT MEINEN ZEHN LEBENSJAHREN hatte ich noch keine Ahnung, wie eingeschränkt meine Möglichkeiten bei der Berufswahl waren. »Ich werde Elektrotechniker, Mechaniker oder doch Lokomotivführer«, meinte ich, und dazu brauchte ich kein Abitur. »Als Spitzensportler wie Schispringer oder Langläufer brauch ich nur Ausdauer und Ehrgeiz, und die langweilige Schule bremst mich nur dabei.« In Wahrheit ging es mir nur darum, den Zwängen und Peinlichkeiten des Schulalltags möglichst schnell zu entkommen, um mich den Dingen zu widmen, die ich auch ohne Augenlicht genießen konnte.

Deswegen fiel nach vier Jahren Volksschule die Wahl meiner weiteren Schulbildung auf die Hauptschule, die ich in vier Jahren abschließen sollte. Die ersten Stunden in diesem Schulgebäude zeigten mir sofort, dass ich dort eine ganz neue, noch viel größere Herausforderung vor mir hatte. Die Jungs in meiner Klasse kamen aus ganz verschiedenen Ortschaften der weiteren Umgebung und sprachen die unterschiedlichsten Dialekte, was mich sehr verunsicherte. Es war nun auch so, dass nicht nur ein Lehrer für unsere Klasse zuständig war, sondern in fast jeder Unterrichtsstunde die Lehrperson wechselte. Mathematik und Biologie unterrichtete zum Beispiel unser Klassenvorstand, Herr Fachlehrer Steinlechner, während Geschichte und Geographie von Frau Fachlehrerin Hofer unterrichtet wurde. In Physik und Chemie wurden wir von einer anderen Person als in Deutsch oder Werkerziehung betreut, und so wurde es für mich fast unmöglich, mich auf jede einzelne Stimme und die dazugehörigen Eigenarten einzustellen. Genauso erging es anfangs wohl auch unseren Lehrern und Lehrerinnen, die meine besondere Art der Wahrnehmung nur schwer einordnen konnten.

Ähnliches Glück wie mit meiner Volksschullehrerin Gutwenger sollte ich in der Hauptschule mit meinem Klassenvorstand Steinlechner haben. Er war es nämlich, der sich für mich und meine Fähigkeiten interessierte und ganz bewusst versuchte, aus mir das Beste herauszuholen. Das war für ihn nicht einfach, weil wir Kids nun mitten in der Pubertät steckten und an allem anderen interessiert waren, nur nicht an unseren ganz persönlichen Schwächen. Dass ich meine Blindheit mit allen Mitteln der Kunst zu verstecken versuchte, machte seine Arbeit auch nicht leichter, weil fast niemand verstehen konnte, was mit mir wirklich los war. Für einen Blinden war ich viel zu beweglich und zu offensiv, was immer für Verwirrung sorgte. Als ich dann wieder einmal mit dem Kopf gegen eine halboffene Türe stieß, löste das nur ein verhaltenes Gelächter aus, weil ich mich schon im nächsten Augenblick mit einer kurzen Komikeinlage elegant aus der Affäre zog.

Ich kann mich noch gut an die erste Mathematikschularbeit erinnern, bei der unser Aushilfslehrer, der nur wenig von mir wusste, mir ernste Schwierigkeiten bereitete. Seine neumodische Art, uns die Aufgaben zu stellen, brachte mich schnell an den Rand meiner Möglichkeiten: Er teilte kopierte Arbeitsblätter mit den Textaufgaben aus, und wir hatten nun eine Schulstunde lang Zeit, diese Aufgaben zu lösen. Die Rechenaufgaben an sich waren für mich nur ein sekundäres Problem, musste ich doch zuerst einmal herausfinden, was unser Herr Fachlehrer überhaupt wissen wollte. Mich einfach zu melden und in aller Öffentlichkeit zu fragen, was wohl auf diesen Zetteln stand, hätte mir zwar einige Lacher, aber wohl auch eine Ohrfeige vom Herrn Lehrer eingebracht. Stattdessen saß ich über meine Schulbank gebeugt, auf der ich das Schularbeitenheft, mein Federpennal mit einigen Schreibstiften und den Fragebogen mit den für mich unleserlichen Rechenaufgaben ausgebreitet hatte.

Meine Aufgabe sah ich nun darin, so zu tun, als ob ich konzentriert rechnen würde, damit niemand merkte, dass ich eine ganze Stunde lang keinen Strich in mein Heft schrieb. Mein Puls stieg immer sehr stark an, wenn sich der Herr Fachlehrer meiner Schulbank näherte, um nach dem Rechten zu sehen. Ich blätterte dann nervös in meinen Unterlagen und überbrückte so die brisanten Sekunden, bis er an mir vorbeigegangen war. Am Ende der Stunde gab ich mein Heft mit all den anderen ab und wusste genau, dass der Tag kommen würde, an dem ich die Arbeit vom Fachlehrer zurückbekommen würde. Nicht einmal meinem Vater oder meiner Mutter erzählte ich von meiner Not, weil ich ihnen diese Schmach ersparen wollte.
Beim nächsten Elternsprechtag flog die Sache auf. Mein Vater kam ganz entgeistert nach Hause und berichtete mir, dass der Herr Direktor ihm gesagt habe, dass der Andy sehr faul sei. »Bei der letzten Schularbeit in Mathematik hat er keine einzige Zahl in sein Heft geschrieben.« Nun musste ich Farbe bekennen, was dazu führte, dass mir die Lehrpersonen keinen Glauben schenkten. Wie kann der Andy mit dem Fahrrad zur Schule fahren, wenn er die Textaufgaben nicht vom Arbeitsblatt lesen kann? Herr Fachlehrer Steinlechner wusste ja von meiner Not und machte den Vorschlag, mir bei der nächsten Schularbeit die Aufgaben vorzulesen. Von nun an musste ich mich in Mathematik nur noch um die Rechenaufgaben kümmern, was mir schließlich eine mittelprächtige Note in diesem Fach einbrachte.

MEIN FAHRRAD NUTZTE ICH GENAU wie meine sehenden Freunde schon als Kind zur Fortbewegung im Dorf. Der zum Radfahren nötige Gleichgewichtssinn war bei mir schon immer ganz besonders gut ausgeprägt. Im Normalfall unterstützt der Sehsinn das Gleichgewichtsorgan, das im Schneckengang des Innenohrs sitzt. Sehende Menschen versuchen sich gewöhnlich durch das Anvisieren eines Fixpunktes in der Balance zu halten. Man muss nur einmal versuchen, länger auf einem Bein zu stehen. Schon nach wenigen Sekunden beginnt man wild mit den Armen zu rudern, um nicht aus dem Gleichgewicht zu geraten.

Und spätestens nach ein oder zwei Minuten muss ein Ungeübter das zweite Bein wieder auf den Boden stellen, wenn er nicht umfallen möchte. Wenn man nun bei derselben Übung auch noch die Augen schließt, wird die Sache schon um einiges schwieriger, weil nun die visuelle Statik fehlt. Ein blinder Mensch kann auf diese Hilfe naturgemäß nicht zurückgreifen und hat deshalb im Idealfall einen besser entwickelten Gleichgewichtssinn. Aus diesem Grund habe ich mich beim Eislaufen, Schifahren oder auch beim Radfahren immer recht leichtgetan.
Die Problematik beim Radfahren bestand für mich darin, die Fahrbahn zu erkennen und mögliche Hindernisse auf dem Weg wahrzunehmen. In Amlach gab es früher so gut wie keinen Automobilverkehr, und so konnte ich die wenigen Gemeindestraßen und Wege, die ich natürlich alle auswendig kannte, auch ohne Augenlicht befahren. Über große Strecken gab es entlang der Fahrwege Holzzäune als Abgrenzung der Grundstücke und Gärten, die für mich wie eine akustische Leitplanke funktionierten. Die wenigen Autos und Traktoren, die durch Amlach fuhren, lokalisierte ich gekonnt und reagierte prompt darauf. Wenn es nicht anders ging, steuerte ich mein Zweirad längs an einen Zaun, streifte daran ein wenig mit der Hand entlang, um auch sicherzugehen, dass ich am Straßenrand war, und hielt dort so lange an, bis die Gefahr vorüber war.
Andere Radfahrer oder meine Freunde mit ihren Rädern musste ich anhand des Geräusches ihrer Reifen orten. Rennräder mit sehr glatten Reifen konnte ich schlechter ausmachen. Am liebsten waren mir ältere Vehikel mit groben, lautstark zu hörenden Profilgummireifen, die vielleicht auch noch anderweitige Quietschtöne von sich gaben. Meine Ideen, auch solche Herausforderungen zu meistern, gingen mir Gott sei Dank nie aus. So nutzte ich die damalige Masche der Kids aus, ein Stück Pappkarton so am Fahrradrahmen zu befestigen, dass es ein Stück weit in die laufenden Speichen ragte und dabei einen knatternden Sound wie ein Motorrad erzeugte. Dabei musste ich jedoch darauf achten, dass meine eigene Knattermaschine nicht die anderen Verkehrsteilnehmer übertönte und ich mir auf diese Weise meine eigene

Ortung zunichtemachte. Deshalb legte ich immer großen Wert darauf, dass meine Spielkameraden dickere Pappe benutzten als ich, damit ich sie besser hören konnte.

Das Fußgängerproblem war ein anderes Thema. Die Einheimischen wussten schon, dass man ausweichen musste, wenn der Andy mit seinem Fahrrad daherkam. Doch im Sommer, wenn Feriengäste durch unser schönes Erholungsdorf spazierten und nicht ahnen konnten, dass da ein blinder Geisterfahrer seine Runden drehte, wurde es gefährlich.

Ich entwickelte meine Fahrtechnik so weit, dass ich gemeinsam mit meinen Schulkameraden den drei Kilometer langen Weg von Amlach nach Lienz zur Schule fahren konnte. Der geregelte Verkehr in der Kleinstadt, bei dem das Rechtsfahren zuverlässig funktionierte, kam mir dabei sehr entgegen.

Im Dorf, wo man sich vor übermütigen Jungs hüten musste, die mit ihrem Drahtesel von allen möglichen Seiten aus über die Straße schossen, war das Fahrradfahren eine viel größere Herausforderung. Eine halbe Stunde vor Schulbeginn versammelten wir uns mit unseren Rädern und fuhren gemeinsam in einem Konvoi von fünf bis zehn Mädels und Burschen die tägliche Strecke von zwanzig Minuten hinein nach Lienz. Meistens ging das auch ganz gut, weil ich mich an den vor mir fahrenden Kameraden orientierte. Ab und zu kam es jedoch vor, dass wir Jungs den Mädels zeigen wollten, was wir draufhatten, und wir versuchten ihnen mit unseren Kunststücken auf der Straße zu imponieren. Dabei begannen meine Kumpel zwischen zwei knapp nebeneinander fahrenden Freundinnen mit Schwung hindurchzufegen, was meist mit einem hysterischen Aufschrei der erschrockenen Mädchen quittiert wurde.

Ich war also gezwungen, dieses riskante Manöver ebenfalls zu versuchen, was mir auch tatsächlich gelang. Wie nahe ich mit meiner Lenkstange an meinen Weggefährtinnen vorbeiglitt, weiß ich bis heute nicht, aber natürlich fiel mir auf, dass die Mädels bei meinen Aktionen noch lauter und schriller schrien als bei meinen Freunden, was mich nur noch mehr anspornte.

Bis es irgendwann passierte:

Mein rechtes Pedal verhakte sich mit dem meiner Nachbarin, und im selben Moment kippten wir gemeinsam nach links. Das an meiner linken Seite fahrende Mädchen hatte keine Chance, diesem Szenario zu entkommen, und da uns die anderen dicht folgten, war ein kapitaler Massensturz nicht mehr aufzuhalten. In unkomfortablem Tempo schrammten wir mit Pedalen und Lenkern, aber auch mit Knien und Ellbogen auf dem Asphalt dahin, bis wir zum Stillstand kamen. Dass ich aus dieser misslichen Lage nicht als Sieger hervorgehen konnte, war mir klar. Ich ließ das Meckern und Jammern der Mädels und auch das Gelächter meiner Freunde geduldig über mich ergehen, weil ich wusste, dass niemand außer mir einen Fehler gemacht hatte. Die Kurbel meiner Pedale war nach dieser Karambolage allerdings so stark verbogen, dass ich mehr schlecht als recht den Rest des Wegs dahineierte. Das größere Problem bestand darin, nach der Schule meinem Vater das Missgeschick zu erklären. Zaghaft versuchte ich es, ohne ihm zu verraten, wie es dazu gekommen war.
Amlach ist eine sehr kleine Gemeinde, und so hatte sich mein Husarenritt recht schnell bis zu meinen Eltern herumgesprochen. Aber das hielt mich nicht von weiteren Manövern ab. Wir Jungs machten uns einen Spaß daraus, uns während der Fahrt ganz vorsichtig mit dem Vorderrad seitlich an das Hinterrad des Vordermannes heranzutasten, um ihn damit auszubremsen. Diese Übung erzeugte nebenbei durch die aneinander reibenden Reifen ein lustiges, singendes Geräusch. Nicht mehr allzu lustig war es für mich, wenn mich mein Vordermann austrickste und sein Rad genau in dem Moment ruckartig beschleunigte, als ich es von der Seite touchieren wollte. Meine Berechnungen, dass ich nun einen leichten Widerstand vom Hinterrad meines Freundes verspüren sollte, gingen dann nämlich ins Leere, und die Fliehkraft katapultierte mich quer über die Straße auf die Gegenfahrbahn. Dort stieß ich einmal frontal mit einem Rennradfahrer zusammen, und ein fürchterlicher Sturz von uns beiden war die bittere Folge. Ich hatte das Riesenglück, dass mein Unfallgegner kaum verletzt war und nur mein Fahrrad in die Brüche ging. Die naheliegende Erklärung, dass ich doch blind sei und ihn gar nicht sehen konnte,

vermied ich lieber, um ihn in dieser Situation nicht noch zusätzlich zu provozieren. Meine Schürfwunden leckte ich mit der Zunge ab, und zu Fuß trug ich mein Unfallwrack nach Hause. So ging das noch einige Jahre dahin, bis ich nach einer stattlichen Anzahl von Verrücktheiten das Radfahren mit achtzehn Jahren aufgab.

Eine meiner letzten derartig riskanten Aktionen spielte sich übrigens direkt vor dem Lienzer Krankenhaus ab, wo ich als Heilmasseur arbeitete. Dort streifte ich mit dem Rad eine Krankenschwester, die von meiner Fahrweise mehr als überrascht war. Obwohl ihr nichts passiert war, machte sie einen gewaltigen Wirbel. Sie verstand nicht, was ein ihrer Meinung nach »Halbblinder« überhaupt mit dem Fahrrad auf der Straße zu suchen hatte. Wenn sie gewusst hätte, dass ich ein Voll-Blinder war, hätte sie vermutlich dem Herrgott dafür gedankt, so glimpflich davongekommen zu sein.

IN DEN SOMMERFERIEN MACHTEN MEINE ELTERN immer wieder Wanderausflüge mit uns Kindern. Meine Schwester und ich waren davon gar nicht begeistert, weil wir uns beim Gehen auf den schmalen Almwegen sehr schwertaten. Die farbenprächtigen Blumenwiesen und das anscheinend so überaus fantastische Bergpanorama konnten Elisabeth und mich nicht wirklich erfreuen. Meine Mutter hielt mir manchmal eine wohlriechende Alpenblume unter die Nase, damit ich mir wenigstens so ein Bild von diesen reizenden Pflanzen machen konnte. Spannend wurde es bei unseren langweiligen Wanderungen erst dann, wenn ein Bächlein oder ein kleiner Graben zu überqueren war. Dann bemerkte ich eine Veränderung in der Stimme meines Vaters, die mir verriet, dass es nun ernst wurde. Ähnlich wie bei den Reparaturarbeiten auf dem Dach meines Elternhauses tastete ich nun mit meinen Händen den Boden unter mir ab und konnte mich recht flink über das Hindernis hinwegschwindeln. Bei meiner Schwester dauerte das etwas länger, und ich nutzte die Zeit, um mit meinen Fingern die Steine und die kleinen Felsklötze unmittelbar neben mir zu erforschen. Diese kurzen Momente waren für mich immer das Highlight so eines Ausflugs, weil ich dort für Sekunden die Welt tatsächlich begreifen konnte. Bald war für mich klar: Je steiler und schwieriger der Weg, umso lohnender die Mühe. Beim Wandern im flachen Gelände gab es mit den Händen schließlich so gut wie nichts zu ertasten. Erst wenn es dann steiler wurde und der Untergrund in komfortabler Reichweite lag, war ich plötzlich hoch motiviert und gleich viel flinker unterwegs.

Mein Vater wollte bei der Tourenplanung auf diesen Umstand Rücksicht nehmen und suchte leicht felsdurchsetzte Steige für mich aus. Meinem Verlangen nach richtigen Felsen konnte er nicht gerecht werden, weil es selbst in der Vorstellung meiner Eltern nicht möglich war, dass der kleine Andy ohne Augenlicht richtig klettern können sollte. Außerdem waren meine Mutter und mein Vater keine Bergsteiger, die den Umgang mit Seil und Haken beherrschten. Die traurige Geschichte meines Onkels, der dort oben in den Dolomiten sein Leben gelassen hatte, tat ein Übriges, dass meine Eltern meine Kletterambitionen in Grenzen halten wollten.

So unternahmen wir Bergwanderungen, bei denen ich zumindest im Gipfelbereich Kontakt mit den am Wegrand liegenden Steinen bekam. Auf diese Weise schafften meine Eltern einen fabelhaften Kompromiss zwischen faden Wiesenwanderungen und richtigen Klettertouren. Eines meiner wichtigsten Kriterien zur Unterscheidung einer echten Bergtour von einem öden Familienausflug war die Frage, ob ganz oben am höchsten Punkt, wo die Grate zum Gipfel zusammenliefen, auch ein richtiges Gipfelkreuz stand. Wenn ich dieses nach etlichen Stunden der Mühe mit meinen Händen zu fassen bekam, war das wieder einmal der schönste Tag in meinem Leben, und all die Schrammen und Schmerzen an meinen geschundenen Händen und Knien waren schnell vergessen.

Der Gedanke, dass es noch viel höhere, steilere und gewaltigere Berge geben könnte, spornte mich dazu an, meinen Vater zu immer anspruchsvolleren Bergtouren zu überreden. Allein die Neugierde, mit meinen eigenen Händen zu erspüren, was die Menschen mit ihren Blicken erfassen konnten, eben die herrliche alpine Umgebung meines Heimatortes, machte mich immer heißer auf solche Unternehmungen. Sämtliche Bergkämme und Gipfel im Umkreis von Amlach erstiegen meine Eltern mit mir, und meine geistige Landkarte wurde allmählich vollständig. Der »Eder Plan« im Osten, das »Böse Weibele« im Westen und die »Schleinitz« im Norden des Lienzer Talbodens waren die ersten richtigen Gipfel, die ich als kleiner Junge besteigen konnte. »Die Schleinitz mit 2900 Metern kratzt schon an die sportliche 3000-Meter-Marke«, meinte mein Vater und dachte wohl, dass sein Sohn damit zufrieden sei. Jedoch konnte er mir nicht die Tatsache vorenthalten, dass die Lienzer Dolomiten mit ihren bedrohlichen, sägezahnartigen Zacken aus Kalkgestein den südlichen Horizont des Talkessels bildeten. Dort ragte nämlich die dunkle Nordwand des »Hochstadels«, wo Onkel Franz seine letzte Tour gemacht hat, in den Himmel. Auch der »Spitzkofel« mit seinem fünftürmigen Nordgrat oder die »Große Teplitzerspitze« übten damals schon jene magische Anziehungskraft auf mich aus, die mich bis heute begleitet. Als ich mit meinen Eltern zum ersten Mal einen Gipfel in den Lienzer Dolomiten in Angriff nahm, war ich besonders aufgeregt, weil ich mich zum ersten Mal als richtiger Bergsteiger fühlte. Dementsprechend hart war ich zu mir selber. Der mehrstündige Aufstieg führte über langweilige Forstwege, wurzelige Waldpassagen oder schwierige Steige im losen Geröll, bis die Stolperei endlich aufhörte und wir ganz oben ankamen. Der Umstand, dass der höchste Punkt der »Laserzwand« nicht mit einem Gipfelkreuz markiert ist, konnte meine Freude damals nicht trüben.

Während der Gipfeljause erlauschte ich eine Seilschaft mit ihren Geräuschen von Hammerschlägen und Seilkommandos, die sich Schritt für Schritt den »Schmittkamin«, eine fast senkrechte Felsrinne in der Westwand des »Roten Turmes«, hocharbeitete. Der Rote Turm ist eine namhafte Felsformation, die ihr Haupt nur wenige hundert Meter östlich von uns in die Wolken hob. Es war das erste Mal in meinem Leben, dass ich mit eigenen Sinnen eine richtige Seilschaft mit Seil und Haken beim Aufstieg erleben konnte. In meinem Kopf entstand dabei ein noch viel beeindruckenderes, steileres und schrofferes Bild von der Dolomitenwelt, als ich es mir je in meiner Fantasie ausgemalt hatte. Mit der humorvollen Floskel »morgen steigen wir auf den Roten Turm« gab mir mein Vater zu verstehen, dass dieses Ziel für unsere Seilschaft nicht erreichbar war.

Ich konnte aus seiner Aussage jedoch nicht heraushören, dass der Rote Turm für mich niemals erreichbar sei, und das tröstete mich an diesem Tag. Beim Abstieg von der Laserzwand scherzte mein Vater und meinte, »den Spitzkofel könnten wir jetzt noch im Vorbeigehen besteigen«. In Wahrheit lag der 2718 Meter hohe Berg in relativ großer Entfernung zu uns und musste vom gegenüberliegenden Tal aus bestiegen werden. Obwohl mir das bewusst war, weckte mein Vater mit diesen Späßen bei mir eine Sehnsucht nach diesem unheimlich schroffen, grauen Riesen, der sich in meiner Fantasie vor mir aufbaute. Als siebenjähriger Junge hatte ich plötzlich mit dem Roten Turm und dem Spitzkofel zwei ganz neue Projekte im Kopf. Ich löcherte meine Eltern mit Fragen nach dem genauen Aussehen dieser fantastischen Wesen aus Fels, damit ich mir ein möglichst klares Bild davon machen konnte. Die Aussicht, dass oben sogar ein Gipfelkreuz auf mich warten sollte, verstärkte meine Ambitionen zusätzlich.

Der stundenlange Abstieg machte meine Beine weich wie Butter, aber Jammern gab es für mich nicht. Dieser Tag war wieder einer, der sich für mich ausgezahlt hatte.

DIE KALTE JAHRESZEIT zog über unser Land, und die Natur wechselte ihre Farbe. Für mich war der weiche Schnee eine gut formbare Masse, die mir schon als Kind sehr viel Freude bereitete. In diesem Winter tat sich ein völlig neues Betätigungsfeld für mich auf: Der Dolomitenlauf, ein Volkslanglauf über sechzig Kilometer, wurde im Talboden von Lienz veranstaltet. Die Langlaufloipe ging direkt an unserem Haus vorbei, und schon die Präparierung der Strecke war ein aufregendes Spektakel im Dorf. Ein schnaufendes, dampfendes Pistengerät wühlte sich durch den meterhohen Schnee über die Felder und Äcker, wo im Sommer die Bauern mit ihren Traktoren das Land bestellten. Mehr als zwanzig Langlaufspuren nebeneinander presste die Maschine in die Schneedecke, weil der Massenstart viel Platz beanspruchte. Mein Elternhaus stand bei Kilometer drei, und es war zu erwarten, dass sich das Starterfeld hier noch nicht in die Länge ziehen würde. Bald nach dem Frühstück stapfte mein Vater mit mir in eisiger Jännerkälte durch den tiefen Schnee bis zum Rand der breiten, planierten Bahn.

Er wollte sich und mir dabei das Erlebnis vermitteln, wie Tausende vor Energie strotzende Langlaufbegeisterte aus 25 Nationen in einem Pulk ganz nahe, direkt vor unseren Nasen an uns vorbeizogen. Ein klein wenig jammerte ich schon, weil mir die Kälte bei zwanzig Grad unter null zu schaffen machte. Andererseits war das Treiben aber viel zu spannend, um Rücksicht auf frierende Zehen und Finger zu nehmen.

Meine Fantasie ging wieder einmal mit mir durch, und ich erwartete ein an Spannung nicht zu überbietendes Rennen, bei dem ich mit meinem Vater in der ersten Zuschauerreihe stehen durfte. Umso größer war dann meine Enttäuschung, als ich aus weiter Ferne einen dumpfen Knall hörte, der laut Vater der Startschuss gewesen sein sollte. Als sich nach dem Knall noch immer nichts tat, wurde ich schon ungeduldig und wollte wieder hinein ins warme Haus. Mein Vater sagte mir, dass die Spitzenläufer einige Minuten für die ersten drei Kilometer brauchen würden, um dann mit einer Affengeschwindigkeit an uns vorbeizusausen.

Geduldig harrte ich im knietiefen, klirrend kalten Schnee aus, bis ich nach endlos währenden Minuten endlich ein leises Rauschen aus der Richtung vernahm, aus der mir mein Vater das Heranbrausen der Masse versprochen hatte. Erst hörte ich ein gleichmäßiges Surren, bis ich später die einzelnen Stockeinstiche der Athleten im gepressten Schnee ausmachen konnte. Die Luftbewegungen und meine Ohren verrieten mir wenig später, dass die Spitze des Starterfeldes nun unmittelbar vor mir vorbeihuschte. Das löste in mir eine Ehrfurcht vor diesen Übermenschen aus, die mit eigener Kraft die sechzig Kilometer lange Strecke im Renntempo bewältigen wollten. Am liebsten wäre ich gleich in die Spur gestiegen, um das heiße Rennen selber aufzunehmen. Mir kam gar nicht zu Bewusstsein, dass die Luftbewegung, die vom Fahrtwind der Läufer ausgelöst wurde, und der Geräuschpegel von mehreren tausend Langlaufschiern und Stöcken schon mehr als zehn Minuten lang anhielten. Mein Vater fragte mich, ob ich nun ins Haus gehen wolle, weil die Spitzenläufer nun vorbeigelaufen seien. Doch für mich war die Spannung noch immer auf dem Höhepunkt. Ich merkte ja nicht, dass vor mir nun die Hobbyläufer ihren Körper über die Loipe zirkelten und die richtigen Athleten schon lange nicht mehr zu sehen waren. Erst als dieses Zischen und Rascheln mit dazwischengestreuten Wortfetzen der Sportler genauso langsam verflog, wie es gekommen war, war ich zur Rückkehr ins warme Haus zu bewegen. Beim anschließenden Kirchgang dachte ich nur an diese Supersportler, die jetzt wohl zu Hause ihren Muskelkater auskurierten.

Während des Mittagessens fragte mich mein Vater, ob ich mit ihm wieder an die Rennstrecke gehen wolle. Ich konnte mit diesem Angebot nicht viel anfangen, bis er mir erklärte, dass die Sieganwärter nun schon über fünfzig Kilometer hinter sich hätten und in Kürze wieder durch unser Dorf laufen würden.

Die Streckenführung war so angelegt, dass Amlach kurz nach Anfang und kurz vor Ende, also bei Kilometer drei und bei Kilometer 57 der Rennstrecke lag. Ich konnte es kaum glauben, dass ich diese Superstars jetzt noch einmal erleben durfte. Schnurstracks spurteten wir wieder zur Rennstrecke, und bald schon konnte ich aus dem Funkgerät eines Streckenpostens hören, dass der wahrscheinliche Sieger gleich durch Amlach laufen würde. Ich stellte alle meine Sinnesorgane auf Empfang. Einige Leute aus unserem Dorf hatten sich versammelt, und nach kurzer Zeit ertönte zögernder Applaus. Meine Erwartungen, geschürt von diesem unheimlichen Rauschen, den kreischenden Stockspitzen und den hektischen Rufen der Langläufer, wie ich es am Morgen erlebt hatte, wurden diesmal nicht erfüllt. Stattdessen konnte ich nur mit Mühe ein leises, kurzes Zischgeräusch aus dem zaghaften Beifall der anderen Dorfbewohner an der Loipe für mich herausfiltern. Die Startnummer 2 hatte dieses Rennen bereits für sich entschieden, wenn auf den letzten drei Kilometern nichts mehr schiefging. Nach vier Minuten dasselbe Szenario. Die Leute klatschten ein wenig und ein kurzer Zischer verriet mir, dass nun wohl wieder ein Läufer an mir vorbeigezogen war. Ein gewisser Pauli Siitonen aus Finnland hatte den Dolomitenlauf gewonnen und Herbert Wachter aus Österreich wurde Zweiter. Das Rennen schien nun gelaufen zu sein, doch es kamen immer noch Rennläufer bei uns vorbei. Nach einer halben Stunde waren bereits über fünfzig Athleten durch Amlach gekommen, was in mir eine große Frage aufwarf. Wo war nur die Masse der Sportler geblieben, die am Morgen noch so nahe an mir vorbeigelaufen war?

Die Kälte war schon wieder in meine Stiefel gekrochen, doch den Vorschlag meines Vaters, nun wieder nach Hause zu gehen, überhörte ich. Mit klappernden Zähnen fragte ich ihn, warum die Sportler jetzt nicht mehr zusammen in einer Gruppe liefen, sondern sich einzeln über die Strecke quälten. Mit knappen Worten erklärte er mir, dass die einen mehr trainiert hätten als die anderen.

So ein Training konnte also nicht umsonst sein. Der Dolomitenlauf wurde nun erst recht spannend für mich, weil ich mich in jeden einzelnen Sportler, der mit seinen Geräuschen an mir vorbeizog, hineinversetzen konnte und sogar seinen körperlichen Zustand zu ahnen glaubte. Nur durch das Versprechen meines Vaters, ich dürfte beim Einlauf des Schlussläufers im Zielgelände am Hauptplatz von Lienz dabei sein, war ich einsichtig und kehrte mit ihm in die warme Stube zurück. Als ich um sechs Uhr abends am Stadtplatz von Lienz dem Einlauf des allerletzten Teilnehmers beiwohnen durfte, wurde mir klar, dass dieser italienische Langläufer, der zu Fuß wahrscheinlich schneller gewesen wäre, eine ganz andere Einstellung zum Leben und zum Sport haben musste als Pauli Siitonen, der das Rennen sechs Stunden zuvor gewonnen hatte.

Zu Hause bat ich meine Mutter, mir aus alten Stoffresten eine Startnummer zu nähen. Es sollte die Nummer 2 in roter Farbe auf weißem Grund sein. Mein Jogginganzug, den mir das Christkind gerade erst gebracht hatte, war zufällig hellblau, und so war mein Outfit dem von Pauli Siitonen fast ebenbürtig. Mir waren Farben und Formen immer schon sehr wichtig, und ich fragte die Menschen fast pausenlos nach diesen Dingen, die ich mit den Augen

nicht sehen konnte. So hatte ich diesen finnischen Spitzensportler anhand der Beschreibungen meines Vaters detailgetreu in meinem Sehzentrum gespeichert.
Mit meinen Alpinschiern startete ich zum ersten Mal auf einer Langlaufloipe. Schritt für Schritt, Schub für Schub erkundete ich langsam die Gegend rund um mein Elternhaus. Ich genoss die Tatsache, dass mir eine Langlaufloipe, ähnlich wie eine Eisenbahnschiene den Waggons, die Fahrtrichtung exakt anzeigte. Schwierig wurde es, wenn sich zwei Loipen kreuzten. Bald fand ich heraus, dass ich, wenn ich nach 326 Schüben mit den Stöcken den rechten Schi im richtigen Winkel ausscherte und belastete, in eine andere Spur geriet. Dasselbe Prozedere führte ich nach 1789 Stockschüben mit dem linken Fuß aus, und schon bald war ich im Nachbardorf, was mir das Schlagen der dortigen Kirchturmuhr verriet. In der umgekehrten Laufrichtung musste ich natürlich spiegelverkehrt vorgehen, wenn ich wieder nach Hause finden wollte. Die feinsten Unebenheiten im Untergrund nutzte ich intuitiv aus, um mich im Talboden nicht zu verlaufen. Dabei tat sich ein Freiheitsgefühl in mir auf, das ich bis dahin noch nicht gekannt hatte. Selbstständig wie ein Rennläufer zwischen den Dörfern hin- und herzusausen, und das noch dazu mit der Startnummer 2, das war der Gipfel. Wenn es die Schneelage im Talboden zuließ, machte ich in den folgenden Jahren aus meinen Winterferien immer meine ganz private, intensive Trainingswoche für den Schilanglauf. Immer weiter wagte ich mich mit meinen Langlaufschiern von zu Hause fort, und so erkundete ich nach und nach die gesamte Strecke des Dolomitenlaufs. Doch mit meinen Ausläufen an sonnigen Nachmittagen über verschneite Felder und Wiesen in herrlicher Winterluft musste ich bald aufhören. Diese wie mit einem Lineal in den Schnee gezeichnete Spur der Langlaufloipe hatte den fatalen Nachteil, dass sie mich punktgenau auf andere, meist langsamere Wintersportler auflaufen ließ. Neben der Verletzungsgefahr, die von diesen Kollisionen ausging, störte mich, dass ich nie mit voller Kraft laufen konnte.
Das Rauschen meiner eigenen Langlaufschier in der Loipe übertönte alle Geräusche um mich herum. Es kam immer häufiger vor,

dass ich jemanden an meinen Schispitzen spürte, um mich in Bruchteilen einer Sekunde mit dem Sportsfreund in einem Knäuel am Boden wiederzufinden. Der Sturz an sich machte mir persönlich nicht viel aus, aber die nachfolgende Diskussion, was ich für ein Rüpel sei und ob ich nicht schauen würde, wo ich hinliefe, machte mir zu schaffen. Wenn ich in so einer Lage auch noch die Wahrheit über mein Handicap gesagt hätte, wäre die Situation sicherlich eskaliert. Stattdessen entschuldigte ich mich höflich bei den Herren oder Damen mit der Ausrede, ein Blick auf meine Stoppuhr habe meine Aufmerksamkeit abgelenkt. Ich war heilfroh, wenn meinem Gegenüber nichts passiert war, und schlich mich mit kräftigen Stockschüben von dannen.

Eine besonders heikle Situation ergab sich für mich später einmal als junger Erwachsener, als ich an einem schönen, sonnigen Nachmittag eine ältere Dame nur wenige Meter von der letzten Straßenüberquerung entfernt über den Haufen lief. Nachdem ich ihr wieder auf ihre Beine geholfen, mich entschuldigt und meinen Weg fortgesetzt hatte, wollte es der Zufall, dass genau zu diesem Zeitpunkt ein Streifenwagen der Polizei über die nahe Straße daherkam.

Ohne dass ich es bemerkt hatte, war die weitgehend unversehrte Dame in ihrer Wut zu den Polizisten gelaufen und hatte den Unfall angezeigt. Ich war schon zwölf Kilometer weiter und hielt mich im Windschatten eines ungefähr gleich schnellen Langläufers, als dieser dicht vor mir plötzlich langsamer wurde und auf irgendwelche Zurufe und Pfiffe vom Loipenrand reagierte. Ich reduzierte ebenfalls das Tempo und blieb, immer noch nicht ahnend, dass dort am Loipenrand die Polizei auf uns wartete, weiterhin im Windschatten meines Vordermannes.

Um zu den Ordnungshütern zu gelangen, mussten wir noch eine fünf Meter hohe Böschung mit Tiefschnee und einen dichten Erlengürtel durchqueren. Anscheinend war der Läufer vor mir ähnlich gekleidet wie ich, so dass die Polizisten nicht recht wussten, auf wen die Personenbeschreibung der älteren Dame passte, und uns beide von der Loipe pfiffen.

Für mich war das ein großer Vorteil, weil ich alleine niemals so unauffällig durch das unwegsame Gelände zu den Beamten hätte vordringen können. So musste ich nur den Geräuschen meines Vordermannes folgen. Unter Aufbietung all meiner schauspielerischen Fähigkeiten bekam ich diese grenzwertige Lage in den Griff, ohne mich als Blinder zu outen. Ich versprach den freundlichen Beamten, nach der Langlauftour sofort auf ihre Polizeiwachstube nach Lienz zu kommen. Zu Hause erklärte ich meiner Frau Sabine und meiner Mutter die Situation, bevor sie mich zum Polizeiposten begleiteten.

Dort erklärte ich dem Beamten in einer ausführlichen, bildlichen Beschreibung meine Sicht der Sachlage und versuchte weiterhin tapfer, die eigentliche Ursache des Zusammenstoßes, meine Blindheit, zu vertuschen. Denn ich hatte eine panische Angst davor, durch ein drohendes Laufverbot ein Stück meiner begrenzten Freiheit zu verlieren. Als mir der Polizeibeamte zum Schluss das Protokoll zum Durchlesen und Unterfertigen über den Schreibtisch schob, kam ich an die Grenze meiner schauspielerischen Tricks. Sabine aber bemerkte meine Notlage sofort, beugte sich neben mir über das Papier, tat so, als ob sie es für sich halblaut lesen würde, und führte möglichst unauffällig den Stift in meiner rechten Hand an jene Stelle, an der ich unterschreiben sollte.

Alles noch mal gutgegangen, dachte ich mir am Abend, bis meine Mutter anrief und sagte, sie sei noch einmal bei den Polizisten gewesen, um die Sache aufzuklären. Die Verunfallte sei unverletzt und dem Diensthabenden sei wohl aufgefallen, dass mit mir etwas nicht so ganz stimmte. Daraufhin wurde das Verfahren gegen mich eingestellt und ich schloss Frieden mit meiner Unfallgegnerin, die über den Grund des Zusammenstoßes mehr als überrascht war.

Um solche unangenehmen Zwischenfälle möglichst zu vermeiden, verlegte ich meine Trainingseinheiten auf den frühen Morgen oder in die späten Nachmittagsstunden, wenn keine anderen Läufer mehr auf der Loipe waren. Über die drohende Dunkelheit machte ich mir naturgemäß keine Gedanken, nur die Sorgenfalten meiner Eltern wurden tiefer, wenn sich der Sohn wieder einmal in finsterer Nacht in den umliegenden Wäldern herumtrieb.

Im Alter von zehn bis zwölf Jahren, als ich den Langlauf für mich entdeckte, entwickelte ich fast spielerisch das Herz-Kreislauf-System eines Ausdauersportlers, wovon ich bis heute profitiere. Nicht selten lief ich damals fünfzig oder sechzig Kilometer am Stück. Dabei stellte ich mir immer vor, als Spitzenläufer in einem großen Rennen die Führungsposition zu übernehmen. Ein Nachlassen des Tempos war dabei undenkbar. Diese Vision war es, die mich zu Höchstleistungen motivierte.

Mein Vater erkannte meine außergewöhnlichen Ambitionen und verschaffte mir die Möglichkeit, an einem regelmäßigen Training für jugendliche Langlaufsportler teilzunehmen. Zwischen neun und sechzehn Jahre alt waren die Jungs aus der Gegend von Lienz, die ich nun wöchentlich zum gemeinsamen Konditionsaufbau traf. Unser Trainer sammelte uns nacheinander mit seinem VW-Bus ein, und nach dem Training brachte er uns wieder nach Hause. Wie wunderbar, meine Leidenschaft endlich mit gleichgesinnten Freunden teilen zu können. Bald stellte sich jedoch heraus, dass meine Trainingspartner alles andere als meine Freunde waren, im Gegenteil: Sie entpuppten sich schon nach relativ kurzer Zeit als die reinsten Quälgeister. Jede erdenkliche Gelegenheit nutzten sie aus, um sich auf meine Kosten zu amüsieren. So verstreuten sie den Inhalt meiner Trainingstasche im Bus oder verschmierten die Griffe meiner Stöcke mit Kleber.

Eines der kleinen Langlaufrennen, die im Bezirk Osttirol jeden Sonntag in einem anderen Dorf stattfanden, werde ich wohl nie vergessen. Unmittelbar vor dem Start waren meine frisch präparierten Schier verschwunden, und alles, was ich in dieser Situation zu hören bekam, war das hämische Lachen meiner Trainingspartner. Ich war für sie der ideale Tollpatsch, mit dem sie ihre Späßchen machen konnten. Dass sie mich damit an den Rand meiner psychischen Belastungsgrenze brachten, war ihnen sicher nicht bewusst. Zwei Jahre hielt ich durch, bis ich dem Verein endlich den Rücken kehrte. Das Training nahm ich wieder selbst in die Hand. Denn trotz aller Demütigungen hatte ich in dieser schwierigen Phase in sportlicher Hinsicht doch einiges gelernt, was ich alleine nun viel ungestörter und effektiver umsetzen konnte. Und ich freute mich natürlich diebisch, wenn ich bei einem kleineren Langlaufrennen mit Massenstart die Helden aus meinem ehemaligen Sportverein hinter mir lassen konnte. Schon im Startfeld, wenn alle dicht aneinandergedrängt auf den Startschuss warteten, um gleichzeitig mit vollem Tempo loszulaufen, hörte ich einige meiner Exkollegen neben mir.

Beim Massenstart kommt es darauf an, sich möglichst schnell möglichst weit nach vorne zu bewegen, um sich eine gute Position für den Rennverlauf zu sichern, und nur durch einen übermäßigen Kraftaufwand ist es überhaupt noch möglich, die vielen Rennläufer, die man nicht schon beim Start hinter sich lässt, während des Rennens zu überholen, wenn sich das Teilnehmerfeld schnell wie eine lange Schlange auseinanderzieht.

Für mich als blinden Langläufer waren die ersten zehn Minuten der Startphase nahezu nicht zu überstehen. Ich vernahm rund um mich her nur einen Brei von wirren Geräuschen, und es war mir schlichtweg nicht möglich, mich gezielt auf einen bestimmten Vordermann zu konzentrieren, um die richtige Richtung zu halten. Als die Sportler nach wenigen Kilometern nicht mehr als unkoordinierte Masse, sondern in Einserreihe liefen, wurde es schlagartig leichter.

Paradoxerweise war es bei einem Einzelstart für mich noch schwieriger, die Spur zu finden, weil man beim Minutenstart niemanden vor sich hat. Manchmal hatte ich Glück und es gelang mir, diese Hölle gut zu durchlaufen und in relativ guter Position hinter meinem Vordermann zu kämpfen. In dieser Art und Weise suchte ich mir den kilometerlangen Weg bis ins Ziel, und erst dort erfuhr ich, wer vor oder wer hinter mir gelaufen war. Welche Genugtuung, wenn ich zu hören bekam, dass einige meiner Quälgeister aus dem Trainingsverein nach mir ins Ziel gekommen waren!

Langsam fühlte ich mich reif für meinen großen Traum, den internationalen Dolomitenlauf.

Ich war bestens auf dieses Ereignis vorbereitet und verlangte von meinem Vater, mich in einer der ersten Startreihen zu positionieren, damit ich mich nicht im hinteren Bereich des 4000 Läufer starken Teilnehmerfeldes herumplagen musste. Meinem Vater war vollkommen klar, dass ich diesen Hexenkessel ohne eine Verletzung kaum überstehen würde. Er wusste aber auch, dass er mir den Start nicht verwehren konnte, ohne dass meine Psyche darunter leiden würde.

So fand ich mich im vordersten Startblock Schulter an Schulter neben Sportlern aus Finnland, Russland, Schweden und Norwegen wieder. Was für ein erhebendes Gefühl, mit diesen Spitzenathleten in wenigen Minuten auf die sechzig Kilometer lange Rennstrecke gehen zu können. Doch das Hochgefühl sollte nur bis zum Startschuss währen.

Noch in derselben Sekunde machte mein Nebenmann einen Ausfallschritt, ich verhakte meinen 2,1 Meter langen Langlaufschi in seinem Stock und stürzte kopfüber zu Boden. Keine weitere Sekunde später spürte ich die Schier und Stockspitzen der anderen Rennläufer in meinem Rücken, die, von hinten bedrängt, massenhaft über mich hinwegfuhren.

Bei der nächsten Gelegenheit rappelte ich mich auf, um nach wenigen Metern wieder den Schnee zu küssen. Von meinen Konkurrenten wusste ja keiner, dass sich ein Blinder inmitten des Starterfeldes über seine Hürden schwindelte. Trotz meines zerrissenen Renndresses und meiner blutverschmierten Schürfwunden am Rücken gab ich das Rennen nicht auf. Nach einiger Zeit löste sich das Chaos langsam auf, und die Hektik war bei Kilometer zehn, in Lavant, dem übernächsten Nachbardorf, schon verflogen.

Ich kam immer mehr in meinen eigenen Rhythmus, und die Freude, meinem angepeilten Ziel mit jedem Schritt näherzukommen, nahm unaufhaltsam zu. Die brenzlige Situation, als ein italienischer Langläufer dicht vor mir stürzte und quer über die Loipe zu liegen kam, meisterte ich mehr durch Zufall als durch Berechnung, indem ich ebenfalls hinfiel. Es war unmöglich, in flotter Fahrt auf instabilen Brettern einem plötzlich auftauchenden Hindernis elegant auszuweichen. Kilometer für Kilometer brachte ich hinter mich, doch an den Verpflegungsstationen hatte ich keine Chance, mich mit isotonischen Getränken oder Müsliriegeln zu versorgen. Die Betreuer hielten mir zwar Becher und

Riegel vor die Nase, ich griff jedoch immer wieder daneben und musste mich darauf konzentrieren, meinen Vordermann und Schrittmacher nicht zu verlieren. Zum Glück tauchte in regelmäßigen Abständen mein Vater am Loipenrand auf, um mir die für eine so lange Strecke unbedingt notwendige Flüssigkeit und Nahrung zu reichen. Als ich mich, wenn auch in reduziertem Tempo, am Hauptplatz von Lienz nach sechzig Kilometern vor applaudierendem Publikum durch das lang ersehnte Ziel schob, war ich mächtig stolz.

DER 16. AUGUST 1975 war ein Tag, der für meine Zukunft eine kleine Vorentscheidung bringen sollte. Mein Bitten und Warten, einen richtigen Felsberg mit meinen eigenen Händen und Füßen besteigen und somit begreifen zu dürfen, sollte endlich ein Ende haben. Um halb sechs Uhr morgens stiegen wir in unseren VW Käfer, um zum Klamm-Brückele, dem Ausgangspunkt des Aufstiegs zum Spitzkofel, zu fahren. Mit dabei waren neben meinen Eltern meine Cousins Franz und Karl und ihr Vater, mein Onkel Lois.

Ich hatte schon bei der Hinfahrt unsere Position auf meiner virtuellen Landkarte im Kopf, ähnlich wie es heute ein Navigationssystem auf dem Display anzeigt. Denn schon seit geraumer Zeit hatte ich mich auf diesen Tag vorbereitet. Die Fahrt ging ins Kerschbaumertal, vis-à-vis vom Laserzgebiet, wo wir früher schon gewandert waren. Doch bereits nach den ersten Schritten vom Parkplatz über eine breite Forststraße bekam ich leichte Schwierigkeiten, den Anschluss an unsere Wandergruppe nicht zu verlieren. Das Rauschen einer Wasser führenden Schlucht, die sich in hundert Metern Tiefe durch den Mischwald zog, nahm mir das Gefühl dafür, wo es langging, und wie eine dicke Nebeldecke legte sich das Brausen des Wassers über mein Orientierungssystem. Ich musste mich gehörig anstrengen, um den einzelnen Wortfetzen und den Schritten meiner Begleiter folgen zu können, die sich nur unwesentlich vom Tosen der Galitzenklamm zu unserer Linken abhoben.

Nach einer halben Stunde gelangten wir an die erste richtige Hürde. Es galt, einen kleineren Flusslauf, der im rechten Winkel über unseren Weg schäumte, trockenen Fußes zu überqueren. Ein wildes, bedrohliches Klangspiel von zwei rechtwinklig zueinander verlaufenden Gebirgsbächen umgab uns, und ich musste mich ganz in die Obhut meines Vaters begeben. Wie ein Zirkusartist balancierte ich über einzelne Steine, die mir mein Vater wie eine Perlenkette quer über das Wasser legte. Und während sich meine Cousins am anderen Ufer bereits langweilten, vollbrachte ich mein bis dahin schwierigstes Kunststück, indem ich minutenlang auf einem Bein stehend mir mit dem zweiten Fuß den nächsten wackeligen Fixpunkt im tiefen Wasser suchte.

Ein steinhart gepresstes Schneefeld, das von einer Lawine des vergangenen Winters stammte, war unsere nächste Schlüsselstelle. Mein Bergschuh rutschte auf dem spiegelglatten Schnee ab wie von einer Glasscheibe. Die Überquerung des alten Lawinenkegels erforderte von uns allen die höchste Konzentration, und ich merkte, dass ich hier als blindes Kind nicht benachteiligt war. Mit Händen und Füßen hatten wir zu raufen, dass wir uns an den wie aus Porzellan geformten Furchen und Rippen aus Altschnee festhalten konnten, um nicht den glasigen Steilhang hinunterzurutschen. Nach knapp zwei Stunden kamen wir auf der Kerschbaumeralm an, einer bewirtschafteten Hochalm mit Sennerin, Hirten, Rindern und Pferden, die den Sommer über an der Waldgrenze auf zirka 1900 Metern Seehöhe leben. Mein Vater versprach mir dort bei Buttermilch und Almkäse, dass wir bald die Felsen erreichen würden. Dieser Trost half mir über all die Strapazen hinweg, und munter stiegen wir in die Höhe.

Nach einer weiteren Stunde kam unsere Seilschaft am Halebachtörl auf 2350 Metern an. Dort befand sich der Übergang vom grünen Almboden zum kargen, schroffen Alpingelände, das Tor zum Felsenreich des Spitzkofels. Meinen Ehrgeiz, mich möglichst ohne Sturz auch in ansprechendem Tempo über den holprigen Wanderpfad zu bewegen, trugen meine Eltern tapfer mit, und so musste Onkel Lois mit seinen beiden Söhnen Karl und Franz nie sehr lange auf uns warten. Mein Vater stieg unmittelbar vor mir mit seinen Wanderstiefeln etwas kräftiger als nötig auf die Tritte und Stufen, damit ich ihm nach flinker Analyse mit Hilfe meiner Ohren folgen konnte. Meine Mutter hatte die Aufgabe, knapp hinter mir zu gehen, um bei drohenden Fehltritten rettend einzugreifen. Die mühsame Querung eines mit feinem Schotter gespickten Hangs lag noch vor uns, bevor wir uns endlich in der Einstiegsrinne an der Südseite unseres Berges wiederfanden. Dort packte mein Onkel seine Super-8-Kamera aus, um diese einmaligen Eindrücke festzuhalten. Uns Kinder nervte das immer, weil wir dann oft noch einmal einige Schritte zurückgehen mussten, damit er die Passage auch optimal aufnehmen konnte.

Die letzten Meter bis zum ersten Fixseil, das vom Einstieg fast wie ein Geländer hinauf in die Felsenwand ging, brachten mich zur Verzweiflung. Ich hörte meine beiden Cousins schon lustig an diesem Drahtseil herumturnen, während ich mich in der kurzen, aber sehr steilen Schlucht auf mit Sand und feinstem Schotter belegten Felsstufen nach oben kämpfte. Jede meiner Bewegungen war unsicher, weil ich nicht absehen konnte, ob mein Schuh wegrutschen oder meine Hände Halt an den lose herumliegenden Steinen finden würden. Auch wusste ich nicht, wie tief ich bei einem Sturz fallen würde und wohin ich mich im äußersten Notfall noch retten konnte. Ich ärgerte mich über meinen Vater, weil er unser Seil, das uns zu Hause als Wäscheleine diente, noch immer nicht zum Einsatz brachte. Vor lauter Stolz, an diesem Tag als richtiger Bergsteiger unterwegs zu sein, hätte ich am liebsten schon auf der Kerschbaumeralm das Seil herausgeholt. Nun saß Vater ein, zwei Meter über mir und knüpfte einige Knoten in die kurze Leine, damit er mich beim Einstieg damit anseilen konnte. Nur meine Mutter war noch hinter mir und half mir, mich auf dem schlüpfrigen Untergrund zurechtzufinden.

Am Einstieg angekommen, sollte mein großer Traum, eine echte Felsenwand zu ersteigen, wirklich wahr werden. Die Tasse Tee, die mir meine Mutter als kleine Stärkung aus der Thermosflasche eingoss, verschüttete ich zur Hälfte, weil ich keine Zeit mehr hatte, mich auf das Trinken zu konzentrieren. Für mich war das wie der Eintritt in eine andere Dimension, als ich meine Hände an den Fels und an das Stahlseil legte, um mich daran in die Höhe zu ziehen. Plötzlich hatte ich die Welt mit meinen zehn Fingern im

Griff, und bald ging mir alles viel zu langsam. Meine Mutter, mein Vater, mein Onkel mit seinen Söhnen und auch ich kletterten nun im selben Tempo, und ich musste mich dabei nicht einmal sonderlich anstrengen. Es war, als ob mir jemand meine Fesseln abgenommen hätte. Was für eine Belohnung für die Anstrengungen der letzten drei Stunden im aufrechten Gang!

Etwas weiter oben bei der Linderhütte, einer extrem ausgesetzten Biwakschachtel direkt am schmalen Felsgrat, jammerten meine Cousins, dass es so anstrengend sei und unter den Sohlen gar so tief hinuntergehe. Mein Vater hielt mich an seiner Wäscheleine fest, damit ich nicht abstürzen konnte. Die spannende Ungewissheit, ob wir wohl wirklich an diesem Tag noch den Gipfel erreichen würden, durchströmte mich hier zum ersten Mal in meinen Leben. Schritt für Schritt ging es langsam weiter, und nach der Linderhütte galt es, noch einmal hinunter in eine tiefe Scharte zu klettern, die uns vom Hauptgipfel trennte.

Als Onkel Lois wieder seine Kamera in Stellung brachte, ahnte ich, dass der Gipfel nicht mehr weit entfernt sein konnte. Das Drahtseil endete, die Steine wurden flacher, und das Gejodel von Franz und Karl verriet mir den nahen Gipfelsieg.

Die letzten Meter ohne Fixseil machten mir im nun flacheren Gestein wieder Mühe, und ich fürchtete jetzt auch den Abgrund, der hier für mich unberechenbar von allen Seiten drohte. Auf allen vieren robbte ich dorthin, wo ich die Stimmen meiner Begleiter wahrnahm. Erst der Griff an eine runde Säule, die noch dicker als mein Oberschenkel war und weit in den Himmel ragte, brachte mir die Gewissheit, dass ich wirklich ganz oben angekommen war. Ich berührte den senkrechten Balken des Gipfelkreuzes aus Metall, das den Gipfel um einige Meter überragte. Bevor ich mir von meinen Mitkletterern zu dieser Leistung gratulieren ließ, überprüfte ich mit meinen Händen, ob ich dieses Mal auch wirklich am höchsten Punkt stand. Ich kroch im Umkreis von wenigen Metern rund um diese runde Stange, um sicherzustellen, dass es überall nur abwärts ging. Zum ersten Mal in meinem Leben konnte ich mit eigenen Sinnen erleben, dass wirklich alle Grate auf einen Punkt zuliefen.

Bei den bisherigen Wanderungen mit meinen Eltern hatte Vater zwar immer verkündet, wann wir unser Ziel erreicht hatten, aber trotzdem konnte ich in der Regel weit über mir noch die Kuhschellen weidender Rinder hören. Diesmal aber war das nicht mehr der Fall.
Als Nächstes nahm ich das Gipfelkreuz genauer unter die Lupe. Mit beiden Händen streifte ich das dicke Rohr hinauf, bis ich hoch über meinem Kopf eine viereckige Blechkassette zu fassen bekam. An der Oberkante der Blechbox erfingerte ich einen kleinen Deckel, den ich natürlich öffnen wollte. Darin befand sich ein schweres Buch: »Das ist das Gipfelbuch, in dem sich die richtigen Bergsteiger nach Erreichen des Gipfels eintragen«, meinte meine Mutter voller Stolz. Jeder von uns schrieb seinen Namen in das dicke Buch, meine Mutter half mir dabei. Ein kräftiges Speckbrot und der Hagebuttentee schmeckten auf dem Gipfel so gut wie nie zuvor. Meine Mutter erzählt heute noch von dem unheimlichen Strahlen in meinen Augen, und dass ihr damals klar wurde, dass von mir noch einige Bergtouren zu erwarten waren.
Einige Kommentare über das beeindruckende Panorama und wie schön es da unten im Tal sei, tauschten die Erwachsenen noch aus, bevor es an den Abstieg ging.
Die Strapazen, die mir beim Absteigen noch viel mehr als beim Aufstieg zu schaffen machten, nahm ich für dieses Gipfelerlebnis gerne in Kauf. Einige Stunden später auf der Kerschbaumeralm konnte ich mich kaum mehr auf den Beinen halten. Die letzte Stunde bis zu unserem Auto wurde für mich zum Gang durch die Hölle, sie wollte einfach kein Ende nehmen. Onkel Lois filmte noch das Ende unserer Tagestour und nach zwölf Stunden saßen wir wieder im VW meines Vaters. Keine halbe Stunde später hatte ich die Anstrengung schon wieder vergessen und erneut regte sich die Sehnsucht nach ähnlichen Abenteuern in mir.

MEINE OMA MÜTTERLICHERSEITS suchte mir immer besonders intelligentes Spielzeug aus, und so bekam ich zu Weihnachten einen Technikbaukasten von Lego. Den bunten Bauplan mit den nummerierten Einzelteilen der hochkomplexen Traktoren, Bagger,

Autokräne oder Geländefahrzeuge konnte ich zwar nicht verwenden, trotzdem wollte ich einen Weg finden, die Hunderte von Teilen in den verschiedensten Farben und Formen so aneinanderzufügen, dass am Ende ein Prachtstück auf meinem Arbeitstisch stand. Streng nach Plan baute mein Vater das Fahrzeug zusammen, um mir das fertige Produkt zum Tasten und Fühlen zu überlassen. Anschließend zerlegte ich meinen Traktor ganz bewusst in seine Bestandteile und ordnete diese genau in die dafür vorgesehenen Kästchen in der Originalverpackung ein, um die bis zu einem halben Zentimeter kleinen Winzlinge dann wiederzufinden. So konnte ich mir mit meinem dreidimensionalen Vorstellungsvermögen ein glasklares Bild davon machen. Es war zwar nicht einfach, Details wie die Bauweise einer wirklich funktionsfähigen Lenkung, pneumohydraulischer Systeme oder eines Getriebes mit verschiedenen Gängen bildlich im Kopf zu behalten, aber alleine die Aussicht, dieses Wunderwerk mit eigenen Händen ohne Hilfe wieder zusammenzubauen, gab mir die Motivation dazu. Sogar einen originalgetreuen Motorblock eines Vierzylinder-Reihenmotors galt es zu konstruieren. Verschiedenste Elemente wie Zahnräder, kurze und längere Stäbe und Zapfen, speziell geformte Gelenke und auch die üblichen Standardteile von Lego wurden so zusammengefügt, dass ein zumindest mechanisch funktionierendes Modell eines Verbrennungsmotors entstand. Ganz spielerisch habe ich dabei mit meinen Fingern begriffen, was es mit Kurbelwelle, Pleuelstangen, Kolben und Zylinder auf sich hat.

Ob ich in der Schulbank saß oder der Pfarrer in der Kirche gerade eine langweilige Predigt hielt, ständig musste ich an die Details meines gerade aktuellen Legoprojekts denken. Wenn ich dann endlich wieder an meinem Arbeitstisch saß, dauerte es nur ein paar Stunden, bis ich meine technische Gedankenwelt für ein reales Objekt nutzen konnte. Von den ersten Tests nach der Fertigstellung waren meine Eltern immer sehr begeistert, wenn sich alles drehte und bewegte, wie es laut Plan vorgesehen war. Die kleinen farblichen Mängel, die entstanden, weil ich Teile derselben Bauart farblich nicht differenzieren konnte, störten sie dabei nicht. So wies zum Beispiel mein Motorblock, der laut Bauanleitung in den Farben grau und blau gehalten war, lustige rote oder grüne Flecken auf, die von den fälschlich ausgewählten Kleinteilen des Konstrukteurs stammten. Halb so schlimm, Hauptsache, der Andy konnte Erfahrungen sammeln, die ihm die dreidimensionale Welt erschlossen.

IN DER GERÄUMIGEN STUBE des Bauernhofs, auf dem mein Vater aufgewachsen ist und wo ich so viele spannende Kindheitstage erlebt habe, hatte mich eine alte Gitarre, die dort an der holzgetäfelten Wand hing, immer schon besonders fasziniert. Mein Vater hatte vor langer Zeit, als er mit seinen Brüdern für besondere Anlässe zum Tanz aufspielte, die Saiten dieses kostbaren Instrumentes gezupft. Das war in den Fünfzigerjahren gewesen, da gab es Radio und Fernsehen noch lange nicht in jedem Haus.

Die Amlacher trafen sich von Zeit zu Zeit im geräumigen Flur des Bauernhauses, wo sie vergnügt zu den Klängen von Onkel Lois' Zitter, Onkel Franz' Harmonium, der Flöte von Onkel Hans und der Gitarre meines Vaters tanzten. Manche Liebesromanze wird ihren Anfang wohl im Zauber von Kerzenlicht, Rotwein und der Musik der vier Brüder genommen haben.

Für mich verbreitete die alte Gitarre immer noch den Charme dieser Zeit, und vielleicht ahnte ich damals schon, dass ich genauso wie mein Vater mit diesen sechs Darmsaiten etwas bewegen könnte. Ich war immer ganz aufgeregt, wenn ich dem Instrument, das ich nur mit den Fingerspitzen erreichen konnte, wenn ich in Schräglage auf der Ofenbank stand, ab und zu einen Ton entlocken durfte. Selten nur wurde sie von der Wand genommen, und so war es schon ein Festtag, wenn mein Vater die Gitarre nahm und uns darauf etwas vorspielte. Als ich so groß war, dass ich mit meinen Fingern das Griffbrett fast umschließen konnte, zeigte mein Vater mir und meiner Schwester, die ebenso fasziniert von diesem Musikinstrument war, ein paar einfache Griffe.

Ziemlich schnell merkten wir uns diese Griffkombinationen, und der nun plötzlich wohlklingende Ton der Saiten motivierte uns, mehr und mehr von dieser Kunst zu erfahren. Auch mit dem alten

Harmonium, dem ich mit fleißiger Beinarbeit am Fußpedal des Luftbalgs einige Klänge herauspresste, verbrachte ich viele kreative Stunden.

Die Logik der zwölf Tonleitern und das System der Halbtontechnik habe ich mir mit Hilfe meiner Ohren spielerisch selber erarbeitet. Bald konnte ich meine einfachen Melodien zweistimmig spielen und ich wusste genau, wann ich die weißen und wann die schwarzen Tasten zu drücken hatte, dass keine Dissonanz entstand. Und so stand dem gemeinsamen Musizieren mit Elisabeth nichts mehr im Wege. Meine Schwester bekam zum Geburtstag eine eigene Gitarre und ich musizierte mit dem alten Stück meines Vaters.

Schlager und Popmusik versuchten wir zu interpretieren und Elisabeth war zusätzlich zum Gitarrenspiel die Sängerin. Ich selber hatte damals noch eine eher dünne Stimme und konnte mich mit dieser nicht allzu stark ausdrücken. Um den Sound etwas aufzufetten, setzten sich meine Schwester und ich mit unseren Gitarren in unser großes Treppenhaus, weil der Schall dort besser zur Geltung kam. Später vergewaltigten wir die neue Stereoanlage meiner Eltern, indem wir ein Mikrophon ansteckten, so dass unsere musikalischen Gustostückerln im ganzen Haus zu hören waren. Den Weihnachtsabend, an dem gleich zwei E-Gitarren unterm Christbaum lagen, eine für Elisabeth, die andere für mich, werde ich nie vergessen. Im Keller unseres Elternhauses wurde ein Probelokal ausgebaut und die Band war perfekt. »Eliandres« nannten wir unser Duo und im Keller stieg so manche Party, bei der Elisabeth mit mir die Musik machte und die Kids aus dem Dorf sich vergnügten.

Als meine Schwester achtzehn und ich fünfzehn Jahre alt war, begannen sich unsere musikalischen Wege langsam zu trennen. Ich lernte Herbert, einen Typen aus dem Nachbardorf, kennen, der Keyboard und Akkordeon spielte. Daraus ergab sich für mich die wunderbare Möglichkeit, meine musikalischen Träume mit einem ebenso fanatischen Musikliebhaber, wie ich es war, zu verwirklichen. Tag und Nacht übten wir in unserem Probelokal im Keller und es kam der Tag, an dem wir unseren ersten öffentlichen Auftritt haben sollten.

Da Herbert erst dreizehn und ich nur zwei Jahre älter war, hatten wir das Problem, dass wir erstens nicht selbstständig mit einem Auto unsere Instrumente zum Veranstaltungsort bringen konnten und zweitens als Minderjährige nicht allein so lange in die Nacht hinein unterwegs sein durften. Meine Stimmbänder hatten sich mittlerweile gefestigt und ich war es nun, der Sprecher und oft auch der Sänger der Hauptstimme war. Es kam dabei auch zu lustigen Begebenheiten, wenn ich zum Beispiel den Bürgermeister oder eine andere wichtige Persönlichkeit im Saal begrüßte und diese schon lange nicht mehr anwesend war. Ich musste mich bei meinen Ansagen einfach darauf verlassen, was mir mein Freund Herbert einsagte.
Fünf Jahre lang wechselten sich Herberts und mein Vater ab, uns am Abend zum Auftritt und mitten in der Nacht wieder nach Hause zu bringen. Unsere Gastspiele bei Hochzeiten, Bällen oder Festen häuften sich mit der Zeit und es war für die Eltern schon eine Entspannung, als Herbert mit achtzehn Jahren seinen Führerschein machte und das Duo Herbert und Andreas eigenständig auf dem Weg war.

NATÜRLICHE AUSLESE

DIE MUSIK BEDEUTETE MIR sehr viel, aber mir war schon mit sechzehn Jahren klar, dass das unstete Leben eines Berufsmusikers nichts für mich war. Meine Kindheitsträume, mir als Lokomotivführer, Mechaniker oder gar als Schispringer mein Brot zu verdienen, waren auch nicht realistisch. Es schien so, als sollten die pessimistischen Stimmen, die schon bei meinem Schulbeginn gesagt hatten, »der Andy wird sicherlich nie einen Beruf ausüben können«, tatsächlich Recht behalten. Meine Eltern ließen allerdings nicht locker, und so kam der Tag, an dem mein Vater ganz euphorisch mit drei Vorschlägen nach Hause kam.

Der klassische Beruf des Korbflechters und Bürstenbinders sei geradezu für einen Blinden gemacht. Dabei könnte ich mit meinem guten Gespür in den Händen unterschiedlichste Bürsten kreieren oder Weidenruten zu prachtvollen Korbmodellen flechten. Die Behindertenorganisationen würden dann Sozialbasare und Wohltätigkeits-Aktionen veranstalten, um meine Waren an den Mann zu bringen. Sehr attraktiv sei auch ein Job als Telefonist in der Militärkaserne in Lienz. Dort hätte ich die Aufgabe, eingehende Telefongespräche zu den verlangten Nebenstellen im Haus zu verbinden. Allzu spannend hörte sich diese Alternative nicht an, aber die Chance, in meiner Heimat bleiben zu können, machte dieses Angebot für mich durchaus interessant. Auch die Aussicht, im Status eines Bundesbediensteten meinen Weg außerhalb der typischen Behindertenlaufbahn zu verfolgen, stimmte mich zuversichtlich. Die dritte Option, mir in der Zukunft mein Geld selber zu verdienen, war der Beruf des Heilmasseurs.

Das kam mir zwar exotisch vor, aber zumindest war mir die Berufsbezeichnung nicht ganz unbekannt, hieß es doch bei den Sportübertragungen im Fernsehen immer wieder einmal, dass nach einem Zwischenfall nun der Masseur schon beim Athleten sei und diesen behandle. Kurze Zeit später lief der betroffene Fußballer in aller Regel schon wieder munter übers Feld oder der gestürzte Schirennfahrer erhob sich wundersamerweise wieder aus dem Schnee. Das weckte in mir die leise Zuversicht, trotz meiner angeblich gravierenden Einschränkung doch etwas in dieser Welt bewegen zu können.

Die Ausbildungsstätte zum Heilbademeister und Heilmasseur befand sich in der Nähe von Villach, einer Stadt in Kärnten, dem südlichsten Bundesland von Österreich, gut hundert Kilometer von Amlach entfernt. Zum ersten Mal in meinem Leben musste ich meinen heimatlichen Hafen für längere Zeit verlassen. Unsicher, was die Zukunft in der Ferne für mich bereithalten würde, packte ich mit Mutter meine Sachen, und dann kam der Tag, an dem ich meinen Eltern für mehrere Wochen Lebewohl sagen musste. Der Ausbildungslehrgang fand im Kriegsblindenheim in Ossiach statt, wo mich mein Vater und meine Mutter nach der Einquartierung unter lauter fremden Menschen, die ebenfalls Heilmasseur werden wollten, alleine ließen. Ich erkannte recht schnell, dass ich nun Stärke zeigen und den Leuten mit erhobenem Haupt gegenübertreten musste, wenn ich mir in dieser ganz neuen Gemeinschaft eine möglichst gute Ausgangsposition schaffen wollte. Als ich erfuhr, dass ich neben Erich, einem gelernten Elektriker, der sein Augenlicht bei einem Verkehrsunfall verloren hatte, der einzige Blinde in der Gruppe war, ließ meine Anspannung nicht unbedingt nach. Ich hatte mir nämlich vorgestellt, dass dieser Beruf speziell für blinde Menschen geschaffen war und im Kriegsblindenheim daher vorwiegend Leute ohne Augenlicht anzutreffen waren. Es galt also erneut, sich bei den »Normalsterblichen« durchzusetzen, wie ich es von Anfang an gewohnt war.

Die Infrastruktur im Blindenheim kam mir sehr entgegen. Nachdem mir eine dort angestellte Dame eine Führung durch das gesamte Gebäude gegeben hatte, konnte ich zum ersten Mal ein Blindenleitsystem zur besseren Orientierung nutzen. An der Wand, im Treppenhaus und an allen nur erdenklichen Stellen im Haus waren durchgehende Handläufe angebracht, und es war ver-

boten, entlang dieser Gehbereiche Gegenstände abzustellen. Die Lichtschalter und die Tasten zur Bedienung des Fahrstuhls waren hinsichtlich ihrer Größe und Positionierung einheitlich, und so war es tatsächlich möglich, sich ohne Augenlicht relativ flink in dem ziemlich großen Internatsgebäude zu bewegen.
Es war eine Sache von nur wenigen Stunden, und schon fühlte ich mich im Kreise von fast dreißig Auszubildenden wohl und integriert. Die Unterrichtsstunden verliefen ganz anders als früher in der Pflichtschule. Mit meiner Blindheit wurde ganz offensiv umgegangen, und es war nun keine Schande mehr, mich zu melden, wenn ich etwas nicht richtig erfassen konnte. In der Anatomiestunde merkte ich schnell, dass das mechanische System von Skelett und Muskelapparat denselben Gesetzen gehorchte wie meine früher aus Legotechnik konstruierten Wunderwerke. Mein räumliches Gedächtnis kam mir zugute, und so konnte ich den Ausführungen des Herrn Professors bei der Vorlesung problemlos folgen.
Meine Mutter war etwas verblüfft, als ich sie am Telefon bat, mir bei ihrem ersten Besuch in Ossiach doch bitte meine Sachen aus dem Proberaum mitzubringen. Anstatt neuer Tonbandkassetten, mit denen ich die Vorträge der Lehrpersonen aufzeichnen konnte, verlangte ich von ihr, mir meine E-Gitarre und meinen Gitarrenverstärker mit einem Mikrophon mitzubringen. Micha, ein Mediziner aus Wien, der den Heilmasseur als Zusatzausbildung machte, war Musiker und hatte sein Keyboard mitgebracht. Für Ewald, einen netten Typen aus Deutschland, trieben wir ein simples Schlagzeug auf. Nun hatte ich als Gitarrist und Sänger wieder meine altbekannte Stellung als Alpha-Tier inne.
Das Praktikum führte mich wieder in meine Heimat Osttirol, wo ich im Bezirkskrankenhaus von Lienz meine ersten Patienten behandeln durfte. Gewisse Herren der Krankenhausleitung zweifelten zwar daran, ob es richtig sei, einen Blinden auf die Kranken loszulassen, andere Entscheidungsträger trauten mir den Job aber durchaus zu und konnten sich Gott sei Dank durchsetzen. Im kleinen Team der Physiotherapie wurde ich sehr gut aufgenommen, und schon am zweiten Tag fühlte ich mich dort heimisch. Zu meinen Patienten baute ich recht schnell ein Vertrauensverhältnis

auf, und bald schon setzten die bandscheibengeplagten Patienten auf das besondere Gespür des blinden Masseurs, und so wurde der Herr Holzer bei der Chefvisite immer wieder einmal als Fachkraft verlangt.

DANK MEINES ARBEITSPLATZES als ausgebildeter Masseur und dank der Musik, die mich regelmäßig auf die Bühne brachte, konnte ich mich im Alter von achtzehn Jahren schon auf zwei Standbeine stützen. Trotzdem sollten die härtesten Jahre erst noch kommen. Mit achtzehn machte man den Auto- oder besser noch den Motorrad-Führerschein. Das spielte bei den Girls in der Disko eine große Rolle. Eine Liebesbeziehung zu einem Mädchen war für mich genauso utopisch, wie mit einem echten Motorrad durch die Gegend zu brausen. Erst jetzt begann ich ganz zu realisieren, was mein Augenleiden für mich in Wahrheit bedeutete, und ich hatte das Gefühl, dass die schönsten Jahre meines Lebens für mich wohl vorüber waren. Ich bildete mir ein, mich elegant zurückziehen zu müssen und mich auf die Rolle des klassischen Blinden mit schwarzer Augenbinde und weißem Langstock zu beschränken. Dabei war ich nicht einmal in der Lage, einen einzigen Buchstaben in der Brailleschrift zu lesen, weil ich doch nur die normale Schule und keine Blindenschule besucht hatte. Einen weißen Langstock, mit dem sich Blinde tastend orientieren, hatte ich noch nie in der Hand gehabt, und die richtige Technik, mit diesem Instrument den Weg zu finden, verlangt ein zeitaufwändiges Training.
Meine Zukunftsaussichten schienen alles andere als rosig, aber mein unbändiger Wille riss mich immer wieder aus jeder Anwandlung von Lethargie. Besonders die Auftritte meines Musikduos zerstreuten meine düsteren Gedanken, und wenn ich von der kleinen Bühne aus die vergnügten Tanzpaare hörte, war meine Traurigkeit längst wieder verflogen.
Wenn ich mit Herbert unsere neuen Songs einstudierte, merkte ich, dass auch er als Sehender mitunter Hilfe von anderen brauchte, beispielsweise von mir, wenn es darum ging, auf seinen Instrumenten die richtigen Akkorde und Harmonien zu finden.

Die Sache mit den schönen Mädchen lief eigentlich auch viel besser, als ich angenommen hatte. Mit Verstärker, Gitarre und einem coolen Song pflügte ich mir den Weg zu ihnen frei. Meine eingeweihten Freunde hatten dann die Aufgabe, mir durch geheime Zeichen wie lautes Husten oder leichtes Antippen meines Knies zu signalisieren, ob sich meine Avancen überhaupt lohnten. Ich konnte ja nicht beurteilen, wie begehrenswert die von mir anvisierte Schönheit wirklich war. Wunderbarerweise konnte ich mir aber anhand der Stimme und der Ausdrucksweise meiner jeweiligen Gesprächspartnerin schon ein recht zuverlässiges Bild machen. Es war dann tatsächlich fast immer eines der attraktiveren Mädels, das sich mit mir in eine lauschige Ecke des Tanzlokals zurückzog. Und nur äußerst selten mussten meine Burschen zur Verhinderung einer peinlichen Geschichte tatsächlich eingreifen. Durch die besonderen Umstände, wie der Andy seine Kontakte zum anderen Geschlecht einfädelte, kam oft eine lustige Stimmung auf. Und ich kann mich nicht erinnern, jemals der Letzte in unserer Runde gewesen zu sein, der einen »Hasen an der Angel« hatte.

Wenn ich die erste Hürde einmal gemeistert hatte, war der zweite Schritt schon wesentlich einfacher für mich. Ich konnte zwar nie mit flotten Autos oder aufgemotzten Rennmaschinen auftrumpfen, doch das war keineswegs ein Nachteil. Jene Schönheiten nämlich, die auf derartige Statussymbole standen, tanzten ohnehin an mir vorbei. So kam es zu einer ganz natürlichen Auslese. Mädchen, die sich für mich interessierten, fanden tiefsinnige Gespräche wichtiger, und da war ich in meinem Element. Spannend wurde es immer dann, wenn die Kellnerin kam, um die Getränke zu kassieren. Um mein Ansehen bei einer gerade erst eroberten Prinzessin nur ja nicht anzukratzen, hatte ich mir für solche Momente etwas einfallen lassen. Dass ich blind war, hatte ich natürlich tapfer verschwiegen, um mir nicht gleich am ersten gemeinsamen Abend selber die Show zu stehlen. Lauter Zwanzig-Schilling-Scheine hatte ich schon zu Hause in mein Portemonnaie getan, um dann je nach Getränkepreis locker-flockig die richtige Anzahl an Scheinen hinzublättern. Falls ich mich einmal ver-

zählte, war das nicht weiter tragisch. Hauptsache war, dass ich meine Geschäfte selbstständig erledigen konnte. Ab und zu drohte die Sache nach hinten loszugehen, wenn die Dunkelheit in einer Kuschelecke sogar die Kellnerin dazu zwang, das Geld anderswo ans Licht zu halten, um es zu zählen. Ich wurde dann oft dafür bewundert, wie gut ich doch im Dunkeln sehen konnte.
Wegen der lauten Musik und des Lärmpegels im Hintergrund verlor ich des Öfteren den Überblick, und so entging mir mancher Szenenwechsel im Lokal, was mitunter zur allgemeinen Belustigung beitrug. Als seltsames Verhalten muss es wohl den Leuten an der Bar erschienen sein, wenn ich immer noch eindringlich gestikulierend auf einen Gesprächspartner einredete, der schon seit einer Minute nicht mehr neben mir auf dem Barhocker saß, weil er gerade Zigaretten holen gegangen war.

NUR OHREN FÜR EINE

IN DEN FRÜHEN ACHTZIGERJAHREN gab es noch kein Internet, kein Handy und keine Chatrooms, dafür aber CB-Funk. Das war ein anmelde- und gebührenfreier Funkdienst, mit dem man in einem Umkreis von dreißig Kilometern über kleine Sprechfunkgeräte miteinander kommunizieren konnte.
Zunächst gab es zwölf, später vierzig Funkkanäle, auf denen jeweils ein Gespräch laufen konnte, ähnlich wie heute im Internet in diversen Chatrooms. Das Blöde daran war jedoch, dass man sich nie alleine mit seinem Schatz auf so einem Kanal unterhalten konnte, weil man jederzeit von anderen Funkern gestört oder zumindest belauscht werden konnte. Man konnte natürlich auch selber die Kurbel drehen, um auf anderen Kanälen interessante oder auch weniger spannende Flirts mitzuverfolgen. Also ein recht abwechslungsreicher Zeitvertreib, die Funkerei.
Dass meine visuelle Beeinträchtigung dabei nicht zum Tragen kam und ich mich ausschließlich von meiner starken Seite zeigen konnte, machte dieses Hobby natürlich besonders reizvoll für mich. Schon anhand der Stimmen konnte ich mir ein recht genaues Bild von meinen Gesprächspartnern machen, da es für mich fast keinen Unterschied darstellt, ob ich jemandem »Aug in Aug« gegenüberstehe oder ob mehrere Kilometer Entfernung dazwischenliegen. Es fällt mir mit meinem gut trainierten Gehör außerdem ziemlich leicht, Stimmungsschwankungen oder unredliche Worte zu erkennen. Kehlkopf, Stimmritze und Stimmbänder meines Gegenübers ersetzen mir dessen Mienenspiel. Die halbe Nacht lang wurden die Funkwellen bemüht, um unseren Schwachsinn oder auch unsere einfühlsamen Worte von einem Dorf zum nächsten zu transportieren.
Bis ich eines Abends die Stimme einer gewissen »Domenica« vernahm. Jeder Funker und jede Funkerin meldete sich mit einem

Spitznamen, ich nannte mich »Sandokan«, mein damaliger Musikpartner Herbert war der »Vagabund« und meine Schwester Elisabeth der »Zwilling«.

Domenicas Stimme war irgendwie brillanter, klarer und spannender als alle, die ich bis dahin je gehört hatte. Viele Abende lang quatschte ich nur noch mit ihr. Meine Freunde im Äther fanden das schon langweilig: »Der Andy ist nicht mehr für jeden Spaß zu haben, und sein Funkgerät hat nur noch eine Wellenlänge«, machten sie sich über mich lustig.

Es tat gut, sich mit jemandem über den üblichen Smalltalk hinaus ganz ernsthaft zu unterhalten. Spaß und Gaudi hatte ich schon so viel im Leben gehabt und vielfach auch nur vorgetäuscht, jetzt war es mir wichtig, den wahren Werten auf den Grund zu gehen. Mit anderen Worten, es hatte mich erwischt.

Den Moment, in dem ich Domenica direkt gegenüberstehen sollte, verschob ich tapfer von Woche zu Woche, weil ich Angst hatte, dass sich meine wunderbare Vorstellung von einer beginnenden Liebe mit einem Treffen in Luft auflösen könnte. Ich wollte auf gar keinen Fall beim ersten Date wie ein Tollpatsch dastehen. Deshalb bereitete ich mich auf diesen großen Tag, es war der 21. Februar 1987, ganz besonders akribisch vor. Ich ging schon am Vortag zu der Stelle, an der wir uns treffen wollten, um die Umgebung mit all ihren Einzelheiten zu sondieren. Als Treffpunkt suchte ich mir eine schmale Brücke aus, die über die Drau, unseren talbodenbeherrschenden Fluss, führte.

Die Brücke war so schmal, dass man sie fast nur einzeln überqueren konnte. Außerdem war sie aus Holz gebaut, so dass man auch gut hören konnte, wenn am anderen Ufer der Drau jemand seinen Fuß auf die Brücke setzte. Und ich konnte mir natürlich ganz genau ausrechnen, in welchem Augenblick meine Domenica mir in die Arme laufen würde. »Der erste Augenblick ist doch der entscheidende«, dachte ich mir, »nur da keinen Fehler machen.«

Zwanzig Minuten vor unserem Date kam ich an der Brücke an und bereitete mich auf den Moment vor, in dem die Turmuhr am anderen Ufer der Drau drei Uhr schlagen würde. Pünktlich hörte ich vermischt mit dem Rauschen des Flusses zunächst zügige Schritte

auf der Holzbrücke, und wenige Augenblicke später verriet sich meine Funkerbraut durch ihren Husten. Dank meiner Ortungstechnik mit Ohren, Nase und Tastsinn verlief das erste Händeschütteln nahezu perfekt. Ich nutzte ihre Offenheit, wie sie gleich drauflos plauderte und ohne Scheu mit leichtem Körperkontakt umging. Schnee und Eisreste am Boden machte ich zu meinen Komplizen, indem ich Domenica fragte, ob ich ihr auf dem glitschigen Pfad behilflich sein dürfe. Um keine Überraschungen zu erleben, wählte ich für unseren ersten Spaziergang den Weg in jene Richtung, aus der ich gerade gekommen war.
Die Unterhaltung zwischen uns verlief genauso angeregt wie in unseren nächtlichen Funkgesprächen, und die Orientierung in der wunderschönen Winterlandschaft ging wie von selbst. Erst liefen wir durch mein Heimatdorf Amlach, um dann noch einen Anstieg über einen steilen, schlüpfrigen Waldweg zu einem romantischen Plätzchen mit kleinem Holzhäuschen zu wagen. Nach wenigen Minuten wurde es da oben sehr kalt, und Sabine, wie Domenica im richtigen Leben hieß, war froh, als ich sie beim Abstieg fester in den Arm nahm, um sie vor einem Sturz zu bewahren. Dass ich dabei an ihren Bewegungen den Abstiegsweg ausmachen konnte, hab ich ihr an dieser Stelle natürlich nicht verraten.
Der Heimweg war viel zu kurz, und ich konnte es nach diesem gelungenen Ausflug kaum erwarten, am Abend wieder Sabines Stimme zu hören, begleitet vom Knistern und Rauschen meines Funkgeräts. Doch diesmal war es keine freundliche Stimme, sondern die fordernde Stimme von Domenica, die Aufklärung über den Zustand meiner Augen einforderte. Ihr hätten die Leute gesagt, der Sandokan sei doch blind, »und mit einem Blinden wirst du doch nichts anfangen«. Sie habe ihnen zwar widersprochen und erzählt, wie sie der Sandokan zielsicher den steilen, glitschigen Waldweg hinauf zum Holzhäuschen geführt habe, aber die Leute hätten nicht lockergelassen. Wie üblich bagatellisierte ich die Sache und versuchte, das Thema zu wechseln. Doch lange konnte das nicht gutgehen.
Für unsere junge Beziehung, die eigentlich noch gar nicht richtig existierte, wurde meine Blindheit ein zunehmend brisanteres

Thema, das ich immer wieder elegant umschiffte. Bei unserem zweiten Date in einem gemütlichen Kaffeehaus brachte ich den bewährten Trick mit den Zwanzig-Schilling-Noten an die Frau. Nur dass diesmal die Rechnung nicht aufging, weil Sabine sehr genau auf meine Finger schaute und dabei bemerkte, dass mein Blick gar nicht ins Portemonnaie gerichtet war. Auch andere verdächtige Besonderheiten fielen ihr plötzlich an mir auf, die auf ein größeres Sehproblem hinwiesen. Meine Tricks funktionierten nur dann, wenn mein Gegenüber gar nicht darauf achtete und dadurch einiges übersah. Deswegen zog ich die Notbremse und gab zu, dass mit meinem Sehsinn etwas nicht ganz so war, wie es sein sollte: »Also ich seh ein wenig schlecht, speziell wenn die Sonne sehr grell scheint«, sagte ich und versuchte damit das gravierende Manko gleichzeitig herunterzuspielen und zuzugeben.
Anfangs glaubte sie mir sogar, vielleicht deshalb, weil ich ihr auf dem Heimweg durch die dunklen Gassen oft den richtigen Weg wies, der in meinem Kopf als gedankliche Landkarte abgespeichert war. Sogar unsere erste gemeinsame Reise mit der Eisenbahn nach Wien überstand das Märchen vom nicht blinden, aber bei Sonnenschein sehr schlecht sehenden Andy. Ein frisch verliebtes Pärchen hält ja gern Händchen, und so liefen wir gemeinsam, uns gegenseitig führend, durch die Gegend.
Einige Wochen hielt unser Schmetterlingsgefühl nun schon an, und mein Handicap wurde für Sabine immer belangloser. Relativ bald stellte sich für uns die Frage, ob wir ernsthaft an eine gemeinsame Zukunft denken sollten oder ob unser Glück nur eine vorübergehende Liebesgeschichte war. Sabine hatte erst kurz zuvor eine mehrjährige Beziehung beendet und versuchte eine Zeitlang noch, sich vor einer festen Partnerschaft mit mir zu drücken, bis ich ihr eines Abends sagte: »Du brauchst dich nicht zu wehren, ich krieg dich ja doch.« Das leuchtete ihr ein, und seither planen wir unseren Weg gemeinsam.

DAS ERSTE GROSSE GEMEINSAME PROJEKT war meine Abschlussprüfung zum Amateurfunker. Das hatte ich mir schon seit Jahren heimlich gewünscht. Mit so einer Bescheinigung stand mir

die ganze Welt im Äther offen und es war möglich, mittels Morsezeichen oder Sprechfunk Amateurfunker in über dreihundert Ländern auf unserem Erdball zu erreichen.
Der Stoff und die Thematik, die bei dieser amtlichen Prüfung abgefragt wurde, beinhaltete knifflige Fragen im rechtlichen Bereich des internationalen Funkdienstes, Fertigkeiten in Elektrotechnik und Elektronik, insbesondere der Hochfrequenztechnik, sowie der Vorgänge im atmosphärischen Raum wie die Ausbreitung und das Verhalten von Funkwellen in den verschiedensten Frequenzbereichen.
In der Königsdisziplin des Funkwesens musste man imstande sein, Morsezeichen im Tempo sechzig, das sind sechzig Zeichen pro Minute, fehlerfrei zu senden und zu lesen. Allein die Vorstellung, dass ein einziger Buchstabe aus einer Kombination von bis zu fünf langen und kurzen Morsezeichen besteht, machte mir damals nicht allzu viel Mut. Aufgrund der simplen Tatsache, dass man als Betreiber einer Amateurfunkanlage jeden Punkt auf der Erde erreichen kann und dadurch die Gefahr von Missbrauch gegeben ist, werden die Betreiber einer solchen Anlage durch diese Prüfung weltweit selektiert und registriert. Denkbar wäre zum Beispiel, dass ein Funker über die Grenzen hinweg die Politik oder andere öffentliche Angelegenheiten seines Landes verunglimpft oder die Funkwellen zur Spionage einsetzt.
Viele Stunden saß Sabine nun da, um mir den Inhalt des dicken Buches, in dem sämtliche Fragen der Amateurfunkprüfung erklärt und analysiert wurden, auf Band zu sprechen. Dabei las sie seitenlange Texte über elektrische Widerstände, Spulen oder Schwingkreise, Dioden, Gleichrichter oder Übertrager, Transistoren, Röhren oder Schaltkreise, lauter Dinge, die sie selbst herzlich wenig interessierten.
Am spannendsten fand sie noch den staubtrockenen Gesetzestext, der über erlaubte und unerlaubte Frequenzen und Sendearten oder das ordnungsgemäße Absetzen eines Notrufes informierte. In wie viel hundert Kilometern Höhe unserer Atmosphäre die Funkwellen an der von der Sonne ionisierten F-Schicht reflektieren müssen, um tatsächlich ein Funkgespräch über Kurzwelle

zwischen meinem Standort in Österreich und dem eines Funkfreundes in Südafrika zu ermöglichen, das war Sabine zu abstrakt. Trotzdem arbeitete sie mein Skriptum von der ersten bis zur letzten Zeile eisern durch, bis sie mir stolz 25 Tonbandkassetten in die Hand drückte.
Täglich führte ich mir das Material zu Gemüte und versuchte mir ein Bild von all den komplizierten Vorgängen zu machen. Die prickelnde Stimme meiner Domenica, die ich nun täglich aus dem Lautsprecher meines Kassettenrekorders hörte, motivierte mich, immer noch mehr Stoff durchzunehmen. Nach wenigen Wochen war ich reif für die Prüfung.
Nur das Morsen stellte eine echte Hürde dar. Da Sabine mir dabei auch nicht helfen konnte, begleitete sie mich fast jeden Tag zu Hermann, einem liebenswürdigen Amateurfunker, der sich immer beherzt um die Newcomer im Bereich Morsetelegrafie kümmerte. Hermann, ebenfalls Musiker, erkannte schnell mein Talent für Töne, und so brachten wir das Training im Eiltempo hinter uns. Ich zählte beim Morsen nicht die einzelnen Punkte und Striche, wie man zu den kurzen und längeren Morsetönen auch sagt, sondern sah in meiner Vorstellung die jeweiligen Kombinationen als gesamtes Bild des betreffenden Zeichens vor mir.
Im März 1988 war es dann so weit. Mit Sabine und meinen Eltern fuhr ich nach Innsbruck, in die Landeshauptstadt von Tirol, um dort in der Landespostdirektion zur Prüfung anzutreten.
In den theoretischen Fächern, »Rechtliches«, »Technik« und »Betrieb und Fertigkeit«, konnte ich dank meiner bildhaften Sprache die Prüfungskommission recht gut von meinem Wissen überzeugen. Doch als man uns Prüflingen die Kopfhörer aufsetzte, damit wir bei der Morseprüfung die soeben gehörten Zeichen zu Papier brachten, wurde ich schlagartig nervös. Man bekam bei dieser Prüfung keinen Klartext in Morsezeichen serviert, sondern lauter wild durcheinandergewürfelte Fünfergruppen von Buchstaben und Zahlen, so dass man einen eventuell nicht richtig gehörten Buchstaben nicht durch den Zusammenhang erraten konnte. Links und rechts von mir fielen die Prüflinge reihenweise durch, weil sie die Fehlergrenze von drei nicht erkannten Zeichen über-

schritten hatten. Als ich als Letzter an der Reihe war, fragte mich ein Prüfer, wie ich als Blinder die von mir gehörten und identifizierten Zeichen aufschreiben wolle. Natürlich hatte ich mir über diese Frage schon meine Gedanken gemacht. Ich wollte das Erkannte direkt in ein Mikrophon sprechen. Anschließend konnte man die Ergebnisse dann überprüfen. Genial, meinten die Herren, und die Sache konnte losgehen.
Was ich jedoch bei meinen Überlegungen übersehen hatte, war die Tatsache, dass ich durch die mündliche Wiedergabe des soeben gehörten Zeichens das nächste Zeichen aus meinem Kopfhörer nicht mitbekam. Bei Tempo sechzig blieb kaum ein zeitlicher Spielraum. Trotzdem gab ich das Zeichen zum Start und ließ das Ganze auf mich zukommen.
In derselben Sekunde, in der ich das erste Zeichen vernahm, blendete ich die ganze Welt rund um mich komplett aus und konzentrierte mich nur noch auf diese kurzen Punkte und Striche. Anfangs stand ich gewaltig unter Druck, bis ich dann nach einigen Sekunden entspannter wurde. Das Ende der drei Minuten, die dieser Teil der Prüfung dauerte, kam mir dann fast zu schnell. Ich nahm den Kopfhörer ab, legte mein Mikrophon auf den Tisch und war mir sicher, keinen einzigen Fehler gemacht zu haben. Der Prüfer, der mir direkt gegenübersaß, meinte, es sei nicht mehr notwendig, das von mir besprochene Band abzuhören. Stattdessen reichte er mir die Hand und gratulierte mir zu dieser hervorragenden mentalen und geistigen Leistung. Hinter mir hörte ich, wie meine Eltern und Sabine erleichtert aufatmeten. Schon im Vorfeld hatte ich mir für den Fall, dass ich diese Prüfung erfolgreich abschließen würde, ein richtiges Amateurfunkgerät mit dazugehöriger Antenne organisiert, damit ich ohne Zeitverzug sofort loslegen konnte. Als Antenne diente mir ein zwanzig Meter langer Draht, den ich zusammen mit meinem Vater von der Firstpfette unseres Hauses quer über den Garten hinweg zu einer Baumkrone gespannt hatte. Von dort führte ein Antennenkabel in mein Zimmer hinein, wo ich es dann nur noch an das Funkgerät anschließen musste.
Nach unserer Rückkehr aus Innsbruck verzog ich mich eilig an

meinen Schreibtisch, wo ich nun zum ersten Mal mit Hilfe der Funkwellen mein Tor zur ganzen Welt öffnen konnte. Als ich die vielen verschiedenen Stimmen, Sprachen und Morsetöne neben störenden Pfeiftönen im atmosphärischen Rauschen der Kurzwelle in meinem Kopfhörer vernahm, kam es mir vor, als säße ich direkt in der Kommandozentrale der Marsmenschen.
Binnen weniger Minuten konnte ich den Kontakt zu einem fremden Menschen herstellen, der genau wie ich in Tausenden Kilometern Entfernung hinter seinem Funkgerät saß. Mein allererster Funkkontakt ging nach Sibirien, wo ein Englisch sprechender Russe meinen Funkspruch erwiderte. Die Stimme klang so exotisch, als ob sie direkt aus dem Weltraum in den kleinen Lautsprecher meines Funkgerätes geraten wäre. Die zweite Verbindung, diesmal in Telegrafie, ging an die Westküste von Nordamerika. Meine Konzentration war dabei besonders gefragt, weil mir jemand mit seiner Taste in über 9000 Kilometern Entfernung Fragen stellte und ich ordnungsgemäß antworten musste. Die ganze Nacht über klebte ich an meinem Sendeempfänger, weil es im Äther rund um den Globus keine Ruhepausen gab.
Sabines Vater war Schlosser von Beruf, und er war es nun, der mir in unserem Garten einen Funkturm errichtete, der heute immer noch dort steht. Dabei handelt es sich um einen besteigbaren Stahlmast, der in fünfzehn Metern Höhe mit einer kleinen Plattform versehen ist, auf der man recht komfortabel Arbeiten an den nach allen Himmelsrichtungen drehbaren Richtantennen erledigen kann. Was für ein spannender Moment für meinen Vater und mich, als unsere selbst gebaute Antenne aus Aluminiumrohren und Kupferdraht an meine Funkanlage angeschlossen wurde! Und was für ein Gefühl, wenn man damit Funksignale aus anderen Kontinenten einfangen konnte.

DIE SCHNEEARMEN WINTER der späten Achtzigerjahre machten es mir leicht, jede freie Minute am Schreibtisch meinem Hobby als Amateurfunker nachzugehen. Sabine zog es mit der Zeit immer mehr nach draußen und irgendwann ging auch mir auf, dass das Leben nicht nur aus der Arbeit im Krankenhaus, dem Musizieren in verrauchten Lokalen und stundenlanger Quatscherei über Amateur-Funk bestehen konnte.

Gemeinsame Ausflüge mit Sabine brachten mir die Schönheit der Natur wieder näher, und mein alter Bewegungsgeist, der mich in meiner Kindheit und Jugendzeit so treu begleitet hatte, erwachte wieder zum Leben. Ich wollte Sabine all die wunderbaren Ziele zeigen, die ich mit meinen Eltern früher in unserer märchenhaften Gegend erwandert hatte.

Die »Laserzwand«, die »Schleinitz« und der »Ederplan« bekamen genauso von uns Besuch wie das »Böse Weibele« oder der »Spitzkofel«, dessen erneute Besteigung mit Sabine nach so vielen Jahren ein echtes Highlight war. Vielleicht, weil mir damals endgültig klar wurde, dass ich mich als Erwachsener in den Bergen nicht schwerertat als früher in Kinder- und Jugendjahren.

Es gab also keinen Grund, diese alte Leidenschaft nicht wieder aufleben zu lassen. Von Zeit zu Zeit gesellten sich meine Eltern beim Wandern zu uns und ich begann, kleine Bergprojekte für uns zu planen. Mein größter Wunsch war, den Gipfel des Hochstadels, in dessen Nordwand Onkel Franz seine letzte Ruhe gefunden hatte, zu ersteigen. Der starke Drang, meinen Kopf und damit meine sensibelsten Sensoren nur ein einziges Mal über die scharfe Abbruchkante der ehrfurchtgebietenden Nordwand hinauszustrecken, ließ mich nicht mehr los. Ich wollte mit eigenen Sinnen spüren, wo genau und wie mein Onkel seine letzte Stunde erlebt hatte und was seine letzten Eindrücke gewesen waren.

Mit unserem Auto fuhren wir hinauf zum Hochstadelhaus, einer Hochalm auf 1800 Meter Seehöhe, und begannen dort, unser Ziel über den normalen Wanderweg am Ostrücken zu ersteigen. Über saftige Almmatten aus Gras schlängelte sich der schmale Pfad, und nur langsam gewannen wir an Höhe. Weiter oben wurde das Gelände steiniger und auch steiler, und ich spürte es wieder, dieses besondere Flair der Dolomiten. Über die alpinen Gefahren unseres Aufstieges machte ich mir keine Gedanken, wir waren ja auf dem Wanderpfad unterwegs, ein Steiglein, auf dem man nur Acht geben musste, dass man nicht von einer Almkuh überrannt wurde.
In Gedanken war ich ganz auf Onkel Franz fokussiert, der damals ungefähr in derselben Höhe auf der anderen Seite des Berges seine letzten Schritte getan hatte. Als mich mein Vater beim Überqueren einer schmalen Gratpassage zur Vorsicht mahnte, kehrten meine Gedanken schlagartig von der Nordseite des Hochstadels wieder dahin zurück, wo ich als Letzter unserer kleinen Gruppe diese Stelle meistern sollte. Die Position als Schlussmann war mir ganz recht, weil ich dann hinter mir keinerlei störende Trittgeräusche hörte und mich ganz auf die Fußstapfen meines Vordermanns konzentrieren konnte. Je höher wir kamen, desto schroffer und felsiger wurde die Landschaft, und es sollten noch einige saftige Knie- und Schultersteine auf mich warten. Schmerzhafte Begegnungen erlebe ich immer wieder einmal mit Felszacken, die genau in Knie- oder Schulterhöhe von der Seite in den Weg ragen. Vor solchen Hindernissen warnen mich meine Begleiter in der Regel durch die Zurufe »Achtung Kniestein« oder »Achtung Schulterstein«. Das erspart mir viele Unannehmlichkeiten.
Noch einige Kehren über den markierten Wanderpfad, und schon bald erreichten wir jenen Punkt, den zu betreten meinem Onkel Franz am 1. Juni 1963 nicht mehr vergönnt gewesen war.
Die Nähe des Gipfels spürte ich schon an den Luftbewegungen, die sich ganz oben wesentlich vom bis dahin Gefühlten unterschieden. Anströmende Luftmassen streichen an den Flanken des Berges entlang nach oben, bis sie in Gipfelnähe allmählich den Widerstand des Berghanges verlieren, um sich dann im freien

Raum zu verwirbeln. Außerdem war meine Mutter speziell bei den Linkskehren unseres Steigleins etwas nervös und besorgt um mich, weil unmittelbar rechts davon die Nordwand senkrecht abfiel. Wenig später konnte ich schon das blechern klingende Öffnen der Gipfelbuchkassette hören, die am Gipfelkreuz befestigt war. Sabine, die die letzten Meter vorangegangen war, erreichte den Gipfel als Erste.

Das Gelände am höchsten Punkt ist relativ unspektakulär, weil sich ein flaches Plateau mit Rasen und Moosbewuchs rund um das Kreuz ausbreitet und zur gemütlichen Gipfelrast einlädt. Oben angekommen nahmen wir unsere Rucksäcke ab und begannen mit der Gipfeljause. Die Speisen schmeckten auf einer Höhe von 2680 Metern über dem Meeresspiegel noch viel besser als zu Hause. Doch mir blieb die Hauswurst förmlich im Hals stecken, saßen wir doch nur wenige Meter neben dem abrupten Übergang in die senkrechten Wandabstürze der Hochstadel-Nordwand. Langsam, ganz langsam schob ich mich in Richtung Norden. Dort glaubte ich schon das Gähnen der bodenlosen Tiefe der 1400 Meter hohen Wand zu spüren. Sabine und meine Eltern bemerkten, dass ich mich immer weiter von meinem Plätzchen entfernte, und machten mich mit beunruhigter Stimme darauf aufmerksam, dass mich nur noch zwei Meter vom Abgrund trennten. Für mich war das eine zusätzliche Information für meine Orientierung. Ich konnte also noch einen guten Meter ohne große Gefahr weiter in Richtung Norden rücken. Da es gerade Mittag war, konnte ich die Himmelsrichtung recht genau durch die Sonnenstrahlen auf meinen Wangen bestimmen.

Reflexartig griff meine Mutter nach meinem Bein. Nach ihrem Empfinden war ich bereits gefährlich nahe an der Abbruchkante. Wieso ich ausgerechnet hier oben ein solches Risiko einginge, wollten meine Eltern von mir wissen. Ich erklärte ihnen, dass ich mich ganz bewusst an diese heikle Stelle herantastete, weil ich dort etwas Besonderes suchte:

»Ihr könnt die Wand ja schon vom Tal aus sehen. Ich will heute die Gelegenheit nutzen, den letzten halben Meter dieser unfassbaren Wandflucht mit meinen Händen zu ertasten und die restlichen 1399,5 Meter zumindest zu erahnen.« Zielstrebig schob ich meinen Oberkörper zu jener Schwelle, die meine Hände soeben als letzten festen Halt erkundet hatten. An beiden Unterschenkeln spürte ich den festen, mich vor dem Absturz bewahrenden Griff meines »Sicherungspersonals« und kroch die letzten Zentimeter auf dem Bauch liegend weiter, bis mein Kopf über die kritische Linie des Steilabbruches hinausragte.

Von einem Herzschlag zum anderen war ich in einer anderen Welt. So musste es sich anfühlen, wenn man flog. Unter mir kein Boden, der den Klang meiner Stimme reflektierte oder dem Wind eine andere Richtung aufzwang. Das Pfeifen der am Talgrund vorbeifahrenden Eisenbahn schoss mir von weit unten in senkrechter Richtung entgegen. Eine in der Thermik spielende Dohle, die sich von einer Felskante zur nächsten treiben ließ, zeichnete für mich akustisch die Umrisse der obersten Wandpassagen. Als der beneidenswerte Vogel bei seiner Zwischenlandung auf einer der wenigen waagerechten Fleckchen im senkrechten Fels eine winzige Steinlawine auslöste, bekam meine neue Welt plötzlich Strukturen. Jedes einzelne Steinchen, auch wenn es nur so groß wie eine Erbse war, verriet mir durch sein immer wiederkehrendes Aufprallen die genaue Neigung und Richtung seiner Sturzbahn. Dank dieser Information konnte ich mir von einigen Dutzend Metern der Wand ein ziemlich gutes Bild machen. Ich konnte nun sagen, dass ich von der Hochstadel-Nordwand nicht weniger, sondern einiges mehr gesehen hatte als Sabine und meine Eltern, die immer noch auf dem flachen Gipfelplateau saßen und krampfhaft meine Beine festhielten.

Nun konnte ich mir erst recht nicht mehr vorstellen, wie sich mein Onkel in dieser vertikalen Welt hochgearbeitet hatte. Immerhin hatte er seine Schicksalswand im Jahr vor seinem Tod viermal erfolgreich durchstiegen. Erst da fiel mir auf, dass sich Sabine schon lautstark über mein Benehmen beschwerte. Auch meine Mutter bat mich inständig, doch endlich wieder aufzustehen.

Noch am Abend beim Schlafengehen und in der Nacht, als ich mich heimlich in der Vertikale des Hochstadels wiederfand, keimte ganz tief in mir der Wunsch, irgendwann einmal selbst in diese Wand einzusteigen. Natürlich war das ein vollkommen utopischer Gedanke, aber ein kleines bisschen Hoffnung gab es ja doch.

NACH DIESER URLAUBSWOCHE, die ich mit Sabine und meinen Eltern vorwiegend in den Bergen verbracht hatte, wurde mir klar, dass ich mir Gedanken über neue Partner zum Bergsteigen machen musste. Auch mein Vater und meine Mutter sagten mir, dass sie es in Zukunft nicht mehr wagen könnten, solche grenzwertigen Unternehmungen mit mir zu starten. Es wäre zu gefährlich, wenn ich im Falle eines körperlichen Einbruchs meiner Leute da oben ganz alleine auf mich gestellt wäre. Mobiltelefone zur Alarmierung gab es noch nicht und so war ich als blinder Mensch im Gebirge von der Umwelt total abgeschnitten.
Doch ich hatte eine Idee, wie ich dieses Problem lösen konnte. Ich nutzte das Gefühl in meinen Händen. Bei der täglichen Arbeit in meiner Massagekabine im Krankenhaus konnte ich recht genau feststellen, ob ich mich mit dem vor mir liegenden Patienten besser über Investmentfonds, flotte Mädels oder Berge unterhalten konnte. Die Muskulatur ist bei jedem Menschen entsprechend seinen Tätigkeiten im Alltag ausgebildet. Ab und zu pickte ich mir tatsächlich einen Gipfelstürmer heraus und lenkte das Gespräch in diese Richtung.
Als einer dieser seltenen Patienten bemerkte, dass sich sein Masseur in der Bergwelt auch recht gut auskannte, bekam die Massage eine ganz besondere Note. Nichts als Begeisterung schwappte mir in der warmen Kabine entgegen und der Patient versprach mir, dass er mich selbstverständlich einmal auf eine richtige Bergtour mitnehmen wolle, wenn er wieder ganz gesund sei. Zu Hause beim Mittagessen erzählte ich meinen Eltern davon mit strahlenden Augen. Sie freuten sich mit mir, da es eine Chance gab, dass ihrem Sohn die Bergwelt so in Zukunft nicht verschlossen bleiben würde. Ich zählte die Tage, bis endlich die Woche vorüber war und ich zu einer richtigen Bergtour aufbrechen konnte. Der Sonntag, an dem ich mich mit meinem Patienten zu unserer Tour verabredet hatte,

war gekommen, nur mein Patient leider nicht. Mit meinem Rucksack stand ich in der kalten Morgenluft draußen vor dem Haus auf der Straße und lauschte, ob ich ein herannahendes Auto hören konnte. Sechs Uhr, der Zeitpunkt, an dem wir uns verabredet hatten, war lange schon vorüber und ich hoffte, dass sich mein neuer Partner nur etwas verspätet hatte. An einer unsicheren Wetterlage konnte es nicht liegen, weil der strahlende Morgen einen wunderbaren Tag für uns ankündigte.

Länger als eine Stunde stand ich so da. Von Minute zu Minute schwand meine Hoffnung, heute mit meinem Patienten noch ein unvergessliches Bergabenteuer erleben zu können, bis ich mich schließlich mit einem sehr traurigen Gefühl in mein Zimmer zurückzog.

Meine Mutter, die alles beobachtet hatte, versuchte mir Trost zuzusprechen, doch das schmetterte an mir ab wie an einer Felswand. Ich war bitter enttäuscht. Vermutlich hatte mein Patient erst lange nach der Massage und unserem Gespräch realisiert, dass er einem Blinden eine Tour in die bedrohliche Bergwelt zugesagt hatte. Er war bestimmt von anderen Menschen verunsichert worden und die Sache wurde ihm zu heiß.

Also ließ er mich an diesem Sonntagmorgen auf der Straße stehen und stieg lieber mit sehenden Partnern, mit denen sicherlich nichts passieren konnte, in das wunderbare Bergparadies hinauf. Diese Geschichte wiederholte sich in ähnlicher Spielart in den nächsten Monaten immer wieder. Meine Eltern hatten lange schon erkannt, dass diese unfaire Art einiger Menschen meinem Selbstbewusstsein nicht gerade guttat.

EINES MORGENS KAM MEIN VATER mit einer Überraschung zum Frühstück. Er habe am Abend zuvor einen richtigen, verlässlichen Alpinisten getroffen, der mir eine Klettertour in den Lienzer Dolomiten fix zugesagt habe.

Der Bruckner Hans, ein Elektrikermeister mit eigenem Betrieb, sollte am nächsten Sonntag um sechs Uhr in der Früh mit Seil und Karabiner vor der Türe stehen. Der Bruckner Hans war auch unser Hauselektriker, der immer, wenn im Elternhaus etwas mit

der Stromversorgung nicht richtig funktionierte, zur Stelle war. Ich konnte mich nur an seine sehr einsilbige Art und seine nicht unbedingt musikalische Stimme erinnern. Als ich zu meinem Vater sagte, dass ich wahrscheinlich nicht zu diesem über dreißig Jahre älteren brummigen Typen passen würde und mir nicht vorstellen könne, mit ihm eine harmonische Seilschaft zu bilden, wurde mein Vater böse: »Wenn du dem Bruckner Hans jetzt absagst, dann werde ich dir nie mehr eine Bergtour organisieren!«
Am Abend vor der geplanten Tour sollte ich mit meinem Musikduo auf einer Hochzeit spielen und ich ging davon aus, dass ich wohl erst am Sonntag im Morgengrauen nach Hause kommen würde. Trotzdem musste ich die Chance nutzen, und allmählich freute ich mich schon darauf. Die Woche ging besonders schnell vorüber und ich hatte alle Hände voll zu tun, meine Bergausrüstung für den Sonntag zusammenzusuchen, weil am Samstag wegen der Hochzeit keine Zeit dafür blieb.
Schon seit Stunden stand ich mit Hansjörg, meinem damaligen musikalischen Partner, auf der Bühne und sorgte für Stimmung auf der Hochzeitsgesellschaft. Um Mitternacht war der Brautwalzer angesagt, und insgeheim hoffte ich, dass die Tanzpaare bald müde wären und wir nach Hause gehen könnten.
Doch die Stimmung wurde immer besser, das Brautpaar verlangte eine Zugabe nach der anderen, und so spielten wir denn immer weiter, obwohl ich in Gedanken schon längst bei meiner ersten richtigen Klettertour war. Stunden nach Mitternacht erst verließen die letzten Gäste den Saal. Wir packten die Instrumente zusammen und bauten das Equipment ab, das wir noch mühselig durch das Lokal, über schmale Gänge und viele Treppen zu unserem Fahrzeug schleppen mussten.
Die Heimfahrt überstanden wir ohne Sekundenschlaf, und so kamen wir heil gegen halb fünf Uhr morgens zu Hause an. Dort mussten wir das Equipment noch in den Keller schaffen, wo ich mit meinem Vater einen Proberaum für unser Zweimannorchester eingerichtet hatte. Als endlich alles erledigt war, stand mein Vater schon im Treppenhaus und mahnte zur Eile. »Der Bruckner Hans wird in einer Stunde da sein!« Hastig tastete ich mich in mein

Zimmer und riss mir das Hemd vom Leib, um mein Musikanten-Outfit gegen das eines Bergsteigers auszutauschen. Den vor Tagen schon fertig gepackten Rucksack nahm ich auf den Rücken und eilte in die Küche, wo das Frühstück schon vorbereitet war. Dort hörte ich meine Mutter mit schwerem Schuhwerk an den Füßen am Herd hantieren. »Wo bist du denn heute schon gewesen?«, fragte ich sie erstaunt.

»Ich konnte diese Nacht nicht schlafen, weil ich mir nicht vorstellen kann, dass der Bruckner Hans mit dir in den Bergen auch wirklich klarkommt. Er versteht zwar viel von Felsen, Seil und Haken, aber mit blinden Menschen hatte er noch nie zu tun. Ich komme heute mit!«

»Jetzt warte ich seit über zwanzig Jahren auf diesen Tag, an dem ich endlich mit einem richtigen Bergsteiger am Seil in eine steile Wand einsteigen kann, und dann kommt meine eigene Mutter daher, um mir diesen Traum wahrscheinlich zu verpatzen.«

Ich konnte mir beim besten Willen nicht vorstellen, dass Mutter mit ihren fast fünfzig Jahren auch nur den Funken einer Chance hatte, uns in diesem extremen Gelände zu folgen. Doch meine Mutter ließ an ihrem Vorhaben keinen Zweifel aufkommen. Auch mit Hans Bruckner hatte sie im Vorfeld schon alles abgemacht.

Ich hörte bereits den Dieselmotor von Herrn Bruckners Wagen vor unserem Haus, und Vater war auch schon hinausgestürmt, um ihn zu begrüßen. Mit klopfendem Herzen verschlang ich die letzten Bissen vom Frühstücksbrot und versuchte, noch möglichst viel zu trinken, um diesen harten Tag mit meinem neuen Kletterpartner gut zu überstehen.

Hinaus bei der Küche, hinunter über die Treppen und schon stieg ich auf der Beifahrerseite in Hans Bruckners Auto ein. Er gab mir seine Hand, die mir jetzt gar nicht mehr so rau und grob vorkam, wie ich sie noch aus Kindertagen in Erinnerung hatte. Seine ersten Worte kamen schwerfällig über seine Lippen. Auch er hatte wohl mit dieser Situation zu kämpfen. Aber im Unterschied zu meinen bisherigen, schon am Anfang gescheiterten Kletterpartnerschaften, war Hans Bruckner immerhin gekommen. Mutter nahm auf dem Rücksitz Platz, und etwas nervös verabschiedete sich Vater durch die offene Seitenscheibe des Wagens. Einen allzu frischen Eindruck machte ich wohl nicht, denn Herr Bruckner fragte mich mit grinsender Stimme, ob ich auch gut ausgeschlafen hätte. Über meinen nächtlichen Einsatz und meine Müdigkeit verlor ich nicht viele Worte, um ihn nicht noch zusätzlich zu verunsichern.

Hans Bruckner steuerte sein Fahrzeug die kurvenreiche Bergstrecke hinauf bis zum Parkplatz der Dolomitenhütte, dem Ausgangspunkt vieler Touren in den Lienzer Dolomiten. Ich löcherte ihn mit Fragen, denn ich wollte herausfinden, wie steil und wie schwierig unsere Klettertour auf die höchste Spitze der Lienzer Dolomiten an diesem Tag werden würde. Es sollte doch diesmal so richtig zur Sache gehen. Und wie oft hatte ich schon die Möglichkeit, mich mit einem echten Alpinisten in eine Seilschaft zu klinken? Bruckner ist kein Mann der großen Worte, und er brummelte etwas vom Schwierigkeitsgrad II.

Die Schwierigkeit einer Klettertour hängt von der Steilheit, der Tritt- und Griffbeschaffenheit, den Sicherungsmöglichkeiten sowie der gesamten Charakteristik der Tour ab. Die Skala der Schwierigkeitsgrade wird in den Dolomiten beziehungsweise in den Ostalpen in elf Stufen eingeteilt. Zwischen diesen einzelnen Stufen gibt es noch Unterteilungen in + oder –. Eine Route im Schwierigkeitsgrad V+ ist etwas schwieriger als eine Tour in einer reinen V und etwas leichter als eine Tour in VI–.

Die obersten Schwierigkeitsgrade ab etwa IX, X und XI betreffen Sportkletterrouten, die sich echte Freaks mit Bohrhaken im Fels einrichten. Auf diesen sogenannten Plaisirrouten befinden sich im Abstand von wenigen Metern mit einer Bohrmaschine angebrachte Spezialhaken, die einem Sturz zu hundert Prozent standhalten. Ähnliche Voraussetzungen findet man in der Kletterhalle, bis auf den Unterschied, dass man sich dort nicht um die Wetterbedingungen kümmern muss. Bei der Sportkletterei geht es einzig und alleine um die Fortbewegung im extremsten Schwierigkeitsbereich, ohne dabei auf objektive Gefahren wie Steinschlag, brüchige Griffe oder lockere Haken Rücksicht nehmen zu müssen. Die Felswand wird so fast zum Sportgerät umfunktioniert, an dem unglaubliche

Kletterleistungen vollbracht werden können. Moralisch wesentlich anspruchsvoller sind klassische alpine Klettereien im mittleren Schwierigkeitsgrad, bei denen keine Bohrhaken in der Route stecken und man sich um die Sicherung selbst kümmern muss. Dabei arbeitet man sich in steiler Wand an wackeligen Griffen und Tritten empor, was nicht jedermanns Sache ist. Der letzte Fixpunkt, den man sich selbst mit mobilen Sicherungsmitteln wie kleinen Klemmkeilen, kurzen Seilschlingen oder selbst geschlagenen Felshaken gebastelt hat, liegt oft zwanzig Meter tiefer.

Der Schwierigkeitsgrad II, den ich mit Hans Bruckner nun erklettern durfte, bedeutete, dass man sich nicht mehr im aufrechten Gang bewegen konnte, sondern sich mit Händen und Füßen die geneigte Felswand hinaufhieven musste. Der Bruckner Hans kündigte sogar eine senkrechte Stelle an, und er überlegte, wie er meine Mutter und mich dort sichern konnte.

»Aber zunächst müssen wir erst einmal so weit kommen«, sagte er schmunzelnd.

Derart steile Passagen hatte ich immer nur wahren Könnern der Kletterkunst zugetraut. Aber auch im relativ einfachen Schwierigkeitsgrad II kommen senkrechte Teilstücke mit dementsprechend großen Griffen vor. Gleichzeitig kann eine geneigte Felsplatte, die nur über wenige bis gar keine Griffe verfügt, wesentlich schwerer zu erklettern sein.

Frohen Mutes marschierten wir los, um den ersten Teil der Wanderstrecke zur Karlsbaderhütte hinter uns zu bringen, die auf zwei Dritteln des Weges zum Einstieg der Großen Sandspitze liegt. Mit diesem mutigen Kletterer unterwegs zu sein, gab mir das Gefühl, dass uns an diesem Tag keine Schwierigkeit in die Knie zwingen würde. Über einen knapp drei Meter breiten Schotterweg spazierten Hans, der mir zuvor am Parkplatz das Du angeboten hatte, meine Mutter und ich in den kühlen Morgen hinein. Die etwas angespannte Stimmung löste sich schon bald, als sich Hans positiv über meine Gehqualitäten auf dieser breiten Forststraße äußerte.

»Wenn ich hier schon zaudern würde, wie sollte das dann weiter oben in den Felsen erst funktionieren?«, antwortete ich.

Auf dem schmaleren Wanderpfad weiter oben schlich ich ganz knapp hinter Hans her, damit ich seine Trittfolge genau analysieren und für meine Beinarbeit verwenden konnte. Mutter ging hinter mir, um mir von Zeit zu Zeit hilfreiche Hinweise zuzuflüstern.
Die knapp zwei Stunden Wanderung bis zur Karlsbaderhütte vergingen überraschend schnell, weil mit Hans viel zu besprechen war. Ich löcherte ihn mit Fragen über die einzelnen Gipfel der Lienzer Dolomiten, die er alle schon mehrmals bestiegen hatte. Die genaue Lage, der exakte Winkel zueinander, die Schwierigkeitsgrade der einzelnen Routen und die Seehöhe der diversen Spitzen, all das wollte ich aus dem Munde eines passionierten Kletterprofis erfahren. Hans war tief beeindruckt, wie detailgetreu ich seine Angaben in meinem Kopf für mich verarbeiten konnte, weil meine Rückfragen genau zu dem realen Bild von dieser Bergwelt passten.
Bei der Hütte wollte Hans noch zu einem zweiten Frühstück mit Kuchen, Kaffee und einem Schnäpschen einkehren. Mir kam das nicht gelegen, weil ich mich in der beengten Gaststube nicht so leicht orientieren konnte wie im Freien. Mutter nutzte die Gelegenheit zu einer heißen Tasse Tee mit mir, während sich Hans mit den Wirtsleuten unterhielt. Eine halbe Stunde später stapften wir wieder los, und endlich fing für mich absolutes Neuland an. Der solide Steig ging bald in ein steiles, mit losem Schotter bedecktes Geröllfeld über. Das Geröll in den Dolomiten besteht aus lauter kleinen Steinen. Damit komme ich viel besser zurecht als mit gröber gebrochenem Gestein. Das Gelände wurde immer steiler und schon bald konnte ich mit meinen Händen den Schotter vor mir berühren. Wie in einem auf den Kopf gestellten Trichter verlief der steile Hang zwischen den Felswänden an beiden Seiten nach oben und endete in einer schmalen Einschartung am Grat.
»Genau dort in dieser Scharte ist der Einstieg, von dem aus sich unsere Kletterroute auf die Große Sandspitze dann linker Hand hochzieht«, meinte Hans begeistert.
Die spezielle Schallreflexion in dieser trichterförmigen Felsformation nutzte ich aus und stieg als Erster unserer Seilschaft der für

mich eindeutig hörbaren Einschartung entgegen. Diese Minuten des absolut selbstständigen Steigens sind für mich immer ein Hochgenuss. Das gelingt mir ab und zu bei seltenen Schallkonstellationen und günstigen Geländeverhältnissen.
Hans, der erst wenige Monate zuvor ein künstliches Hüftgelenk bekommen hatte, kümmerte sich weiter unten um meine Mutter und bestätigte mir durch Zurufe mein zielgenaues Fortkommen. Erst knapp unterhalb der Einschartung am Grat rief mir Hans energisch zu, ich dürfe keinen Schritt mehr weitergehen, weil ich sonst Gefahr liefe, an der anderen Seite der Scharte hinunterzustürzen. Ohne weitere Bewegung nahm ich auf der Stelle meinen Rucksack ab und kramte nach meiner Getränkeflasche, um einen Schluck zu nehmen.
Lauschend stand ich da, überglücklich, so alleine in dieser wunderbaren Bergwelt sein zu dürfen. Weiter unten hörte ich das Atmen und die langsamen Schritte von meiner Mutter und Hans. Gemeinsam stiegen wir noch einige Meter hinauf bis an die Gratschneide, wo ein schmales, waagrechtes Plätzchen auf uns wartete. Dort packte Hans seinen Rucksack mit dem Seil und all den Kletterutensilien aus. Das Aneinanderklirren der Karabiner erzeugte in meinem Bauch ein Gefühl wie von hundert Schmetterlingen. Meine Mutter hörte sich allerdings nicht so optimistisch an. Stunden später erzählte sie mir, dass sie sich beim Anblick der vor uns liegenden Felspassagen beim besten Willen nicht vorstellen konnte, dort hinaufzuklettern. Mir zuliebe riss sie sich am Riemen und machte gute Miene zum bösen Spiel. Hans wäre sicherlich umgekehrt, wenn sich meine Mutter nicht überwunden hätte.
Wie eine heilige Zeremonie kam es mir vor, als Hans uns in dieser gemischten Stimmung aus Ungewissheit, Zuversicht und Erwartung in sein Seil einband. Zuerst knüpfte er den Anseilknoten an meinem Klettergurt fest, bevor er meine Mutter an das Seil band.
Währenddessen löste ich den Knopf an meinem Gurt wieder, um mit meinen Händen zu fühlen, wie die Schlingen dieses wohl wichtigsten Bergsteigerknotens gelegt wurden. Hans fing an zu

schimpfen, bis ihm dämmerte, warum ich das tat. Nur so konnte ich den Knoten selber lernen, und ich knüpfte mich wieder genauso ins Seil ein, wie es Hans zuvor gemacht hatte.

Jetzt war der lang ersehnte Moment für mich endlich gekommen, in dem meine Seilschaft zum ersten Mal mit Seil und Haken in eine richtige Felswand einstieg.

Hans erklärte uns den Ablauf der nun vor uns liegenden Kletterei: »Wenn ich die erste Seillänge fertig geklettert habe, dann suche ich oben einen Standplatz und sichere mich dort zuerst selbst.«

Eine Seillänge ist die Kletterstrecke, die der Länge des Seiles entspricht. Das sind im Normalfall zwischen dreißig und fünfzig Meter, je nach Geländebeschaffenheit.

»Dann rufe ich euch zu, dass ihr nachkommen könnt. Ihr beide klettert dann am gestrafften Seil höher und hängt die Karabiner, die ich auf dieser Strecke als Zwischensicherungen in Seil und Haken eingehängt habe, wieder aus und bringt mir das ganze Material nach.«

Unser Bergführer turnte die ersten Meter eine leicht nach links geneigte Felsrampe hinauf, und bei meiner Mutter und mir stieg die Spannung von Minute zu Minute.

Ich konnte seine Bergschuhe hören, wie sie sich fast senkrecht über mir die wenigen flachen Stellen als geeignete Tritte suchten. Seine Atmung und das am Fels leise schleifende Seil, das er hinter sich herzog, vermittelten mir noch mehr Details von unserer Route. Meine Mutter flüsterte in die mit Spannung geladene Stille hinein, dass sie den Hans nun nicht mehr sehen könne, weil er hinter einer Felszacke verschwunden sei. Nur am langsam laufenden Seil merke sie, dass er sich aufwärts bewege. Plötzlich stoppte das Kletterseil und wir ahnten, dass Hans wohl den ersten Standplatz erreicht hatte. Kurze Zeit später schallte seine prägnante Stimme fast mystisch durch das Felsenreich.

»Nachkommen!«, rief er, und nun waren wir an der Reihe.

Ich hatte unterdessen mit voller Konzentration versucht, mir aus den zuvor gehörten Geräuschen von den ersten Klettermetern ein Bild zu machen. Diesem Bild galt es nun nachzuklettern. Meine Mutter stieg knapp hinter mir und von oben spürte ich das straffe

Seil, das Hans Zentimeter für Zentimeter einholte, um uns zu sichern.
Bald bemerkte ich, dass ich mich bei der Orientierung nicht ausschließlich auf den Verlauf des Kletterseiles vor mir verlassen konnte. Falls Hans im Vorstieg in einem Bogen geklettert war und nun das Seil straffzog, zeigte es mir natürlich nicht den richtigen Weg an. Man sucht sich immer die am ehesten kletterbare Linie, und das ist selten ein schnurgerader Weg, weil man unbegehbaren Felsen kleinräumig nach links oder rechts ausweicht. Wenn man als Nachsteiger versucht, der Richtung des Seiles direkt nachzuklettern, findet man sich oft in schwierigsten, griffarmen Felspassagen wieder, die eigentlich umklettert werden sollten. Meine Mutter gab mir von hinten ab und zu einen Hinweis, weiter rechts oder links zu klettern. Denn ich kann ja nur so weit sehen, wie meine Hände reichen. Schon bald hörte ich Hans am Standplatz mit dem Seil hantieren.
Für die zweite Seillänge musste uns Hans nun nicht mehr viel erklären, und die Seilschaft begann sich einzuspielen. Das Klettern mit allen vieren am Fels machte großen Spaß, und sogar meiner Mutter gefiel dieses Spiel mit der Schwerkraft. Erst als uns weit oben ein verschneiter Quergang plötzlich aufhielt, wurde meiner Mutter und mir der Variantenreichtum an Schwierigkeiten am Berg richtig bewusst.
Ein Quergang ist eine Kletterstrecke, bei der man sich nicht vertikal nach oben, sondern waagrecht über eine Felswand manövrieren muss. Man sucht sich dabei mit den Füßen nicht jene Tritte, die man kurz zuvor als Griffe verwendet hat, sondern muss nun in zwei unterschiedlichen Höhen nach Griffen für die Hände und Tritten für die Füße Ausschau halten. Auch die Sicherungsmöglichkeiten in einem Quergang sind nicht so effizient wie beim geradlinigen Hochklettern, weil man als Nachsteiger im Falle eines Sturzes nicht am gestrafften Seil hängt, sondern genau so weit hinunterstürzen würde, wie der jeweils nächste Haken von einem entfernt ist.
Für mich als blinden Bergsteiger kommt noch hinzu, dass mir die Hände nicht melden, wo sich der nächste Tritt für den Kletter-

schuh befindet, weil meine Finger niemals dort hinuntergreifen können, wo die Tritte für meine Füße sind.

Also ist ein Quergang ein ganz besonderes Schmankerl beim Klettern, insbesondere dann, wenn dort noch Eis und Schnee vom letzten Schlechtwettereinbruch liegen. Zum ersten Mal spürte ich bei Hans so etwas wie Ratlosigkeit. »Jetzt sind wir schon so weit gekommen, da kann uns doch diese kurze Passage auch nicht mehr den Weg zum nahen Gipfel versperren«, meinte ich leicht enttäuscht.

»Die Schlüsselstelle mit der senkrechten Wand, von der ich dir im Auto erzählt habe, kommt nach dem Quergang, und da haben wir schon noch einen Brocken vor uns«, sagte Hans, und ich spürte einen leichten Anflug von Resignation in der Luft.

Daher war ich sehr dankbar, als Hans endlich sagte, er wolle die verschneite Stelle, die sich zirka dreißig Meter lang hinüberzog, einmal selbst versuchen, um zu prüfen, ob unsere Seilschaft eine Chance hatte.

Vermeintlich schwierige Stellen sehen von der Ferne oft viel unbegehbarer aus, als sie letztlich sind. Genauso kann es umgekehrt sein, dass sich eine relativ einfach anmutende Passage als verzwickte und sehr heikle Stelle entpuppt. Deshalb ist es so wichtig, dass der Seilführende die Route vor sich mit geschultem Auge analysiert, bevor er sich hineinwagt.

Hans stieg ziemlich schnell durch den Quergang und war überrascht, wie gut dieser zu überwinden war. Er stampfte extra tiefe Stufen in den hartgefrorenen Schnee, damit meine Mutter und ich beim Überqueren guten Halt fanden. Trotzdem hatte ich das Gefühl eines nahenden Absturzes, als ich mit aller Kraft und Geschicklichkeit dem schwerkraftbedingten Zug nach unten trotzte. Ich musste mich über einem Abgrund, dessen Tiefe ich nicht abschätzen konnte, im Gleichgewicht halten und die schlüpfrigen, eisigen Fußstapfen von Hans möglichst genau treffen. Für die Hände gab es keine Haltepunkte, weil ich mit meinen nackten Fingern nur den eisig kalten Schnee fühlte, der sich über den Fels zog. Jeder einzelne Schritt kostete mich Überwindung, und es kam mir wie eine Ewigkeit vor, bis ich mich auf der anderen Seite der Querung wieder auf sicherem Boden fühlte.

Umso überraschter war ich, wie souverän meine Mutter hinter mir die Situation meisterte. Hans war stolz auf uns, und so näherten wir uns der eigentlichen Schlüsselstelle der Tour, der senkrechten Passage im festen Dolomitengestein. Einige in der Wand fixierte Eisenstäbe erleichterten den Aufstieg über diese aalglatte, zirka fünf Meter hohe Felsplatte, über die uns Hans mit festem Seilzug hinüberhalf. Die anschließenden leicht geneigten Absätze konnten unsere Seilschaft auf ihrem Weg zum Gipfel nun auch nicht mehr aufhalten. Pünktlich um zwölf Uhr mittags bestiegen wir die Spitze des höchsten Berges meiner Lienzer Dolomiten, die Große Sandspitze mit ihren 2772 Metern Seehöhe. Zur Sicherheit überprüfte ich noch mit Händen und Füßen, ob ich wirklich ganz oben stand. Als ich das aus Metallprofilen konstruierte Gipfelkreuz umfasste, bekam ich die offizielle Bestätigung. Vom Tal herauf hörten wir den Klang der Mittagsglocken von den Kirchtürmen der einzelnen Gemeinden im Lienzer Talboden, was uns Glücklichen wie ein Gruß des Himmels vorkam. Die Stimme meiner Mutter stockte vor Freudentränen, und Hans nahm uns in seine Arme. Er habe beim Bergsteigen noch nie so viel Seligkeit verspürt wie an diesem Tag, sagte er.

Die einzelnen Schwierigkeiten auf dem Weg nach unten bereiteten unserer Seilschaft keine Probleme, weil wir beim Aufstieg gelernt hatten, mit unseren Stärken und Schwächen im Team umzugehen. Als zusammengeschweißte Seilschaft, bei der jeder die Tücken des anderen kennt, kamen wir am Abend nach Hause. Immerzu kam mir der Gedanke, ob in meinem Leben noch einmal ein Kletterer wie Hans mit mir in so eine Wand einsteigen würde. Ich nahm an, dass Hans nun froh war, diese Geschichte mit einem verrückten Blinden und dessen anhänglicher Mutter hinter sich zu haben. Und so schwankte meine Stimmung zwischen unbändiger Freude über diese gewaltige Besteigung und tiefer Traurigkeit darüber, dass dieser Höhepunkt meines Bergsteigerlebens möglicherweise auch schon dessen Schlusspunkt war.

Zu Hause stiegen wir aus dem Auto aus und verabschiedeten uns, von Dankbarkeit erfüllt, vom Bruckner Hans. Auch mein Vater, der vor das Haus gekommen war, zeigte höchsten Respekt. Hans legte den Gang ein, und bevor er die Kupplung kommen ließ, fragte er: »Was habt ihr eigentlich am nächsten Sonntag vor?«

Viele Jahre später erzählte er mir, dass er beim Abstieg völlig neben sich stand, weil er so einen wunderbaren Tag mit so starken Emotionen selten erlebt hatte. Er hatte sich genau wie ich insgeheim gewünscht, wieder mit mir in die Berge zu gehen.

AM WOCHENENDE DARAUF SCHLENDERTEN wir drei, meine Mutter, der Bruckner Hans und ich, wieder hinein in die Lienzer Dolomiten, um einen alten Traum von mir zu erfüllen. Die Stimmung im Team war an diesem Tag eine andere als am Sonntag zuvor, weil jeder von uns schon genau wusste, woran er beim anderen war.

Der »Rote Turm«, diese 2704 Meter hohe Felsnadel, die direkt neben der Großen Laserzwand in die Wolken sticht, war diesmal unser Ziel. Schon als kleiner Junge hatte ich ja bei unserer Gipfelrast auf der Laserzwand die Kletterer mit ihren Hammerschlägen gehört. Es war damals allerdings völlig undenkbar gewesen, dass ich selbst jemals an diesen rotgefärbten Felsen Hand anlegen würde. Genau wie früher stiegen wir an der Karlsbaderhütte vorbei hinauf zur Großen Laserzwand, wo wir kurz unter dem Gipfelplateau scharf nach rechts querten, um den Wanderpfad entlang unter der überhängenden Südwand des Roten Turms vorbei an seine Ostseite zu gelangen.

Schon die dortige Akustik jagte mir gehörigen Respekt ein. Die Südwand ist so stark überhängend, dass man als Wanderer an ihrem Fuß wie an einer Gebäudefassade unter einem Riesendach dahinspaziert.

Am Anfang des Schneiderkamins gab es dasselbe Anseilprozedere wie am Wochenende zuvor. Ein Kamin ist eine tief in die Felswand eingelassene Rinne, in der man nach oben gelangt, indem man sich an beiden Seitenwänden hochstemmt.

Beim Schneiderkamin, der mit dem Schwierigkeitsgrad II bewertet ist, handelt es sich nicht um eine senkrechte, sondern um eine stark geneigte Rinne, die man zum Teil sogar im aufrechten Gang am Kamingrund besteigen kann. Hans stieg wieder voran, und

meine Mutter und ich folgten seinem Befehl »Nachkommen!« am Seil.
Die Kaminkletterei kam mir hinsichtlich der Orientierung besonders entgegen, weil der Weg durch die beiden Seitenwände klar vorgegeben war. So kam ich trotz kleiner Schneeflecken im Fels viel schneller voran, als es in den weitläufigen Wandbereichen der Großen Sandspitze der Fall gewesen war.
Meine Mutter ließ hinter mir auch nicht locker, und das Klettern war ein Riesenspaß. Hans war begeistert, und hurtig steuerte unsere Seilschaft ihrem Ziel entgegen. Nach den Beschreibungen, die ich schon seit vielen Jahren gedanklich konserviert hatte, musste ich nun in der letzten Seillänge vor dem Gipfel sein.
Wenige Meter hinter mir hörte ich meine Mutter noch steigen, während ich bei Hans am Standplatz ankam. Gleich fragte ich ihn, ob wir nun oben seien, und er gab mir mit leiser Stimme recht. Meiner Mutter, die schon etwas müde vom Klettern war, rief er zum Spaß zu, dass es über uns jetzt nur noch eine Seillänge zu klettern gäbe, die aber leider stark vereist sei. Sie fiel auf den Scherz prompt herein, und als sie bei uns ankam und hinter mir das kleine Gipfelkreuz entdeckte, konnte nur der Hans sehen, welche Freude in ihr Gesicht geschrieben stand.

ICH KONNTE ES KAUM ERWARTEN, selbst einmal eine Seilschaft anzuführen. Bei meiner ersten Tour im Vorstieg hatte ich nicht einmal ein richtiges Kletterseil, das üblicherweise zwischen fünfzig und sechzig Meter lang und zirka zehn Millimeter dick ist. Mein Seil hatte auch keine dynamischen Eigenschaften, die im Falle eines Sturzes eine Dehnung von dreißig bis vierzig Prozent der Länge zuließen, um den Stürzenden weich abzufangen und ihm keinen harten Ruck zuzufügen. Was ich in meinen Rucksack gepackt hatte, war eine zwölf Meter lange Rebschnur mit einer Dicke von sechs Millimetern.
Mit Sabine machte ich mich damit zu einer Besteigung jener drei Berge auf, die sie jeden Tag von unserem Küchenfenster aus sah: Das Kleinschöberl, das Rotgäbele und die Schleinitz.
Dabei handelte es sich zwar nicht um eine extrem schwierige

Bergtour, trotzdem war sie wegen der weiten Strecke und einiger kniffeliger Einzelpassagen auch nicht auf die leichte Schulter zu nehmen. Mit der Seilbahn fuhren wir beide hinauf auf das Zettersfeld, ein Familienschigebiet im Winter und ein Wanderparadies im Sommer. Von dort aus wanderte Sabine mit mir vorbei an den Südabstürzen der Schleinitz und des Rotgäbeles zum Normalanstieg des Kleinschöberls.

Das Gipfelkreuz dieses rasenbewachsenen Berges hatten wir relativ schnell erreicht. Nach kurzer Rast drängte ich weiter in Richtung unseres nächsten Zieles, der felsigen Spitze des Rotgäbeles. Das ist kein klassischer Felsgipfel, wie man ihn südlich des Lienzer Talbodens in den Dolomiten vorfindet, sondern eine von Schrofen, Erde und Graspolstern durchzogene Graterhebung, wie sie in der Schobergruppe nördlich des Talkessels häufig vorkommt.

Eine halbe Stunde stiegen wir in Richtung Osten am mäßig steilen Grat, um uns den besten Durchschlupf zum Gipfel zwischen den Felsen und den Erdrinnen zu suchen. Auf den letzten hundert Höhenmetern zum Rotgäbele stieg das Terrain gewaltig an und es gab keinen Pfad mehr. Ich kramte also meine Rebschnur aus dem Rucksack und band das eine Ende um Sabines Taille, während ich das andere Ende in die Hand nahm. So fühlte sich Sabine schon viel sicherer und konnte mich zu einer Rinne dirigieren, die sie als einzige Möglichkeit des Aufstiegs erkennen konnte.

In einer erdigen, von einzelnen Steinen und Sand durchsetzten Steilrinne ist es viel schwieriger, Halt zu finden, als im festen, griffigen Fels. Mit der Rebschnur in der Hand bemühte ich mich, die Balance zu halten. Wegen des viel zu kurzen Seiles konnte ich nicht einfach nach oben durchziehen, sondern war gezwungen, auf halber Höhe in sehr unkomfortabler Lage anzuhalten. Auf der unter meinem Körpergewicht langsam nach unten gleitenden Schutthalde versuchte ich einen stabilen Standplatz zu finden, von dem aus ich Sabine nachsichern konnte. Ich kroch wie eine Ameise vorsichtig an den Rand dieser Rutschbahn und entdeckte mit meiner rechten Hand eine zehn Zentimeter große Felszacke, die zumindest zur mentalen Sicherung taugte. Mit einigem Zureden konnte ich Sabine dazu bewegen, mir am Seil zu folgen. Auf den letzten Metern zur Spitze legte sich das Gelände etwas zurück und ich konnte mich über meine erste Tour im Vorstieg freuen. Profis würden aufgrund der Kürze und der unspektakulären Geländebeschaffenheit sicherlich noch nicht von einer Klettertour im Vorstieg sprechen, für mich aber war es die erste Bergtour, bei der ich die volle Verantwortung für meine Seilschaft spürte.

Jetzt fehlte nur noch die Schleinitz mit ihrem Gipfel in knapp 3000 Metern über dem Meeresspiegel. Den Westgrat, der etwas schwieriger als der normale Weg über die Ostseite ist, hatten Sabine und ich noch nie erstiegen. Auch dieses Abenteuer brachten wir mit unserem zwölf Meter langen Strick ganz gut hinter uns, weil mir die Steilheit und der festere Fels sehr entgegenkam. Aber als wir um fünf Uhr am Nachmittag, eine gute Stunde vor Sonnenuntergang, am Gipfel der Schleinitz standen, fiel uns erst die fortgeschrittene Tageszeit auf. Die einzelnen Adrenalinstrecken dieses Tages hatten sich so unauffällig aneinandergereiht, dass wir während des nun schon neun Stunden andauernden Abenteuers vergessen hatten, auf die Uhrzeit zu achten. Die letzte Seilbahn, die uns vom Zettersfeld wieder zurück ins Tal bringen sollte, ging um siebzehn Uhr, und wir waren noch drei Stunden Gehzeit davon entfernt. Uns würde also auf dem halben Weg des mühsamen, mit groben Steinblöcken gepflasterten Abstieges die Nacht einholen.

»Kein Grund zur Panik«, meinte ich schmunzelnd zu Sabine und wollte sie damit etwas aufheitern. Der nun noch vor uns liegende Abstieg über die Ostseite, den ich von einer früheren Besteigung der Schleinitz schon kannte, flößte aber auch mir Respekt ein. Ich konnte mich erinnern, dass man dort aufrecht über ein flaches Feld aus lauter tischgroßen Felsbrocken balancieren musste, die im Abstand von wenigen Zentimetern bis zu einem Meter verstreut herumlagen und nur darauf warteten, dass der Wanderer beim Überspringen dieser Blöcke abglitt und sein Bein in einem Hohlraum einklemmte. Jede Bewegung in diesem Gelände war für mich als blinder Bergsteiger wie Russisches Roulette, weil ich nie berechnen konnte, wo der nächste meiner Schritte landete.

Getränke und Essensvorräte im Rucksack waren längst aufgebraucht, und plötzlich schlugen sich auch Müdigkeit und Hunger in unserer Stimmung nieder. Es blieb uns aber nichts anderes übrig, als den Abstieg zu versuchen, wollten wir jemals wieder das Tal erreichen. Das unübersichtliche Blockfeld, vor dem ich am meisten Angst hatte, lag etwa 45 Gehminuten vom Gipfel entfernt, und wenigstens das wollten wir noch vor Einbruch der Dunkelheit hinter uns bringen. Falls Sabine mitten in diesem Stein-Labyrinth den Überblick verlieren würde, wären wir gezwungen, die kalte Nacht ohne Schutz und Verpflegung in diesem steinernen Meer zu verbringen. Meine Kräfte schwanden von Minute zu Minute. Ich wollte einfach nur sitzen bleiben, weil mir die Müdigkeit den Geist aus den Hirnwindungen zog. Es war mir egal, ob es für Sabine taghell oder stockdunkel war. Stein für Stein, Block für Block überredete sie mich, weiterzugehen. Ganz stillschweigend hatten wir die Rollen getauscht, ein Phänomen, das ich immer dann beobachte, wenn der eigentlich Stärkere des Teams schwächelt: Sabine war jetzt die Stärkere. Irgendwann hörte ich, dass wir schon in der Mitte des Geröllfeldes angekommen waren und der Tag immer noch ein klein wenig Licht schenkte. Das motivierte mich, mich am Riemen zu reißen und durchzuhalten. Die Dunkelheit hatte uns schon lange eingehüllt, als wir uns weit nach acht Uhr abends der Bergstation der Seilbahn am Zettersfeld näherten.

NACH DIESEM ABENTEUER in unbekanntem Gelände war mir klar geworden, dass es wohl klüger war, eine Klettertour erst dann als Seilführender zu versuchen, wenn ich sie zuvor mit Hans geklettert war und ich sie mir dabei gut eingeprägt hatte.

Mit dieser Vision, die ich wie ein kleines Geheimnis in meinem Kopf trug, stieg ich am Seil vom Bruckner Hans zum zweiten Mal in meinem Leben auf den Roten Turm. Diesmal kletterten wir durch den Schmittkamin, der sich durch die Westwand zieht, weil ich mir wünschte, diesen Felskoloss von verschiedenen Seiten zu erklettern, um ihn in seiner ganzen Form zu begreifen. Mit meinem ganzen Körper fühlend, wollte ich ihn anhand seiner wunderbaren Formationen in meinem Kopf als plastisches Objekt modellieren.

Jeden einzelnen Griff und jeden Tritt nahm ich diesmal noch genauer unter die Lupe als sonst, weil ich genau wusste, dass ich am nächsten Tag an exakt derselben Stelle, nur in anderer Position stehen würde.
Ich hatte schlichtweg vor, Sabine als Seilerster durch diese Route zum Gipfel zu führen. Ganz so einfach ließ sie sich jedoch nicht zu diesem Projekt überreden. Als letztes Argument dagegen wollte sie mir ihr Problem mit der fehlenden Schwindelfreiheit unterjubeln. Mit Engelszungen gelang es mir, sie davon zu überzeugen, dass sie sich einfach auf die Tritte und Griffe konzentrieren und den Blick immer nur nach oben richten musste, und so stieg sie wie geplant am nächsten Tag über zwei Stunden lang den Wanderpfad über die Karlsbaderhütte vor mir her, damit ich knapp hinter ihr meine Füße exakt so setzen konnte, wie ich ihre Schritte hörte.
Ich wusste zu jedem Zeitpunkt ganz genau, wo wir uns gerade befanden, weil ich den Weg mit all seinen Kehren und Stolpersteinen erst am Vortag hochgestiegen war. Der Steig war schließlich zu Ende und Sabine sagte mir, dass es nun keine Markierungen und keinen weiter nach oben führenden Weg mehr gebe. Nur noch steile, zum Teil senkrechte Felswände blockierten unseren Weg und ragten in den Himmel, und sie sehe keine Chance, dort noch weiterzukommen.
Ich fragte sie nach weiteren Einzelheiten, und als sie mir einen tiefen, nach oben weisenden, von der Natur in die Felswand gemeißelten Riss beschrieb, war die Welt für mich in Ordnung. Genau an dieser Stelle hatten Hans und ich uns am Tag zuvor angeseilt. Erleichtert packte ich die Kletterausrüstung und das funkelnagelneue Fünfzig-Meter-Seil aus, das Sabine mit mir am Nachmittag zuvor noch gekauft hatte. Noch schnell ein Schluck aus der Teeflasche und es konnte losgehen.
Sabine hatte die Aufgabe, mich akustisch von unten dorthin zu steuern, wo der steile Riss, also der Schmittkamin, seinen Anfang nahm. Die Steine waren fest miteinander verbunden, und es war ein Genuss, sich über diese stabilen Felsen nach oben zu schwingen. Noch eine Querung über eine Felsplatte nach links, und ich

hatte genau jene kleine Senke erreicht, die mir vom Vortag noch frisch in Erinnerung war.
Sabine rief mir von unten zu, dass das Seil nun bald zu Ende sei, eine Information, die mir meine Position noch zusätzlich bestätigte. Nach kurzer Überlegung fiel mir ein, dass der Sicherungshaken an dieser Stelle in Brusthöhe in den Fels geschlagen sein müsste. Ich streckte meinen linken Arm nach vorne und hatte tatsächlich den gekrümmten Metallhaken in der Hand, an dem sich Hans und ich erst 24 Stunden zuvor gesichert hatten. Meine zwei Karabiner hatte ich schnell eingehängt und schon sicherte ich meine Frau am gespannten Seil nach, nachdem ich mich selbst am Haken festgebunden hatte.
In der nächsten Seillänge, es war die Schlüsselseillänge, die sich durch diesen tiefen senkrechten Einschnitt hinaufzog, konnte mir Sabine bei den ersten Klettermetern helfen, indem sie mir die wenigen Sicherungshaken, die sie vom Standplatz aus sah, ansagte. Bis dahin war alles gutgegangen, weil ich während meines Hochkletterns immer wieder die kleinen Feinheiten in der Felsstruktur vorfand, die ich mir am Vortag eingeprägt hatte. Als ich dreißig Meter weiter oben aus dem Schmittkamin in eine relativ flach verlaufende Schotterrinne gelangte, wohin Sabines Blick nun nicht mehr reichte, bekam ich Schwierigkeiten, den nächsten fixen Standplatz mit den Haken zu finden.
Ich scannte fieberhaft mit kreisförmigen Wischbewegungen meiner Hände die Felsen an meiner rechten Seite nach dem rettenden Standhaken ab. Von Minute zu Minute wurde ich nervöser. Wenn ich den Metallhaken nicht fand, konnte ich Sabine auf keinen Fall nachklettern lassen, weil wir dann, wenn Sabine stürzen sollte, in eine fatale Situation geraten würden. Sobald sie im Nachstieg den letzten Zwischenhaken aushängen würde, würde sie auch mich mitreißen, und ein kapitaler Seilschaftssturz in einen mehrere hundert Meter tiefen Abgrund wäre vorprogrammiert. Wieder hinunterzuklettern erschien mir ebenfalls unmöglich, weil ich dann von oben kein sicherndes Seil gehabt hätte. Ich saß also in der Falle, und es nützte jetzt gar nichts, wenn ich die Nerven verlor. Noch einmal versuchte ich, mich gedanklich in den Aufstieg tags

zuvor zu versetzen, um vielleicht doch noch den Standplatz in meine Finger zu bekommen. Einen oder zwei Meter wagte ich tiefer zu steigen, und es war fast wie ein Wunder, als meine rechte Hand ein kleines Podest erfasste, das gerade für beide Füße Platz bot und wie herausgemeißelt in die rechtsseitige Kaminwand eingelassen war. Das war die Lösung! Genau in Brusthöhe konnte ich den Karabiner in den ersehnten Standhaken einklinken und Sabine durfte endlich nachsteigen. Mir war das am Vortag deshalb nicht aufgefallen, weil beim Aufstieg nur Hans auf diesem schmalen Podest gestanden und mich im Kamingrund einen Meter weiter links an sich vorbeigelotst hatte. Nun galt es noch, die Schotterrinne bis zum Ende hinaufzurobben, um dann die letzten Klettermeter auf das Gipfelplateau hinaufzusteigen.

Glücklich über unseren gemeinsamen Gipfelsieg erklärte mir Sabine das gesamte Panorama des Gipfelmeeres rund um uns herum. Mit Hilfe meiner Arme, Hände und Finger versuchte sie mir, so gut es ging, die Gebirgszüge mit all ihren charakteristischen Merkmalen, Ecken und Kanten zu veranschaulichen.

Beim Abstieg warteten zwei Abseilstellen auf uns. Sabine musste sich mir voll anvertrauen, weil ich für sie die Technik des passiven Ablassens anwendete. Dabei hängt sich der erste Seilpartner mit vollem Gewicht ins Seil und der zweite Partner lässt von oben ganz langsam nach, damit der andere möglichst kontrolliert durch die senkrechte Wand nach unten gleiten kann.

Der Grund, weswegen ich Sabine zuerst hinunterschickte, war ganz einfach: Sie hatte die wesentlich besseren Karten, unten in der Senkrechten mit ihren Augen den nächsten stabilen Haken zu finden, der für das weitere Abseilen unumgänglich war. An diesem kleinen, oft wenig vertrauenerweckenden Metallring angekommen, konnte sie sich dann festbinden, um dort auf mich zu warten. Somit war garantiert, dass für uns der Weg nach unten nicht zur Sackgasse wurde. Ich selbst seilte mich aktiv ab. Hierbei gleitet der Kletterer über das Seil hinunter und kontrolliert die Geschwindigkeit und seine Bremsung eigenhändig an seinem Abseilgerät, das am Klettergurt befestigt ist.

Am Ende des Tages waren wir zwar hundemüde, aber das Teamwork in den steilen Felsen hatte unser gegenseitiges Vertrauen noch verstärkt und uns noch ein Stück enger zusammengeschweißt. Vor allem hatte mir dieser Tag die wunderbare Aussicht beschert, mit meiner Frau noch viele einsame Touren in den Felsen der Dolomiten erleben zu dürfen. Der Bruckner Hans, dem ich meine Schandtaten wie unsere selbstständige Durchsteigung der Bügeleisenkante oder der Nordostkante der Gamswiesenspitze, Touren im dritten und vierten Schwierigkeitsgrad, im Nachhinein gebeichtet hatte, schimpfte nicht mit mir, nein, er war stolz auf mich. Er meinte dann immer zu mir: »Pass halt gut auf, dass nicht wirklich einmal was passiert!«

ES WAR DIE ERSTE WEIHNACHT, die wir als frisch verheiratetes Paar in unserer neuen Wohnung feierten. Wir hatten im Vorfeld abgemacht, uns gegenseitig keine kostspieligen Geschenke zu machen, weil wir mit der Finanzierung unserer neuen Wohnung ohnehin schon stark gefordert waren.
Der Heilige Abend war gekommen, die Christbaumkerzen brannten und das alte Weihnachtslied »Stille Nacht« erklang aus dem Lautsprecher. Ganz traditionell, wie wir beide es aus unserer Kinderzeit kannten, kündigte Sabine mit einem kleinen Glöckchen die Bescherung unter dem Tannenbaum an. Andächtig schlich ich in der Dunkelheit aus der Küche durch den Flur zur Wohnzimmertür, wo mich die heimelige, warme Atmosphäre von mehreren Dutzend Bienenwachskerzen erwartete.
Welche Stimmung das Licht jeweils verbreitet, kann ich auch spüren, ohne es zu sehen. Intensive Lichtquellen wie Scheinwerfer, starke Glühbirnen oder die Sonne kann ich durch deren Wärmestrahlung orten und empfinden. Deshalb klappe ich auch während einer Autofahrt die Sonnenblende herunter oder setze bei einer Gletschertour meine Sonnenbrille auf. Meine Bindehaut ist genauso lichtempfindlich wie die eines Sehenden, weshalb auch ich ohne Schutz schneeblind werden kann. Sanftes oder diffuses Licht kann ich zwar nicht orten, dessen Wirkung spüre ich aber durchaus. Kommt zu der weihnachtlichen Stimmung noch der Geruch von Bienenwachskerzen oder Tannenzweigen dazu, dann

baut sich in meinem Sehzentrum schon das Bild eines wunderschönen, mit bunten Kugeln, Strohsternen und vielen Kerzen geschmückten Tannenbaumes auf.

Da standen wir nun vor unserem ersten eigenen Weihnachtsbaum. Sabine wünschte mir ein frohes Fest und zog mich etwas näher zum strahlenden Christbaum heran. Ich solle doch einmal nachsehen, was das Christkind für mich gebracht hatte. Dabei führte sie meine Hand hinunter zum Fußboden, wo ich längliche Bretter spürte, die mir sofort bekannt vorkamen. Was wollte Sabine denn bloß mit den alten Schiern, die schon seit ewigen Zeiten im Keller standen? »Nein«, klärte sie mich auf, »das sind ganz neue Schier, richtige Tourenschier mit einer Tourenbindung, Stöcken und Steigfellen – für dich.« Mit einem Mal war mir Weihnachten und alles, was dazugehört, vergangen. Bitter enttäuscht und unter Tränen warf ich ihr vor, immer noch nicht verstanden zu haben, dass sie einen Blinden geheiratet hatte. Denn sonst hätte sie ja wohl keine solche Fehlinvestition getätigt. Was, bitte, sollte ich als Blinder mit Tourenschiern anfangen, mit denen man im Gelände, im Wald zwischen den Bäumen oder in steilen, felsgesäumten Rinnen abfahren kann, wo nicht einmal mehr eine Pistenraupe hinkommt? Da wir ohnehin schon schwach bei Kasse waren, ärgerte mich diese Aktion gleich doppelt. Dass sie sich selber auch ein Paar dieser Schier gekauft hatte, brachte das Fass zum Überlaufen. Doch Sabine ignorierte meine Wut: »Mit wem willst du denn Schitouren machen, wenn ich es nicht mit dir versuche?«

Für den nächsten Weihnachtstag hatte sie sogar jemanden organisiert, der uns auf unserer ersten Schitour begleiten und uns die Technik zeigen sollte. Es war ein wolkenloser, kalter Wintertag mit viel frisch gefallenem Schnee. Einige Jahre waren schon vergangen, seit ich zum letzten Mal auf Schiern gestanden hatte. Damals war ich mit meinen Eltern oder mit Sabine immer auf präparierten Schipisten gefahren, und es war für mich immer sehr stressig gewesen, den anderen Schifahrern nicht in die Quere zu kommen.

Mit ihrem Geschenk wollte mir Sabine die Hektik der Schipisten ersparen und mit mir alleine im Gelände schöne Zeiten verbringen. So fuhren wir mit Peter, einem Freund von uns, über die winterlich verschneite Straße hinauf zur Dolomitenhütte, dem Startpunkt unserer ersten Schitour. Schon die Autofahrt war ein Erlebnis für mich, weil Peter Schneeketten aufziehen musste und ich versuchte, ihm dabei zu helfen. Dabei spürte ich den rauen Winter und es war richtig schön, in den Händen wieder einmal ordentliche Kälte zu spüren. Nicht minder fasziniert war ich von der ganz eigenen Akustik, die der viele Schnee mit sich brachte. Alles war viel leiser und gedämpfter als sonst, und eine eigenartige Ruhe lag über der Landschaft.

Peter montierte uns die Klebefelle auf die Unterseite der Schier, damit wir beim Aufstieg nicht rückwärts rutschten. Die Tourenbindung, die für den Aufstieg und für die Abfahrt verstellt werden konnte, war schnell erklärt, und so glitten wir die ersten Meter hinein in den puren Winter. Das gleichmäßige Dahingleiten machte mir großen Spaß. Gewöhnungsbedürftig war nur, Peters Schispur genau zu folgen, um nicht im tiefen Schnee daneben zu versinken. Aber ich fand schnell heraus, wie ich mir die Geräusche meines Vordermannes zur exakten Navigation der langen Bretter zunutze machen konnte. Der Aufstieg ähnelte dem Schilanglauf, den ich in meiner Kindheit und Jugend so exzessiv betrieben hatte, so dass mir diese Art der Fortbewegung noch sehr vertraut war. Peter stieg vor und Sabine hinter mir durch einen wunderbaren, tief verschneiten Winterwald hinauf, bis wir nach knapp zwei Stunden unser Ziel erreichten. Außer dem Knarzen der beweglichen Bindungen konnte man nur die absolute Stille vernehmen. Es war ein herrliches Gefühl, wie auf einem dicken Teppich schwebend seinen Weg nach oben zu verfolgen und dabei keine störenden Wahrnehmungen verarbeiten zu müssen. Auf einem der Großen Laserzwand vorgelagerten Rücken packten wir unsere Teeflaschen und sonstigen Schmankerln aus, um die verdiente Gipfelrast zu genießen.

Beim Versuch, aus der Bindung zu treten, versank ich augenblicklich bis zur Hüfte im meterhohen Schnee, was bei Sabine und Peter einen hundsgemeinen Lachanfall hervorrief. In den letzten

Tagen hatte es kräftig geschneit und die Natur hatte ein dickes, weiches Kleid aus Pulverschnee bekommen. Peter zeigte uns, wie man für die Abfahrt die Steigfelle wieder von den Laufflächen der Tourenschier zog und mit den Klebeseiten aneinander im Rucksack verstaute.

Dann wedelte er auf seinen Brettern ungefähr fünfzig Meter zwischen Baumstämmen und eingeschneiten Wurzelstöcken den Hang hinunter und tat mir die Richtung durch Zurufe kund. Nicht daran denkend, dass die Navigation für mich im Waldbereich noch viel schwieriger war als bei einer Tour oberhalb der Waldgrenze, brauste ich einfach in die Richtung los, aus der ich Peters Stimme vernahm. Leider fand die flotte Fahrt schon nach fünf Metern ein abruptes Ende. Mein linker Schi hatte sich in einem knapp unter der Schneeoberfläche praktisch nur auf mich wartenden Latschenzweig verfangen, so dass ich hinfiel und im tiefen Pulverschnee versank. Ich hatte große Mühe, mich daraus wieder zu befreien. Deshalb wollte ich es nun nicht mehr ganz so flott angehen. Doch das war auch keine gute Idee. Mit den Schiern an den Füßen blieb ich bis zu den Oberschenkeln in der zähen Masse stecken, und hinter mir tat sich ein tiefer Graben im Schnee auf.

Das Tiefschneefahren basiert auf einer gewissen Geschwindigkeit, die man tunlichst nicht unterschreiten sollte, damit der Auftrieb erhalten bleibt. Wenn man zu langsam fährt, besteht die Gefahr, dass man zu tief einsinkt und im Schnee stecken bleibt. Nach einiger Zeit hatte ich es geschafft, den ersten Teil unserer Abfahrt hinter mich zu bringen, und nun war Sabine an der Reihe. Sie machte Peters Äußerungen zufolge auch keine bessere Figur, was mich ungemein beruhigte. Als ich das Tempo erhöhte, kam ich wieder besser in Fahrt und lernte auch schnell, Peters Zurufe einzuschätzen. Und auf den Brettern durch die lautlose Stille butterweich über die Geländekuppen dahinzufegen – es war wie fliegen.

DIE NORDWAND DES KLEINEN LASERZKOPFES in den Lienzer Dolomiten, die im Unterschied zu der westlich davon gelegenen

Laserzwand um einiges gemäßigter ist, hatte mich immer ganz besonders angezogen. Zum einen wegen der einsamen Lage, der seltenen Begehungen und der absoluten Naturbelassenheit, zum anderen, weil sie für mich zum Klettern gut geeignet war. Mit meiner Mutter, meinem Schwager und dem Bruckner Hans war ich schon mehrere Male gleich zu Beginn abgeblitzt, was daran lag, dass wir nie den richtigen Einstieg zu dieser Route gefunden hatten. Die Fehlversuche hatten jedoch meine Sehnsucht nach diesem Felsenlabyrinth nie geschmälert, im Gegenteil, ich wurde immer heißer darauf. Heute denke ich mir, dass der Herrgott wohl eine schützende Hand im Spiel hatte, weil ich vielleicht einfach noch nicht reif dafür gewesen war.

Die tausend Meter hohe und fast ebenso breite Wandflucht gliedert sich in drei Abschnitte: den untersten Teilbereich bildet die vierhundert Meter hohe Lämperschoß-Nordwand, die in den zweiten Abschnitt, den eigentlichen Lämperschoß, übergeht. Dies ist ein in wundersamer Weise von bizarren Dolomitenspitzen und Felswänden umgebener Streifen saftigsten Rasens in der Größe mehrerer Fußballfelder. Dort wechselt man von den Kletterschuhen zu den Wanderschuhen. Auf dieser grünen Insel begegnet man zwar keinen Lämmern mehr, denen diese Flurbezeichnung ursprünglich wohl zu verdanken ist, dafür aber meist einer Gemsenherde. Die älteren Leute im Dorf erzählten oft, dass man früher über die Sommermonate die Lämmer dort zur Weide hinaufgetragen habe, um ihnen das besonders feine Gras zu gönnen. Aber der ziemlich unwegsame Zugang zum Lämperschoß verweist derartige Erzählungen eher in das Reich der Legenden.

Oberhalb des Lämperschoßes gelangt man zum dritten Abschnitt der langen Route. Dort gibt es für den Kletterer die Möglichkeit, zwischen mehreren Varianten und Routen auf verschiedene Gipfel auszuwählen. Ganz rechts strecken der »Kleine Laserzkopf«, in der Mitte der »Große Laserzkopf« und links der »Stadeltorturm« und der »Steinkarturm« ihre Nasen in die klaren Lüfte. Am ersten August 1993 war der Tag gekommen, an dem ich meine Prüfung an dieser Wand ablegen durfte. Diesmal war ich nur mit Hans unterwegs. Um fünf Uhr dreißig holte er mich mit seinem Wagen

zu Hause ab, doch schon nach wenigen Kilometern ging uns das Benzin aus. Kein gutes Omen, dachte ich mir, während Hans den Inhalt seines Ersatzkanisters in den Tank kippte.
Im Morgengrauen stiegen wir durch teils dichten Lärchenwald dem mir mittlerweile schon bekannten Wandfuß entgegen. Ganz anders als bei den Versuchen zuvor war Hans an diesem Tag ziemlich sicher, dass er den richtigen Weg finden würde. Dabei war es mehr als 25 Jahre her, dass er durch die Nordwand des Laserzkopfs gestiegen war, und die Landschaft konnte sich in einem solchen Zeitraum gehörig verändern. Zielstrebig steuerten wir durch einen steilen, unwegsamen Bachgraben hinauf, bis Hans dann waagerecht nach rechts über ein breites Rasenband mit leichtem Latschenbestand unter der steilen Wand hineinquerte.
Nach weiteren zehn Minuten nahm er seinen Rucksack ab und meinte, dass wir hier richtig seien, was ich ihm schlichtweg glauben musste. Ich hörte, genau wie bei meinen Fehlversuchen zuvor, weit unter uns den Bach rauschen und den Wind leise durch den etwas tiefer liegenden Wald streichen, und nichts deutete darauf hin, dass wir diesmal an einer anderen Stelle standen als bei den letzten vergeblichen Versuchen. Trotzdem vertraute ich Hans und freute mich, endlich meinen Klettergurt anlegen und in die Kletterschuhe schlüpfen zu können. Im Gegensatz zu normalen Wanderschuhen mit dickem Profil sind spezielle Kletterschuhe, auch Sliks genannt, an der Sohle glatt. Die weiche, gummierte Oberfläche der Sohle gewährt auf Druck an glatten Felsen sehr guten Halt.
Hans schien sich nun an die Details der Route zu erinnern und stieg ohne zu zögern in die Wand ein. Schon nach wenigen Minuten konnte ich mit Erleichterung sein Kommando hören und stieg dem Seil nach.
Einige Stufen hinauf, dann schräg nach rechts über einen kleinen Wasserlauf, und schon hörte ich Hans fünfzehn Meter weiter oben, der mir einige Tipps gab, damit ich nicht nass wurde. Die nächsten vier Seillängen brachten uns zu einer sehr alten, knorrigen Lärche, die ihr spartanisches Dasein wohl schon viele Jahrzehnte in dieser Felswand fristete. Dort querte unsere Route nun

waagerecht nach links, hinein in den Grund eines mehrere Meter tief in den Fels eingefressenen Risskamins, der wieder fast senkrecht nach oben zeigte. Ganz in seinem Innern plätscherte ein kleiner Wasserfall, der uns in der nächsten halben Stunde beschäftigte. An den Seitenwänden dieses Kamins war es für Hans und mich unmöglich zu klettern, weil das Gestein vom Wasser glattgeschliffen war.
Wir mussten direkt hinein in das kalte Nass. Denn im Kamingrund gab es die besten Griffe zum Hochklettern und es blieb uns nichts anderes übrig, als das eiskalte Wasser, das uns zu den Ärmeln hinein und uns bei den Hosenbeinen wieder herauslief, einfach zu ignorieren. Fast wie im Erlebnisschwimmbad, wo man in der Badehose an künstlichen Felsen herumtollt. Dreißig Meter dieser erfrischenden Dusche brachten wir hinter uns, und wenige Minuten später erreichten wir den unteren Rand der saftigen grünen Wiese des Lämperschoßes.
Anhand der Schallreflexionen spürte ich, dass wir der Enge der Schluchten und Kamine entstiegen waren und die Landschaft sich nun weit öffnete. Weiter ging ich wie in Trance. Zwanzig Minuten lang führte unser Weg über feinsten Rasen, den erst wenige Menschen betreten hatten, wie wir dem Wandbuch am oberen Ende des Lämperschoßes entnehmen konnten.
Die Mittagsstunde war längst vorüber, und an eine Umkehr war in dieser Wandhöhe nicht mehr zu denken. Ein Abstieg in derart steilem Gelände war viel zu gefährlich ohne Abseilpiste. Das ist eine mit fixen Haken ausgestattete Linie, an der man sich senkrecht Seillänge für Seillänge abseilen kann. Auf unserer Tour gab es jedoch nicht einmal einen Standhaken für den Aufstieg, und die Routenführung verlief alles andere als geradlinig. Der Abstieg sollte besser über den normalen Weg erfolgen, der an vielen Bergen überwiegend ohne Kletterei zu machen ist. Es kam also für uns nur mehr der Weg nach oben in Frage, was uns aber, je höher wir kamen, desto weniger Sorgen machte. Auf die Gipfelwand, die sich vom Wandbuch aus noch einmal 400 Meter hoch aufbäumte, freute ich mich. Hans hatte mir schon früher von dem einzigartigen Fels vorgeschwärmt, der einem Korallenriff ähnelte. Seillänge

um Seillänge, ich hatte längst aufgehört, sie zu zählen, krochen wir wie Ameisen über das gewaltige Riff hinauf. Große feste Griffe und Tritte, wie es im zweiten oder dritten Schwierigkeitsgrad üblich ist, machten das Steigen zu einem wahren Fest für Hans und mich. Ganz oben, als wir uns dem Grat näherten, wo der Blick nach Süden endlich frei wird, fiel meinem Kletterpartner auf, dass sich die Sonne nicht mehr am südlichen Himmel aufhielt, sondern sich schon weit im Westen zur Ruhe legte.
Hans scherzte am Gipfel noch mit mir, dass es ihm egal sei, wenn die Nacht hereinbrechen würde, weil sein Partner ja bei Tag und Nacht gleich gut sehe. Ein wenig Stress kam beim Abstieg dann aber doch auf, weil es noch einige heikle Stellen im abschüssigen, oft weglosen Gelände zu überwinden galt und der rettende Fahrweg von der Karlsbaderhütte noch in weiter Entfernung unter uns lag. Kaum hatten wir unsere schweren Beine auf den markierten, gut befestigten Wanderpfad gesetzt, ging am Himmel der Vorhang zu und der Mantel der Nacht hüllte uns ein. Alleine diese Momente, nach einem unvergesslichen Erlebnis mit seinem Freund wie in einem kleinen Boot vom Ozean kommend in den sicheren Hafen einlaufen zu dürfen, waren alle Strapazen wert.
Einen kleinen Wermutstropfen mussten Hans und ich dann aber doch noch schlucken. Da wir in unserer Euphorie die Zeit übersehen hatten und schon seit dem frühen Morgen unterwegs waren, bekamen meine Lieben zu Hause Angst um uns und begannen, nach uns zu suchen. Meine Eltern fuhren hinauf zur Dolomitenhütte und entdeckten den roten VW-Bus vom Bruckner Hans, der immer noch am Straßenrand auf uns wartete, obwohl es schon lange stockfinster war. In der Hütte trafen sie einen Bergsteiger, der Hans gut kannte und sich sofort bereit erklärte, mit seinem Wagen den normalerweise gesperrten Schotterweg in Richtung Karlsbaderhütte hinaufzufahren, um uns zu suchen. Als Hans nun weit unten zwischen den Bäumen Scheinwerferlicht auf uns zukommen sah, ärgerte er sich darüber, dass in dieser friedlichen Nacht noch jemand mit dem Auto durch dieses geschützte Gebiet fuhr. Wenige Minuten später standen wir im hellen Scheinwerferlicht direkt vor der Stoßstange dieses vermeintlich rück-

sichtslosen Umweltsünders. Von einer Minute zur nächsten kippte meine ausgelassene Stimmung über die gelungene Tour in ein ungutes Gefühl, weil mir plötzlich der Gedanke kam, dass sich meine Eltern aufgrund der Dunkelheit bestimmt schon große Sorgen um uns machten und wahrscheinlich schon jemanden losgeschickt hatten, um nach uns zu suchen.

Mein Gefühl hatte mich nicht betrogen, wie sich wenige Augenblicke später herausstellte, als Hans den Fahrer des Wagens begrüßte. Während der Heimfahrt kamen heftige Diskussionen auf. War diese Hilfsaktion nun gerechtfertigt oder nur eine übertriebene Panikreaktion meiner Eltern? Hans und ich waren der Ansicht, dass wir während der gesamten Tour nie in einer bedrohlichen Situation gewesen waren und dass wir die Dinge immer unter Kontrolle hatten.

Ein gutes Jahr später, am 11. September 1994, ging die Sache an der Laserzkopf-Nordwand nicht so gut aus. Am Vorabend hatte ich wie immer samstags mit Hansjörg, meinem Musikpartner, bei einer Hochzeit aufgespielt. Hansjörg hatte seit einem Jahr ebenfalls großen Gefallen am Bergsteigen und speziell am Klettern gefunden und wir hatten in diesen zwölf Monaten so manch schwierige Route gemeinsam bewältigt. Gegen vier Uhr morgens kamen wir von der Hochzeit nach Hause und verabredeten uns gleich für sechs Uhr zu einer schönen Sommerabschlusstour in die Laserzkopf-Nordwand. Auch mein Schwager Fredi, der Mann meiner Schwester Elisabeth, war diesmal mit von der Partie.

Um schneller zum Einstieg zu gelangen und uns einen langen Zustieg zu ersparen, wählte ich die Variante, mit dem Auto über einen Forstweg durch den Wald relativ nahe an den Fuß der Nordwand heranzufahren. Damit wir den Wagen dort nicht den ganzen Tag stehen lassen und spätabends nach der Tour wieder abholen mussten, bat ich meinen Vater, uns hinaufzufahren und das Auto an der anderen Seite unseres Berges, am Endpunkt der Tour bei der Dolomitenhütte abzustellen. Im Morgengrauen fuhr mein Vater mit Hansjörgs Wagen den holprigen Forstweg viele Kehren lang hinauf, bis wir gegen halb sieben am Ende des Fahrweges ankamen. Zu dieser Zeit hatten wir noch kein Mobiltelefon, und so gab ich meinem Vater einen kleinen Amateurfunkempfänger. Damit konnten wir wegen des fehlenden Senders zwar nicht miteinander kommunizieren, aber er konnte, wenn er es einschaltete, zumindest hören, wie es uns da oben erging. Während mein Vater das Auto wendete und langsam talwärts fuhr, tauchten wir schlagartig in eine wilde Bergszenerie ein. Oben in der Gipfelwand konnte Hansjörg schon die Sonne anklopfen sehen, und die einzelne Lärche, der markante Orientierungspunkt in 200 Metern Wandhöhe nach fünf Seillängen, war auch gut zu erkennen. Hurtig kämpften wir uns durch den schmalen Dickichtstreifen, um dann das steile Bachbett nach oben zu verfolgen. Diesmal herrschten perfekte Bedingungen, weil der Bach nur wenig Wasser führte und wir nicht befürchten mussten, nass zu werden. Hansjörg war die Tour erst einen Monat zuvor mit mir geklettert und fand deshalb die Route an diesem Tag auch ohne meine Orientierungshinweise. Nicht einmal eine Stunde brauchten wir, bis wir wieder auf diesem grünen Rasenband standen, das die gesamte Wand an ihrem Fuß waagerecht säumt.

Unterhalb dieses Riesengesimses tat sich ein 150 Meter tiefer Abgrund auf. Um die Wand vor uns besser einzusehen und die 200 Meter weiter oben stehende Lärche anzupeilen, trat Hansjörg noch einmal ganz weit hinaus bis dicht an die Abbruchkante des Rasenbandes, bevor wir schnell unsere Schuhe wechselten und den Klettergurt anlegten. Noch einen Schluck aus der Flasche, den Steinschlaghelm aufgesetzt und los ging's. Hansjörg stieg die ersten Meter im traumhaften Fels voran. Er bewegte sich flink wie eine Katze, so dass ich Schwierigkeiten hatte, ihn akustisch eindeutig zu verfolgen. Und da passierte es: Er hatte nach den ersten Stufen die leichte Querung nach rechts zu dem kleinen Wasserlauf übersehen und stieg stattdessen geraden Wegs weiter hinauf. Ich machte ihn darauf aufmerksam, doch er meinte, dass er weiter oben auch noch hinüber auf die richtige Route käme. Er war zu dieser Zeit so fit im Klettern, dass ich mir nicht anmaßen konnte, ihn zu bevormunden. Er kletterte noch einige Meter höher und blieb plötzlich auf einem etwas aus der glatten Wand herausragenden Felsblock stehen, der gerade genug Platz für seine beiden Füße bot. Fredi befand sich in diesem Augenblick noch am Übergang vom Rasenband zur eigentlichen Wand. Ich selbst war schon drei bis vier Meter über mäßig steile Stufen hinaufgestiegen, um die Griffe zu ertasten, die mir den richtigen Einstieg bestätigten. Hansjörg rief von oben »Achtung!«, und schon hörte ich einen zirka fünf Zentimeter dicken Stein auf mich zukommen. Ich duckte mich und schmiegte mich ganz nahe an die Wand, und das Geschoss fiel fünfzig Zentimeter von mir entfernt in die Tiefe. »Tut mir leid«, meinte Hansjörg, während ich die Sache herunterspielte, um ihn nicht nervös zu machen. Im nächsten Moment, ich lehnte immer noch dicht am Felsen, hörte ich über mir erst einen dumpfen Knall und dann ein scheußliches Schürfen und Kratzen. Immer näher und immer lauter kam dieses Poltern der Steinlawine auf mich zu und ich war mir sicher, dass Hansjörg mit den Geröllbrocken in die Tiefe stürzte. Ich bildete mir sogar ein, in dem kreischenden Lärmpegel Hansjörgs Körper an den Felsen entlangschrammen zu hören. Wenige Sekunden später, die mir in meiner Anspannung wie Stunden vorkamen, war der Spuk vorbei.

Weit unter mir, das musste in den Steilabstürzen unterhalb unseres Rasenbandes sein, hörte ich das letzte dumpfe Aufschlagen dieses fürchterlichen Felssturzes. Im nächsten Augenblick war alles totenstill und ich wagte nicht, meinen Schwager, der nur fünf Meter schräg unter mir stand, zu fragen, ob Hansjörg, wie ich befürchtete, abgestürzt sei. Fredi wollte mir gerade die Situation beschreiben, als ich Hansjörgs Stimme etwa fünfzehn Meter unter mir vernahm. Er entschuldigte sich mit fester Stimme bei meinem Schwager und mir dafür, uns mit seinem Missgeschick nun die Tour und den schönen Tag vermasselt zu haben.

Der Felsblock, auf dem er gestanden hatte, sei unter seinem Gewicht aus der Wand gebrochen, und er habe sich nur noch umdrehen können, um in rasender Geschwindigkeit die ganze Wand in großen Sätzen hinunterzuspringen. Dabei sei er drei- oder viermal an die schräge Wand gedonnert und habe wie ein Löwe gekämpft, um den Kopf oben zu behalten und keinen Überschlag zu machen. Ein Stein, viel größer noch als alle Steine, die kurz zuvor

an mir vorbeigedonnert waren, fiel mir vom Herzen, als ich realisierte, dass Hansjörg diesen gewaltigen Absturz über mehr als dreißig Meter überlebt hatte. Während Fredi zu unserem schwer verletzten Freund abstieg, zog ich mein kleines Funkgerät aus dem Rucksack und versuchte möglichst schnell, Hilfe anzufordern. Mit meinem Vater konnte ich wegen des fehlenden Senders nicht kommunizieren, und da es erst kurz vor acht am Morgen und dazu noch Sonntag war, war die Chance, einen Amateurfunker am Frequenzband zu erreichen, denkbar gering.
Dennoch setzte ich mehrmals einen Notruf ab, bis sich endlich ein Amateur aus Erding bei München meldete, der gerade im 200 Kilometer von uns entfernten Alpbachtal Urlaub machte. Ich gab ihm in knappen Worten unsere genaue Lage und den Auftrag durch, eine Einsatzstelle mit Arzt, Flugretter und Hubschrauber für die Bergung meines Freundes zu alarmieren. Es dauerte eine ganze Weile, bis ich ihm klargemacht hatte, wo genau wir uns befanden, damit er unsere Position richtig weiterleiten konnte. Nach wenigen Minuten, ich war mittlerweile ebenfalls zu Hansjörg hinuntergestiegen, meldete er sich wieder. Er habe nun alle Details inklusive exakter Höhenangabe an die nächste Polizeidienststelle weitergegeben, und die Rettungsaktion werde eingeleitet. Große Erleichterung kam in unserer Seilschaft auf, denn Hansjörg musste möglichst schnell ins Krankenhaus. Fredi beschrieb mir den schauderhaften Anblick von Hansjörgs Fuß und Unterschenkel. Sein Fuß, der noch im Schuh steckte, lag neben seinem Unterschenkel am Boden und war nur noch durch die Achillessehne mit dem Bein verbunden. Haut und Muskulatur des Schenkels waren durch den Absturz in Richtung seines Knies geschoben worden, so dass die weiß schimmernde Knochenröhre seines Schienbeins, die am Ende abgebrochen war, weit herausragte. Schmerzen hätte er keine besonderen, meinte Hansjörg in seinem Schockzustand und erwähnte nebenbei, dass Finger und Hand wohl auch gebrochen seien.
Ich versuchte herauszufinden, wie es um seinen Schädel und seine Wirbelsäule stand, damit wir ihn richtig lagern konnten. Äußerlich war meinem Schwager zufolge nichts zu erkennen, und

Hansjörg betonte immer wieder, dass er keine Lähmungserscheinungen habe und sein Kopf in Ordnung sei. Ich befürchtete vor allem die große Gefahr eines massiven Blutverlustes an seinem offenen Unterschenkel, die beim Nachlassen des Schockzustands bestand, weil bis zum Eintreffen des Rettungshubschraubers wohl noch einige Zeit vergehen würde. Deshalb nahm ich ein Schlauchband, das man beim Klettern für den Standbau oder die Sicherungen verwendete, und Fredi schlang es um die klaffenden Wunden unterhalb von Hansjörgs Knie. So gut es ging, versuchten wir nun die Gefäße mit dem Schlauchband zusammenzuziehen, um den Blutverlust zu verhindern.
Plötzlich knisterte es im Lautsprecher meines Funkgerätes und ich glaubte, nicht richtig zu hören. Sabine, meine Frau, war in der Leitung und fragte, noch mit vom Schlaf belegter, aber aufgeregter Stimme, ob bei uns alles in Ordnung sei. Die Polizei hatte bei ihr zu Hause angerufen und überprüft, ob der Notruf echt sei und der Hubschrauber nicht umsonst ausgeschickt werde. Sie war nicht schlecht erschrocken, als sie im Halbschlaf das Telefon abnahm und der Beamte sie fragte, ob das ihr Mann sein könnte, der an diesem Morgen in der Laserzkopf-Nordwand verunglückt sei. Daraufhin hatte sie meine Funkstation zu Hause eingeschaltet, um mich zu erreichen. Zur gleichen Zeit war mein Vater zu Hause angekommen und meine Mutter drängte ihn, den kleinen Funkempfänger, den er von mir mitbekommen hatte, einzuschalten.
Wenige Momente später konnten meine Eltern voller Entsetzen mein Funkgespräch mit Sabine mitverfolgen. Sabine erkannte schon an meinen ersten Worten, dass es uns erwischt hatte. Das Einzige, was sie in diesem Moment beruhigte, war, dass sie mich wenigstens sprechen hörte. Ich schilderte ihr kurz, was geschehen war, und bat sie, bei der Rettungsstelle Druck zu machen, damit wir Hansjörg schnell ins Krankenhaus bringen konnten. Erst in diesem Augenblick bemerkte ich, dass auch an meinen Händen Blut herunterlief und ich wohl Verletzungen an den Fingern hatte. Ich hatte bei dem grausigen Gepolter instinktiv meine Hände über den Kopf gehalten und mich in den Felsen gekrallt,

um nicht mitgerissen zu werden. Dabei waren wohl einige Brocken auf meine Finger geknallt.
Doch unsere ganze Aufmerksamkeit galt unserem verunglückten Freund Hansjörg, den wir möglichst ruhigstellen mussten. Fredi versuchte ihm Tee einzuflößen. Auch eine Zigarette bot ihm mein Schwager an, die Hansjörg trotz seines erbärmlichen Zustands sichtlich genoss.
Dann vernahmen wir das zunehmende Knattern von Rotorblättern, das sich langsam gegen Wind und Bachrauschen durchsetzte. Kurz darauf sah Fredi den Rettungshubschrauber, der ungefähr hundert Meter über uns langsam die Wand entlangflog. Anscheinend suchte der Pilot das Gelände nach der genauen Unfallstelle ab, um dann die Bergung einzuleiten. Es dauerte nicht lange, und der laute Hubschrauber stand unmittelbar über uns. Ich hatte Sabine zuvor am Funkgerät gebeten, die Einsatzkräfte darüber zu informieren, dass ein Blinder mit von der Partie war. Denn der überdimensionale Hubschrauberlärm nahm mir jegliche Orientierung, weshalb ein unkontrollierter Schritt von mir, ein kleines Missverständnis oder eine falsche Einschätzung des Flugretters während der komplizierten Seilbergung hoch über dem Abgrund eine Katastrophe auslösen konnte.
Der Hubschrauber drehte ab und verschwand ebenso schnell, wie er gekommen war. Aber das beunruhigte uns nicht. Je nach Geländebeschaffenheit wird entschieden, ob der Flugretter mit dem Arzt direkt beim Verunglückten abgesetzt wird oder ob eine Seilbergung notwendig ist. Bei Letzterer wird der Flugretter an einem langen Seil am Hubschrauber hängend zum Verletzten geflogen. Dort versucht er dann, den Patienten ebenfalls an das Seil zu nehmen, damit er so von der Unfallstelle weggeflogen werden kann.
Wenig später steuerte der Helikopter mit dem Flugretter, der an einem zwanzig Meter langen Seil unterhalb des Hubschraubers hing, direkt auf uns zu. Was mich dann ziemlich irritierte, war die Tatsache, dass der Flugretter nun mich und meinen Schwager zuerst an das Bergeseil band. Ich spürte, wie fremde Hände heftig an meinem Hüftgurt hantierten. Wegen der extremen Turbinengeräusche und des starken sogenannten Downwash durch die von

den Rotorblättern nach unten gepresste Luft, die sich direkt unter der Maschine wie ein Orkan anfühlt, hatte ich so gut wie keine geordnete Wahrnehmung mehr. Fredi deutete mir mit seiner Hand an meinem Becken an, dass ich nun über den Abgrund des Rasenbandes hinausschwingen würde. Nun musste ich also dem Flugrettungsteam die gesamte Kontrolle über meinen Körper anvertrauen und sprang einfach über die Klippe hinaus. Keine Ahnung, was nun geschehen würde.

Doch an dem dünnen Seil zu hängen und mit dem Helikopter über den Abgrund zu fliegen, fühlte sich überraschend stabil an. Ich war gezwungen, der Technik zu vertrauen, doch als ich bemerkte, dass neben mir mein Schwager und der Flugretter hingen, wurde mir mulmig. Konnte die Maschine diese Last überhaupt tragen? Und was war mit Hansjörg, der seinem Schicksal ausgeliefert alleine da oben lag?

Nach einigen Minuten Ausnahmezustand ergriff jemand von unten meine Fußgelenke, und schon stand ich auf festem Grund. Der Hubschrauberlärm wurde rasch leiser, bis er gänzlich verstummte. Ein paar Sekunden brauchte ich, bis ich wieder ganz bei mir war. Wir befanden uns auf der Kreithofwiese, einer flachen Blumenwiese bei einem Gasthof auf tausend Meter Seehöhe. Dort wartete der Flugarzt und untersuchte meine wunden Hände. Im selben Moment hörte ich die Stimmen meiner Eltern, die nach den abgehörten Funksprüchen mit dem Wagen hergekommen waren.

Meine Mutter und mein Vater wirkten sehr gefasst angesichts dieser dramatischen Situation, die schon einige Schaulustige angezogen hatte. Wir warteten auf Hansjörg, der nun ebenfalls am Hubschrauber hängend auf der Wiese abgesetzt wurde, um hier für den Abtransport ins Krankenhaus stabilisiert und in den Helikopter eingeladen zu werden. Jetzt erst begriff ich, warum Hansjörg als Letzter geborgen worden war: So konnte ihn der Helikopter direkt zum Krankenhaus fliegen. Meine Mutter gab unserem vor Schock und Schmerz bebenden Freund mitten in dem Gewühl noch tröstenden Zuspruch. Der Heli hob ab, Fredi stieg mit mir und meinen Eltern ins Auto, und wir fuhren direkt ins Lienzer

Krankenhaus, wo Sabine schon auf uns wartete. Für Hansjörg bedeutete dieser Unfall mehrere Operationen, zahllose Schmerztabletten und viele Monate Arbeitsunfähigkeit. Zu meinem größten Bedauern konnte er seither nie mehr mit uns in die Berge gehen.

NACH DIESER BITTEREN ERFAHRUNG – es hätte genauso mich selbst treffen können – war ich gezwungen, darüber nachzusinnen, was mir der Berg geben und was er mir nehmen konnte. Und im Laufe vieler intensiver Gespräche mit Sabine, dem Bruckner Hans und meinen Eltern fand ich für mich heraus, dass ich lieber der Gefahr Aug in Aug gegenüberstand, um darauf reagieren zu können, als sie zu verdrängen, wie es viele Menschen tun. Wie oft setzt man sich allein während einer kurzen Autofahrt dem Risiko aus, von einem rücksichtslosen Raser über den Haufen gefahren zu werden. Beim Bergsteigen gibt es zwar objektive Gefahren wie Steinschlag, Lawinen oder Blitzschlag, aber diese kann man durch geschickte Routenwahl und richtiges Timing ziemlich reduzieren. Und alles andere hat man buchstäblich selber in der Hand.

Bald war ich wieder unterwegs.

Auf Spaziergängen und Wanderungen in der heimischen Bergwelt kehrte bei mir in den Herbstmonaten 1994 die Liebe zum Bergsteigen zurück. Den Winter über war ich mit meinen Bretteln, die mir Sabine geschenkt hatte, unterwegs. Wochenende für Wochenende spurten Hans und ich die schönsten Hänge mit Pulverschnee hinauf. Hans war wegen seiner künstlichen Hüftgelenke eher ein gemäßigter Schifahrer, und so passten wir recht gut zusammen. Für uns lag der Reiz des Tourengehens ohnehin vor allem im Aufstieg.

Seit einigen Jahren zählt das Schitourengehen zu einer meiner Lieblingsdisziplinen, und jeden Winter bin ich an bis zu hundert unvergesslichen Tagen mit meinen Freunden im weißen Rausch unterwegs. Dabei verwende ich sehr kurze Schier, die mit 130 Zentimetern bei meiner Körpergröße von 1,76 Meter etwas komisch aussehen, mir aber eine viel bessere Wendigkeit und mehr Spielraum im unruhigen Gelände geben. Heute steige ich zum

Gipfel des Großglockner, der Königspitze oder des Mont Blanc viel lieber mit meinen kurzen Latten auf, weil ich dabei dem mühsamen Abstieg durch eine rasante Schiabfahrt entkommen kann.

AM 23. JULI 1997 konnte ich mir endlich einen großen Traum erfüllen. Mein Vater war in diesem Frühjahr siebzig Jahre alt geworden und körperlich sowie geistig absolut fit. Das Bergsteigen, insbesondere das Klettern, hatte ihn allerdings nie sonderlich interessiert, und dennoch träumte ich davon, meinen Vater höchstpersönlich auf jene Felsspitze hinaufzuführen, über deren Besteigung er in meiner Kindheit bei unserer Familienwanderung noch gescherzt hatte: den Roten Turm.

Nun, nach 25 Jahren, war alles anders. Ich hatte gelernt, eine Seilschaft durch Routen in diesem Schwierigkeitsgrad zu führen, und es lag nahe, dass ich meinen Vater an mein Seil nehmen wollte. Nur meiner Mutter verriet ich meinen heimlichen Traum, und sie war von der Idee begeistert. Als dritter Seilpartner kam nur sie in Frage, weil sonst niemand etwas von dieser Schnapsidee wusste.

Um meinem Vater den fast dreistündigen Zustieg zur Klettertour zu erleichtern, hatte ich den Hüttenwirt der Karlsbaderhütte gebeten, meine Seilschaft mit seinem Hüttentransporter abzuholen. Von der Karlsbaderhütte aus hatten wir nur noch eine Wegstunde bis zum Einstieg des Roten Turmes vor uns. Meinem Vater hatten wir gesagt, die Große Laserzwand sei unser Ziel. Die liegt direkt neben dem Roten Turm, und mein Vater hatte sie in seinem Leben schon öfter erwandert. Ahnungslos und voller Optimismus stieg er den schmalen Wanderpfad vor mir her und fragte mich Gott sei Dank nie, was ich in meinem großen Rucksack so alles drin hatte. Unterwegs begegneten wir einem Bergsteiger, der schon im Abstieg begriffen war. Er grüßte meinen Vater und mich nur knapp, doch meine Mutter, die ein gutes Stück hinter uns zurücklag, fragte er, ob der junge Mann da eben nicht der blinde Andy Holzer gewesen sei. Mit ernster Miene erklärte er ihr, dass er gerne einmal mit ihrem Sohn zum Klettern gehen wolle und dieser sich, falls er einverstanden sei, bei ihm melden solle. Mit dieser positi-

ven Nachricht stapften wir weiter in Richtung Laserzwand, und in mir kam eine unbändige Freude auf.
Bei der Weggabelung, Laserzwand nach links und Roter Turm nach rechts, blieb meine Mutter stehen und forderte meinen Vater zu einer kurzen Pause auf.
Nun versuchten wir, ihn auf humorvolle Weise zu einem Aufstieg auf den Roten Turm zu bewegen. Lustig blödelten meine Mutter und ich herum und machten meinem Vater die Sache immer schmackhafter, bis er schließlich meinte: »Wenn wir ein Seil und einen Klettergurt dabeihätten, wäre das für mich kein Problem.«
Ich nahm meinen schweren Rucksack ab und zog die Kletterutensilien heraus. Da kam der Ehrgeizler in ihm zum Vorschein. War mein Vater doch in den Fünfzigern ein begnadeter und beliebter oder gefürchteter Stürmer gewesen, je nachdem, für welche Mannschaft man die Daumen hielt. Tapfer stieg er in den Hüftgurt hinein und setzte den Kletterhelm auf. Ich stieg mit einem Ende des Seils nun die erste Seillänge hoch, und ich spürte förmlich die Vorfreude meines Vaters auf die ersten Meter im steilen Fels.
Ohne jegliche Einschränkung vertraute er mir, dem blinden Sohn, seine eigene und Mutters Sicherheit an, und die Tatsache, meine Eltern an einem Seil den steilen Schmittkamin in der Westwand des Roten Turmes hinauf sichern zu dürfen, erfüllte mich mit einem tiefen Gefühl der Dankbarkeit. Die Kletterei an sich machte meinem Vater keinerlei Schwierigkeiten, weil er bis ins hohe Alter immer sehr beweglich und flink geblieben war, und so kam unsere Seilschaft ziemlich rasch voran. Ganz oben beim Gipfelkreuz erlebte ich meinen Vater so, wie er wohl in den Fünfzigerjahren gewesen sein mochte, wenn er eines seiner unzähligen Tore in den gegnerischen Kasten geschossen hatte. Da sich etwas westlich von uns eine Gewitterfront zusammenbraute, währte unser Gipfelaufenthalt allerdings nur kurz. Über die erste Abseilstelle ließ ich meine Eltern im Donnergrollen passiv ab und sagte ihnen, sie sollten nun der geneigten Schotterrinne weiter nach rechts unten folgen, bis diese steil abbricht, und dort auf mich warten.
Ein schweres Gewitter in derart exponierter Lage auf einer Dolo-

mitenspitze war etwas vom Gefährlichsten, was man da oben erleben konnte, und so gab ich weitere Kommandos, um uns möglichst schnell talwärts zu bringen.
»Ich klettere einstweilen selber ab und organisiere das Seil für die zweite Abseilfahrt am unteren Ende der Rinne«, rief ich meinen Eltern noch nach, und dann setzte schon heftiger Regen mit Hagelschlag ein. Äußerst konzentriert stieg ich den kleinen Kamin, der zum Gipfel leitet, rückwärts ab und warf das Seil hinunter, damit ich es zwanzig Meter tiefer wieder ordentlich zusammenpacken konnte.
Die schräge Rinne stieg ich auf allen vieren meinen Eltern nach und holte sie gerade rechtzeitig an der Stelle ein, wo der zweite Abseilhaken in die Felsen getrieben war. Zügig richtete ich die Abseilstelle ein, was nun bei heftigem Regen, Kälte und mit klatschnassem Seil kein großes Vergnügen mehr war.
Meine Eltern blieben ganz ruhig und ließen sich von mir den 25 Meter hohen, fast senkrechten Kamin am Seil ablassen. Bald waren wir wieder auf dem Wanderpfad, wo unsere einmalige Klettertour ihren Ausgang genommen hatte.
Zu Hause angekommen setzte ich mich gleich ans Telefon und rief den Bergsteiger an, der meine Mutter angesprochen hatte. Eine geschlagene Stunde dauerte unser hochinteressantes Gespräch, bei dem Sepp Klocker von mir wissen wollte, was ich alles schon geklettert sei und welche Wünsche und Ziele ich hätte. Ich fragte ihn im Gegenzug nach seinen Erfahrungen in den Bergen aus. Dabei hörte ich heraus, dass der fast dreißig Jahre ältere Klocker Sepp vielleicht der richtige Seilpartner für meinen jahrelang gehegten Traum von einer Durchsteigung der Hochstadel-Nordwand war.
Sepp Klocker lebte in der Ortschaft Dölsach, direkt gegenüber vom Hochstadel, dessen Nordwand als dritthöchste der Ostalpen gilt. Die Nordwand sehe er jeden Tag von seinem Frühstückstisch aus, und es vergehe kaum ein Jahr, in dem er sie nicht erklettern würde, sagte er. Pro Saison machten nur relativ wenige Seilschaften die Tour durch diesen verwinkelten, über lange Strecken brüchigen und zerrissenen Felskoloss, bei der es weniger auf die Klet-

terkunst als auf eine exakte Routenfindung ankommt. In der knapp 1400 Meter hohen Felsflucht stecken nicht einmal fünf Haken, und die Linie läuft in wildem Zickzack hin und her. Wenn man die Route nicht wie seine eigene Westentasche kennt, dann kann man sich leicht »verhauen«, mit anderen Worten: sich in der Wand derart versteigen, dass es weder ein Vor noch ein Zurück gibt. Das war auch der Grund, warum ich mit der Schicksalswand meines Onkels Franz noch nie auf Tuchfühlung gekommen war. Der Bruckner Hans hatte sie dreißig Jahre zuvor zwar einmal durchstiegen, war aber nicht sicher, ob er die Route wieder finden würde. Deshalb konnte er mir meinen Wunsch auch nicht erfüllen. Ein über die Grenzen von Osttirol hinaus bekannter Extrembergsteiger hatte mir einmal sein Wort für die Hochstadel-Nordwand gegeben, sich nach reiflicher Überlegung dann aber doch nicht mit einem Blinden in dieses Abenteuer wagen wollen.

Um uns aufeinander einzustellen, planten der Klocker Sepp und ich eine gemeinsame Trainingstour durch eine weniger hohe Wand, und am 2. August 1997 um sieben Uhr morgens holte mich Sepp mit seinem Wagen ab zu einer Tour im Schwierigkeitsgrad III+ auf den Gipfel der Großen Teplitzer Spitze.

Schon nach den ersten zwei Seillängen fühlten wir uns beide als kompakte Seilschaft und es schien uns, als ob wir schon viele Routen zusammen erklettert hätten. Sepp hatte sich sehr gut auf seinen blinden Partner eingestellt und ich hatte großes Vertrauen in diesen knorrigen, erfahrenen Alpinisten. Beim Abstieg vom Gipfel kehrten wir auf der Karlsbaderhütte ein, um ein gesundes Schlückchen auf die gelungene Tour zu nehmen. Sepp war nun zuversichtlich, was unsere große Unternehmung Hochstadel-Nordwand anging, und so beschlossen wir, es am darauf folgenden Samstag zu versuchen.

Wir hatten noch Friedl, einen Freund von Sepp, für unsere Seilschaft gewinnen können, und am besagten Tag brachte uns mein Vater mit dem Auto zum Fuß der Nordwand. Der Almweg dorthin war von einem Unwetter ziemlich ausgewaschen, und meine beiden Seilkameraden klagten während der Fahrt nicht nur über die schlechten Wetterverhältnisse, sondern stellten sogar die Tour für

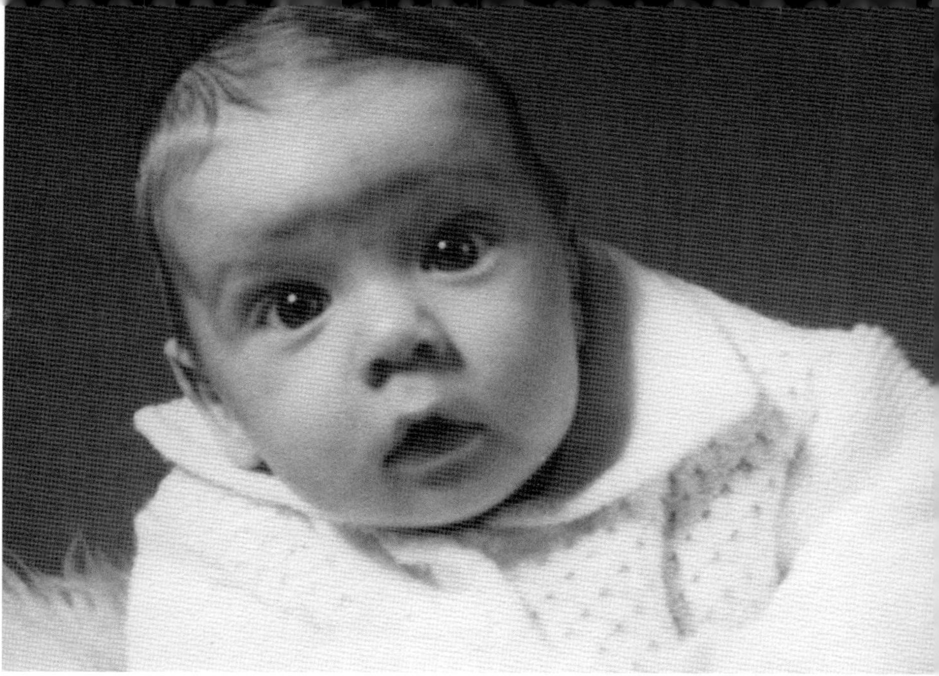

Auch ohne Augenlicht nehme ich alles aufmerksam wahr und lausche dem Ton der Welt. 1966 © Archiv Holzer

Mein erster großer Ausflug mit der ganzen Familie in die Hohen Tauern. 1969 © Archiv Holzer

Eine stimmungsvolle Weihnacht im Hause Holzer.
1970 © Archiv Holzer

Mit dem Gleichgewicht hatte ich nie Schwierigkeiten. Auch Eislaufen fiel mir leicht. © Archiv Holzer

Ich erkunde mit meinen Fahrrad zunächst den heimischen Rasen und später die Straßen von Amlach. 1971 © Archiv Holzer

Mit meiner Schwester und meinem Vater mache ich erste Kletterversuche auf den Leppleskofel. 1973 © Archiv Holzer

Ich kann es kaum erwarten, wie ein richtiger Bergsteiger endlich am Seil zu gehen. Bei unserer ersten Tour auf den Spitzkofel ist es endlich soweit. 1975 © Archiv Holzer

Mein Kommunionsfoto. Der Fotograf hat mich mit seinen Anweisungen, wie ich in die Kamera schauen sollte, ganz schön gequält.
1975 © Archiv Holzer

Voller Stolz nehme ich am internationalen Dolomitenlauf teil. Bei Kilometer 45 sind mir die Verfolger dicht auf den Fersen.
1986 © Archiv Holzer

Endlich habe ich einen richtigen Kletterpartner gefunden. Der Bruckner Hans öffnet mir die Tür zur richtigen Bergwelt. Hier klettere ich mit ihm auf die Große Sandspitze, den mit 2772 m höchsten Berg der Lienzer Dolomiten. 1990 © Maria Holzer

Hier führe ich meine Sabine durch die steile Bügeleisenkante in den Lienzer Dolomiten. 1992 © Archiv Holzer

Hans hat vergessen, dass ich blind bin, und zeigt mir enthusiastisch die Umgebung. Dafür bin ich ihm dankbar, denn so kann ich mir auch ohne Augenlicht die wunderbare Bergwelt vorstellen. 1991 © Sabine Holzer

Als erster blinder Mensch klettere ich durch die bedrohliche Nordwand der Großen Zinne. 2004 © Martin Kopfsguter

Der Auftakt zu meinen Seven Summits: Fünf blinde Menschen aus vier Kontinenten schaffen den Gipfelsieg am Kilimandscharo. Der höchste Berg Afrikas ist 5895 m hoch. 2005 © Archiv Holzer

Auf dem Gipfel des Elbrus weht ein Sturm von 120 km/h. Da kann man sich nur noch kriechend fortbewegen. Der höchste Berg Europas ist 5642 m hoch. 2006 © Hansjörg Fauster

Mit zwei Augen, drei Händen und vier Füßen stehen Peter Mair und ich auf dem Aconcagua. Er ist mit 6962 m der höchste Berg Südamerikas.
2007 © Archiv Holzer

Hier schleppe ich meine Ausrüstung auf den kältesten Berg unserer Erde. Der Mount McKinley ist mit 6194 m der höchste Berg Nordamerikas.
2008 © Andreas Scharnagl

Um auf den Gipfel der Carstensz Pyramide zu gelangen, müssen wir eine tiefe Felsspalte mittels einer Seilbrücke überwinden. Die berüchtigte Tyrolientraverse. Die Carstensz Pyramide hat eine Höhe von 4884 m und ist der höchste Berg Ozeaniens. 2009 © Andreas Unterkreuter

Die außergewöhnlichste Seilschaft des Jahres 2005 in den Dolomiten: Der beinamputierte Hugh Herr führt

meinen ebenfalls blinden Freund Erik Weihenmayer und mich in die Südwand des Preußturms. © Sabine Holzer

Im Winter 2010.
© Erwin Reinthaler

diesen Tag in Frage. In der Nacht war ein heftiges Gewitter über den Dolomiten niedergegangen, und die triefende Nässe in der Morgendämmerung lud in der Tat nicht gerade zum Klettern ein. Zusätzlich verhüllten dicke Nebelschwaden die Wand, die Sepp meinem Vater vom Wagen aus hatte zeigen wollen. Ich versuchte ganz vorsichtig, die Stimmung von Friedl und Sepp etwas zu heben, ohne dabei ungeduldig zu wirken. Mein Vater sagte nichts, weil er ganz genau wusste, dass er mir mit einem falschen Satz die Tour vermasseln oder den beiden Spezialisten zu nahe treten konnte. Am Ende des Fahrweges stiegen wir aus dem Auto aus und anscheinend schimmerten nun blaue Flecken durch die grauen Wolkenpakete. Der Klocker Sepp wollte es versuchen, und so marschierten wir schweigsam los, nachdem sich mein Vater zwar von uns verabschiedet hatte, uns jedoch in größerem Abstand noch folgte. Ich wusste ganz genau, was in seinem Kopf vorging und welche Sorgen er sich machte, wie sehr er mir aber gleichzeitig die Verwirklichung meines Traums gönnte. Souverän übergab er mich meinem Schicksal in der Nordwand und hoffte, dass ich mit meinen beiden neuen Kletterpartnern die richtige Wahl für dieses große Abenteuer getroffen hatte. Kein einziges negatives Wort bekam ich von ihm zu hören, nur dass ich aufpassen sollte, legte er mir ans Herz. Irgendwann blieb mein Vater einfach zurück und ließ uns drei wortlos in Richtung dieser hohen, vom nächtlichen Gewitter und dem Regen schwarz gefärbten Wand ziehen. Ich hörte nur den reißenden Bach, der rechts an der Nordwand herunterbrauste und den wir noch zu überqueren hatten.

Die Welt über mir hatte ich mir schon so oft in meiner Fantasie ausgemalt, eigentlich schon fast mein ganzes Leben lang, seit mir in der Kinderzeit der Tod von Onkel Franz so richtig bewusst geworden war. Nun war es an der Zeit, mein Bild im Geiste mit der Wirklichkeit abzugleichen. Die Bachquerung war gar nicht so einfach, weil durch das extrem laute Rauschen kein Schritt und kein Wort meiner Partner zu hören war. Wenn ich dort hineingefallen wäre, hätte ich die Nordwand wahrscheinlich bis heute nicht besteigen können, denn wer stieg schon mit einem Kletterer in eine

1400 Meter hohe Felswand ein, der schon am Wandersteig in einen Bach fiel.
Sepp bewältigte diese heikle Stelle mit mir, indem er mir das Ende seiner Trekkingstöcke von der anderen Bachseite aus entgegenstreckte, um mir die Sprungrichtung anzuzeigen. Es galt nun, von dem wackeligen, von schäumendem Wasser umspülten Stein, auf dem ich stand, einen Sprung von gut zwei Metern über das tosende Gewässer zu wagen, um am anderen Ufer, das nur wenig flache Stellen zum Stehen bot, quasi im Blindflug eine Punktlandung zu vollziehen. Diese Prüfung meisterte ich mit viel Glück und Herzklopfen, und dann waren es nur noch ein paar Schritte bis zum Einstieg. Wie an solchen Plätzen üblich, schlüpfte jeder in seine Kletterausrüstung, und um sieben Uhr stieg Sepp in die erste Seillänge.
Erfahrene Alpinisten steigen Wände wie die Nordwand des Hochstadels auch oft seilfrei, weil sie dem Schwierigkeitsgrad III mehr als gewachsen sind und dadurch schon nach halber Zeit den Gipfel erreichen können. Dabei verzichten sie zwar auf ein sicherndes Seil, sind aber nur halb so lange der Gefahr von Steinschlag oder Wetterumsturz ausgesetzt. Das jedoch muss jeder mit sich selber ausmachen.
Sepp wählte die Taktik, mit mir am Seil als Zweierseilschaft zu klettern und den Friedl seilfrei immer in meiner Nähe steigen zu lassen. So war ich am Seil gesichert, und Friedl konnte mir an kniffeligen Stellen kleine Tipps geben. In dieser Manier gingen wir die ersten zwei Seillängen an, bis dem Sepp auffiel, dass mir die Kletterei sehr spielerisch von der Hand ging. Deshalb stellten wir unsere Taktik ein wenig um, so dass wir die stolze Zahl von dreißig Seillängen mit Standbau und Zwischensicherung ein wenig reduzieren und den Aufenthalt in der Wand abkürzen konnten. Es hat auch keinen Sinn, wenn zwei Bergsteiger zwar mit einem Seil verbunden sind, im Falle eines Sturzes aber keine Standsicherung oder einen anderen Fixpunkt in der Wand benutzen. Diese Technik würde zwangsläufig dazu führen, dass der zweite am Seil einfach mitgerissen würde.
Für eine Weile stiegen wir nun alle drei nebeneinander, und ich

fühlte mich in diesem leichten Gelände ohne Seil auch noch richtig wohl. Sepp hatte es um seine Schultern geschlungen, um es bei einer schwierigen Stelle sofort griffbereit zu haben. Friedl verfolgte jede einzelne meiner Bewegungen und fasste langsam Vertrauen in mein Fortkommen im brüchigen Fels. Bald hatten wir uns auf einen Rhythmus eingespielt und es ging recht zügig voran.

Die erste Problemstelle war der sogenannte »erste Schneefleck«, der auch im Hochsommer nicht schmolz und am Ende des ersten Drittels der Wand zur Orientierung diente. Es war gar nicht lustig, das fünfzig Meter breite, steinharte und steile Schneefeld mit den Kletterschuhen zu queren. Sepp nahm mich kurz ans Seil, um einen Absturz in die gähnende Schlucht darunter zu verhindern. Danach kam eine lange, für die anderen relativ einfache Querung nach links, ein steigartiges Schotterband über einem Abgrund, das man als Sehender im aufrechten Gang bewältigen kann. Ich aber tappte, um nicht zu nah an die Abbruchkante zu geraten, auf allen vieren die dreißig Zentimeter breite Traverse hinüber. Von dort führte die Route wieder leicht links hinauf, und bei einem kurzen, zirka fünf Meter hohen, senkrechten Aufschwung verwendeten wir wieder das Seil. Bald darauf folgte eine schräg nach links verlaufende Querung über eine recht flache Felsplatte, die wir wieder aufrecht begehen konnten.

Genau in diesem Bereich musste mein Onkel am Nachmittag des 1. Juni 1963 Sekunden vor dem Lawinenabgang aus den Gipfelfelsen seine letzten Schritte getan haben. Die Steinschlag- und Lawinenbahn verlief an dieser Stelle von weit rechts oben herunter, überquerte die Kletterroute und fiel links unten jäh in die parallel verlaufende Schlucht ab. Onkel Franz hatte keine Chance gehabt, sich auf dieser sanft geneigten Felsplatte gegen die anströmende Masse aus Steinbrocken und Schnee zu halten, und war einfach mitgerissen worden.

Als ich in der Mitte dieser ungefähr fünfzehn Meter breiten Gefahrenzone angelangt war, versetzte ich mich bewusst in die damalige Situation meines Onkels und spürte dabei fast seine Anwesenheit. Keinerlei Gruseln oder Schaudern erfüllte mich, ich

war nur einfach froh, dass es mir vergönnt war, an diesem Tag diesen Ort auf mich wirken zu lassen, um den Tod meines Onkels besser nachvollziehen zu können.
Immer wenn mir eine scheinbare Sinnlosigkeit zu schaffen macht, etwa eine schwere Krankheit, der Verlust eines für mich wichtigen Menschen oder auch nur Liebeskummer, dann begegne ich dem niemals mit Abstand, sondern mit einer fast perversen Nähe. Ich versuche den Zustand für mich erträglicher zu machen, indem ich mich immer und immer wieder mit dem Thema befasse, und zwar so lange, bis der Schmerz allmählich nachlässt. Es ist, als wenn man sich immer wieder mit einer Nadelspitze sticht, die dadurch langsam stumpf wird und einen lange nicht mehr so brennend schmerzt, als wenn sie einen nur ab und zu trifft.
Nach knapp vier Stunden hatten wir das Wandbuch in fast drei Viertel der Wandhöhe erreicht, wo wir die erste Pause machten und Sepp unsere Namen eintrug. Eine mit Altschnee gefüllte Rinne war noch zu überqueren und dann befanden wir uns schon in der Gipfelwand, etwa 300 Meter unter dem höchsten Punkt des Hochstadels. Die letzten Meter der Kletterei machten mich immer freier und ich spürte richtig, wie eine Last von mir abfiel, weil ich in Kürze ein unwahrscheinliches Ziel erreicht haben würde. Schon zog ich mich mit meinen Armen über jene Geländekante, über die ich noch zehn Jahre zuvor meinen Oberkörper hinausgeschoben hatte, um den Atem der Nordwand wenigstens riechen zu können. Gerade hatte ich meine Füße auf das Gipfelplateau gesetzt und mich aufgerichtet, da fiel ich in einen tranceartigen Zustand, der mich die letzten fünf Meter zum Gipfelkreuz trug. Wieder hörte ich die Mittagsglocken vom Tal herauf, genauso wie es bei meiner ersten Klettertour auf der Großen Sandspitze der Fall gewesen war, und ich hatte Mühe, gegen einen Weinkrampf anzukämpfen, der meinen ganzen Körper erbeben ließ. Dem Klocker Sepp und dem Friedl ging es nicht viel anders. Der liebe Gott hatte es an diesem Tag wirklich gut mit uns gemeint.

TOD EINES FREUNDES

IN DEN NÄCHSTEN JAHREN erkletterte ich mir den Respekt einiger Bergsteiger in der Umgebung und konnte nun auf einen größer werdenden Kreis an Seilpartnern zählen. Zahlreiche Schitouren im Winter und Klettertouren mit Seil und Haken im Sommer brachten mich auf ein immer höheres Niveau, so dass ich meine bergsteigerischen Aktivitäten über die Dolomiten und die Hohen Tauern hinaus bis zur Mont-Blanc-Gruppe in den Westalpen ausdehnen konnte.

Am 20. Oktober 2001 war ich mit meinem Freund Peppi in Richtung Einstieg zum »Ersten Tofanapfeiler« in den Ampezzaner Dolomiten unterwegs. Ich hatte die vierzehn Seillängen der Route im oberen fünften Schwierigkeitsgrad schon ein Jahr zuvor mit Freunden durchklettert, und nun war es an mir, Peppi, der die Tour nicht kannte, mit möglichst vielen Einzelheiten und Details zu versorgen, die ich in meinem Kopf abgespeichert hatte. Nur noch wenige Schritte, und wir waren dank Peppis Skizze und meiner Erinnerung am Beginn der ersten Seillänge angekommen.

Den richtigen Einstieg im wilden Gelände tatsächlich zu finden, ist eine der wichtigsten Voraussetzungen, um problemlos durch eine Felswand zu steigen. Beginnt man am Morgen den Aufstieg schon an der falschen Stelle, tut man sich sehr schwer, überhaupt eine Linie durch die Felsen zu finden oder sich mit Hilfe einer topographischen Geländeskizze zu orientieren – fast so, als würde man in einer Sackgasse den Ausweg aus einem Labyrinth suchen. Es gibt auch nicht an jedem Einstieg einen in den Fels geschlagenen Haken zur Bestätigung dafür, dass man dort richtig ist. Ich war froh, dass wir alleine waren, weil so keine Hektik durch eine andere Seilschaft hinter uns entstehen konnte. Doch kaum war Peppi die ersten zehn Meter der ersten Seillänge geklettert, als ich von unten Stimmen und Tritte zweier Bergsteiger näher kommen hörte. Ihrem Dialekt nach waren sie aus Österreich. Aus einer Entfernung von zwanzig Metern rief ich ihnen ein lautstarkes »Guten Morgen« zu, was sie freundlich erwiderten. Während Peppi unsere erste Seillänge zu Ende kletterte, kamen die beiden Burschen bei mir an, und ich verspürte gleich eine gewisse Sympathie.

Heinz und Sepp, wie sich die beiden Männer aus Hermagor im Kärntnerland, einer Kleinstadt zirka siebzig Kilometer von meiner Heimat entfernt, bei mir vorstellten, waren auch zum ersten Mal unter diesem bombastischen Felspfeiler.

Um eventuellen Missverständnissen vorzubeugen, klärte ich sie gleich über meine Blindheit auf. Darauf reagierten die beiden ganz begeistert. Sie hatten wohl schon von mir gehört. Von oben kam das Kommando »Nachkommen!«, und ich nahm die ersten Meter der steilen Wand in Angriff. Sepp, der als Erster seiner Seilschaft unmittelbar hinter mir loskletterte, folgte mir in kurzem Abstand. Nach zwei Seillängen stellte sich die Frage, ob wir nun gerade hinauf oder doch besser den mit V+ bewerteten Quergang nach links versuchen sollten.

In beiden Varianten steckten Haken, doch Peppi entschied sich für den Quergang. Diese sechs Meter lange, im kleingriffigen und splittrigen Fels verlaufende Querung verlangte mir alles ab. Sepp, der nur fünf Meter hinter mir stieg, half mir mit Hinweisen auf kleinste Unebenheiten und raue Stellen zum Festhalten in der glatten, senkrechten Wand.

Mit all meiner Routine hinsichtlich unguter Stellen schwindelte ich mich ohne Sturz darüber hinweg und war froh, wieder in etwas leichteres Gelände zu kommen. Sepp turnte leise wie eine Spinne den Quergang hinter mir her und erreichte fast traumwandlerisch den nächsten sicheren Standplatz. Als er seinen Partner am straffen Seil nachholte, wurden wir daran erinnert, dass es sich um eine gar nicht so einfache Seillänge gehandelt hatte: Heinz fluchte und wetterte lauthals gegen seine Krämpfe und die Schwerkraft. Seillänge um Seillänge kamen wir langsam höher und waren längst schon zu einem guten Vierer-Team zusammengeschweißt. Auch die Schlüsselstelle in der Mitte der Tour und die anhaltenden Fünferlängen, die meinem Freund Peppi, der genauso wie Sepp die gesamte Route im Vorstieg kletterte, leichte Krämpfe in den Unterarmen bescherte, brachten wir schließlich hinter uns. Bereits in der Abenddämmerung hatten wir den Pfeilerkopf, unseren Gipfel an diesem Tag, erklettert und wollten noch vor Anbruch der Nacht den sicheren Parkplatz bei der Dibonahütte erreichen. Sepp und Heinz gingen voraus, während Peppi mit mir einen Tick langsamer über den holprigen Pfad absteigen musste. So kam es, dass wir unsere Freunde aus Kärnten im Tal nicht mehr antrafen.

Doch noch am selben Abend führte ich von zu Hause aus ein langes Telefongespräch mit einem der beiden. Sepp Voithofer entpuppte sich als ein liebenswerter Mensch, für den es genauso wie für mich nichts Schöneres gab, als zusammen mit einem echten Freund die wunderbare Bergwelt zu erleben. Er war extrem leistungsfähig, sein Kopf ließ noch richtige Abenteuer zu, und es war nur eine Frage der Zeit, bis Sepp mit mir die erste Bergtour angehen würde.

Im Januar 2002 war es dann so weit. Sepp kam mit zwei Begleitern nach Lienz, und Peppi gesellte sich ebenfalls zu uns. Da das Wetter schlecht war und im alpinen Gelände anscheinend keine Sicht herrschte, zogen wir es vor, die 1400 Höhenmeter über die Piste hinauf auf die über 2000 Meter hoch gelegene Hochsteinhütte zu marschieren. Obwohl die Tour nicht sonderlich attraktiv war, genoss ich es unglaublich, mit Sepp unterwegs zu sein. Wir gingen ein wenig voraus und vergaßen vor lauter Reden fast das Gehen. In vielen Bereichen dachte Sepp ähnlich wie ich, und es tat gut, sich mit einem Gleichgesinnten auszutauschen. Er versuchte genau wie ich, eine Barriere nicht als Stoppschild zu sehen, sondern als Aufforderung, das Gehirn einzuschalten und das Problem intelligent zu umschiffen. Wir spürten, dass wir uns in Zukunft gut ergänzen konnten, weil wir beide unsere ganze Energie in das Vorankommen und nicht ins Jammern steckten. Für Sepp stellte mein Handicap keine Belastung dar. Ihm sei es lieber, ein definiertes Risiko im Team zu haben, mit dem man umgehen konnte, als schwer zu kontrollierende mentale Schwachstellen, sagte er mir.

IM AUGUST HATTEN SICH SEPP und ich zu einer besonderen Klettertour in den Dolomiten verabredet. Im Gegensatz zu sogenannten Standardtouren, die man fast jedes Jahr macht, sucht man sich als Bergsteiger von Zeit zu Zeit ein ganz besonderes Ziel aus. So eine neue Tour erfordert einiges an Planung, hat aber dafür auch immer einen gewissen Nervenkitzel zu bieten.

Und Sepp, fand ich, war genau der Richtige für die »Direkte Laserz Nordwand«, weil er die Schwierigkeiten bis zum sechsten Grad gut im Griff hatte und seine Nerven nicht gleich beim kleinsten Problem zu flattern anfingen.

Mit so einem ruhigen und starken Partner war es eine Freude, in den Morgenstunden zum Einstieg dieser 600 Meter hohen, senkrechten Felswand zu marschieren. Immer wenn ich solche neuen Herausforderungen angehe, versuche ich, einen dritten Mann oder eine zweite Seilschaft für den Fall der Fälle in die Wand mitzunehmen. Andi, zu dieser Zeit ein weiterer Bergfreund von mir, hatte die Direkte auch schon länger im Visier, und bildete mit seinem Freund Markus unsere zweite Seilschaft. Nach anderthalb Stunden Zustieg saßen wir auf einer Felsrippe unter der gewaltigen Nordwand und bereiteten uns auf die Tour vor, die sechzehn Seillängen umfasste. Wir hatten beschlossen, dass Markus mit Andi direkt vor Sepp und mir in die erste Seillänge in der Wand, einem senkrechten Riss auf einen Vorsprung hinauf, einsteigen sollten. Der untere Bereich dieser Felsbastion war an vielen Stellen nass, und so kämpfte ich mich, gesichert von Sepp, diesen nur zwanzig Zentimeter breiten, glitschigen Felsriss hinauf zu meinen drei Freunden am ersten Standplatz.

Über uns tat sich nun eine große Verschneidung auf, die meine Kletterpartner schon in der Routenskizze als solche identifiziert hatten. Das ist eine Geländeformation, in der zwei Felswände in einem bestimmten Winkel zueinander stehen und deren Anblick an ein überdimensionales, halb geöffnetes Buch erinnert. Durch diese Verschneidung brachten uns die nächsten beiden Seillängen über die erste richtige Schlüsselstelle, einen kurz überhängenden und klatschnassen Bauch, zum dritten Stand hinauf.

Die Stimmung in beiden Teams war ausgezeichnet, und trotz äu-

ßerster Konzentration und Anstrengung kam mir so manch flotter Spruch über die Lippen. Leichtes Bauchweh hatte ich schon Tage vor der Durchsteigung wegen der vierten Seillänge, die wie alle Quergänge für mich als blinden Kletterer extrem heikel ist. Dort muss man sich in einem zwanzig Meter langen Quergang über eine sehr steile, schlüpfrige Felsplatte an Griffen entlanghangeln, die oft nur zwei Fingerkuppen Platz bieten, und sich waagrecht über einen schwindelerregenden Abgrund hinüberschieben. Ein besonderes Schmankerl für unsere Bergsteiger-Moral war auch die Tatsache, dass auf dieser Kletterroute keine sicheren Bohrhaken, sondern nur vereinzelte, von früheren Begehungen zurückgelassene Felshaken zur Absicherung vorhanden sind. Zu stürzen und dann an einem solch angerosteten Haken zu hängen war ein völlig unkalkulierbares Risiko. Um in diesem Quergang nun keinen kapitalen Sturz von mir zu riskieren, hatten wir uns für diese Seillänge eine besondere Technik einfallen lassen. Markus, der jetzt als Vorsteiger der ersten Seilschaft den Quergang anging, fixierte drüben in derselben Höhe am nächsten Stand das Kletterseil. Sein Partner Andi spannte von unserem Platz aus dieses Seil, so straff er konnte, und fixierte es auch auf unserer Seite. So entstand für mich ein Seilgeländer, an dem ich meinen Karabiner einhängen konnte und als Seilerster meiner Seilschaft, nun doppelt gesichert, den blinden Husarenritt beginnen konnte.
Andi und Sepp kamen anschließend, gesichert von Markus und mir, problemlos über diese Traverse und ich glaubte schon, das Schwierigste hinter mir zu haben. Das zweite Wanddrittel wartete mit leicht zurückgelehnten, wunderbar zu kletternden Felsen auf. Ab hier bildete nun Sepp mit mir die Führungsseilschaft, und mit Genuss flogen wir die nun leichten Seillängen hinauf. Der dritte und letzte Knackpunkt unserer Tour war für meine Freunde schon erkennbar: ein dreißig Meter hoher, leicht überhängender Risskamin, der mit Griffen und Tritten geizte. »Aber bis dahin ist es noch ein Stück«, meinte Sepp und arbeitete sich beherzt höher. Immer wieder gingen lustige Scherze zwischen unseren Seilschaften hin und her, und wenn das Klettern nicht gewesen wäre, hätten wir genug zu lachen gehabt.

In gut halber Wandhöhe legte Sepp vielleicht den Grundstein für die sich anbahnende Tragödie, weil wir durch einen kleinen Fehler einiges an Zeit verloren und etwas unter Druck gerieten. Wir wussten, dass wir in diesen langen Riss hinein mussten, dessen unteres Ende aus unserer Perspektive aber nicht zu sehen war. Sepp stieg etwas zu weit rechts in die nun wieder steileren Felsen ein und erkannte erst von weiter oben, dass er den eigentlichen Weg um zehn Meter verfehlt hatte. Er gab unserer zweiten Seilschaft hinter mir Bescheid, und so gelangte Andi mit Markus punktgenau in die richtige Rissreihe, wo sie am Standplatz vor der letzten Schlüsselstelle auf uns warteten. Da ich mit Sepp am Seil verbunden war, musste ich erst, genauso wie er, zu weit rechts, parallel von Andi und Markus in eine steile Felswand steigen, bis ich ungefähr auf ihrer Höhe war. Von dort versuchte ich nun, die zehn Meter horizontal nach links zur richtigen Route zu queren, was in dieser Steilheit kein Honiglecken für mich war. Meine Nerven waren ziemlich angespannt, weil unter meinen Füßen ständig kleine Tritte ausbrachen und weil ich nicht wusste, ob Sepp, zehn Meter über mir, wirklich einen perfekten Standplatz an dieser brüchigen Stelle gebaut hatte. Falls das nicht der Fall war und ich stürzen würde, wäre ein Seilschaftssturz über 350 Meter in die Tiefe vorprogrammiert. In diesem Bewusstsein zirkelte ich meinen Körper ganz behutsam immer weiter nach links und war froh, dass Andi von seinem Standplatz aus zusehen und mir Tipps geben konnte.

Nach einer mir ewig vorkommenden Zeitspanne hatte ich es wirklich geschafft, zu Markus und Andi zu gelangen, und wiegte mich wieder in Sicherheit. Für Sepp schien es keine große Schwierigkeit zu geben und in wenigen Minuten waren wir alle vier nun wieder in der richtigen Route versammelt. Durch dieses ungeplante Manöver hatten wir die Reihenfolge wieder vertauscht, und Markus und Andi stemmten sich nun als Erste die Rissreihe mit der letzten Schlüsselstelle hinauf. Dabei handelte es sich um zwei Seillängen: Die erste barg eine schwierige, glatte Stelle im überhängenden Riss, der nach oben, in der zweiten Seillänge, die um einiges einfacher zu erklettern war, als zirka ein Meter breiter

Kamin auslief. Dieser Kamin, der sich wie eine Kluft senkrecht nach oben zieht, war vom Schmelzwasser des darüber liegenden Altschnees recht nass. Es gab dort auch die Möglichkeit, dem nassen Kamin an seiner linken Begrenzungswand, die nicht ganz senkrecht und auch weniger feucht war, auszuweichen, um darüber das letzte, um vieles flachere Wanddrittel zu erreichen.

Wir waren zu diesem Zeitpunkt schon fast vier Stunden in der Wand, und so stärkten wir uns mit einem Schokoriegel und einem kräftigen Schluck aus der Getränkeflasche, bevor Markus in den Riss einstieg. Er kam ziemlich flott darüber hinweg, und auch Andi bereitete diese Stelle anscheinend keine großen Probleme. Nun stieg Sepp am anderen Ende meines Seiles ein, während Markus und Andi sich schon weiter oben der letzten steilen Passage der Tour näherten.

Wie eine Maschine arbeitete sich Sepp mit gleichmäßigem Tempo durch diesen abweisenden, mit grifflosen, abgerundeten Kanten ausgestatteten, zirka 25 Zentimeter breiten Felsriss in leicht überhängendem Terrain höher. Schon bald hörte ich sein übliches Kommando, dass ich nachkommen sollte. Rasch versuchte ich, den Standplatz abzubauen, um die Bandschlingen und Karabiner, die Sepp hier im Felsen verankert hatte, nach oben mitzunehmen. Wenn keine Haken vorhanden sind, versucht der Kletterer als Sicherung sogenannte Bandschlingen, das sind zwei Zentimeter breite und 1,2 Meter lange Schlingen aus extrem reißfestem Material, in Ritzen oder, noch besser, durch kleine Löcher im Fels zu fädeln und mit Karabinern zu verbinden, um so einen Fixpunkt herzustellen. Die erste Schlinge hatte ich schon gelöst, als ich beim Ausfädeln der zweiten einen leichten Widerstand spürte. Wie durch Geisterhand hatte sich ein etwa ein Zentimeter großes Steinchen genau in die vierzig Zentimeter tiefe Felsritze gekeilt, aus der ich die Bandschlinge ziehen wollte. Da war genau so viel Platz, wie die Schlinge breit und das Steinchen groß war, und die beiden verklemmten sich so ungünstig ineinander, dass ich in dem Moment keine Chance hatte, die Schlinge loszumachen und an mich zu nehmen. Mit meinen Fingern kam ich einfach nicht in den schmalen Spalt und durch Rütteln löste sich die Blockade auch nicht. Und Sepp rief schon zum zweiten Mal, dass ich nachkommen sollte.

Mir wurde die Sache langsam unangenehm, und so versuchte ich mit allen Regeln der Kunst, das verdammte Zeug endlich aus der Ritze zu bekommen, was mir dank eines Spezialwerkzeugs, das ich für solche Fälle am Klettergurt hängen hatte, dann auch wirklich gelang. »Wenn alles immer so einfach wäre wie die Schlüsselstelle«, sagte ich zu Sepp, als ich meinen Körper durch den engen Riss zu ihm hinaufzwängte.

Die Stimmung war nun fast auf dem Höhepunkt, weil wir die schwierigen zehn Seillängen nun hinter uns wussten und nur noch eine mäßig anspruchsvolle und sechs einfache Seillängen bis zum Gipfel vor uns hatten. Markus und Andi waren inzwischen schon einige Meter höher als wir, weil dieser Standplatz, an dem Sepp mich sicherte, alles andere als ein guter Standplatz war und nicht genügend Platz für vier Bergsteiger bot.

In einer Steilrinne eingezwängt, in der uns zu beiden Seiten glatte, aufstrebende Felsen jeglichen Halt für die Füße verwehrten, standen Sepp und ich da, und es dauerte nicht lange, bis mein Freund mir wohlwollend auf die Schulter klopfte und weiterstieg. Ziemlich zügig schwang sich Sepp über diesen sechs Meter hohen Felsriegel, der ihm oberhalb noch den Himmel verdunkelte, und ich hatte Mühe, das Seil so schnell auszugeben, wie Sepp über mir kletterte.

Um speziell in einer neuen Route jederzeit Bescheid geben zu können, wie viel Seil mein Partner schon ausgeklettert hat und wie weit er in dieser Seillänge noch kommen würde, zähle ich jeden Meter genau, den ich meinem Vorsteiger von unserem Seil gebe. Denn etwas vom Schlimmsten, was dem Kletterer im Vorstieg passieren kann, ist, wenn er an einer heiklen Stelle klebend von unten erfährt, dass nun das Seil zu Ende sei und er einen Standplatz bauen solle.

Ich hatte gerade zwölf Meter von unserem Kletterzwirn mit Sepp nach oben geschickt, als ich das beruhigende Klicken des Karabiners hörte, den er soeben in eine Zwischensicherung eingeklinkt hatte. Der Seilbewegung zufolge, die ich zwischen meinen Fingern spürte, kletterte Sepp in gleichmäßigem Tempo weiter aufwärts unseren Freunden Andi und Markus hinterher, die zu diesem Zeitpunkt allerdings außer Sichtweite waren. Die beiden hatten diese letzte steile Länge gut hinter sich gebracht und warteten oben am nächsten Standplatz auf uns, wo sich dann flacheres Gelände zum Gipfel hochzog. Nach genau 34 Metern Kletterseil, das ich bereits ausgegeben hatte, gab es oben anscheinend eine kleine Unregelmäßigkeit, weil die Seilbewegung plötzlich stoppte. Beim Klettern mit einem eingespielten Partner fragt man nicht gleich bei jeder Unregelmäßigkeit, was los sei, weil das den Mann am anderen Ende des Seiles nur unnötig unter Druck setzen würde. Stattdessen verharrt man geduldig und konzentriert sich auf seine eigene Aufgabe, den Freund zu sichern, bis das befreiende Kommando zum Nachsteigen kommt. Ich dachte mir, er wird gerade eine Zwischensicherung anbringen oder vielleicht gar schon den Standplatz erreicht haben, um mir gleich Bescheid zu sagen. Worte wurden in dieser Seillänge so gut wie keine zwischen Sepp und mir gewechselt und ich nahm an, dass alles in bester Ordnung sei.

Nach etwa dreißig Sekunden absoluten Stillstands vernahm ich über mir wieder Geräusche.

Es ging alles rasend schnell.

Erst hörte ich einen dumpfen Schlag, ungefähr so, als würde jemand aus gut zwei Metern Höhe mit den Sohlen auf dem Boden landen.

Dann wieder fünf Sekunden Stille.

Ich rief gerade zu Sepp hinauf, was los sei, weil ich fürchtete, dass er vielleicht beim Hantieren seinen Rucksack verloren hätte und dieser nun auf mich herunterstürzen könnte.

Plötzlich ein zweiter, wesentlich leiserer Schlag, als ob jemand dreißig Meter über mir umfallen würde, und dann begann ein derart grausiges Ächzen, Zerren und Schürfen, dass ich es bis zum heutigen Tag jederzeit aus meinem Tongedächtnis abrufen kann. Ganz verhaltenes Murmeln, wie das eines Selbstgespräches, mischte sich unter das auf mich zukommende und äußerst bedrohlich wirkende Geräusch eines abstürzenden Körpers. In die-

sem Bruchteil der Sekunde war mir klar, dass es sich nun um eine extrem gefährliche Situation handelte und ich mich mit aller Kraft in diesen glitschigen Felsen festbeißen musste und nur bloß nicht das Seil auslassen durfte. Das passierte ausgerechnet an jenem Standplatz, der der schlechteste und unzuverlässigste der gesamten Route war. Sepp hatte eine Bandschlinge mit einem nur wenig vertrauenerweckenden Haken mit einem mobilen Sicherungsgerät verbunden, das auch nur so recht und schlecht in einer flachen Felsritze hing. Mir war klar, dass dieser Standplatz einem Sturz aus großer Höhe wahrscheinlich nicht standhalten konnte und somit auch ich unmittelbar vom Absturz betroffen war. Ich hatte in den letzten Stunden mit meinen Fingern und Füßen jeden Vorsprung und jede Stufe der 400 Meter hohen Wand, die nun senkrecht unter mir drohte, abgegriffen und wusste haargenau, welche Perspektive das für mich jetzt bedeutete. Ich zählte die Sekunden und erwartete einen gewaltigen Ruck am Seil, mit dem ich Sepp abfangen wollte.
Zwischen der sechsten und der siebten Sekunde huschte etwas ganz knapp über meinen Körper hinweg, was mir ein Schwall von plötzlich verdrängter Luft verriet. Das Kratzen und fürchterlich schleifende Getöse hörte ungefähr sechs Meter über mir abrupt auf, weil dort von oben aus gesehen die Wand in die Senkrechte überging und eine Kante, ähnlich einer Sprungschanze, bildete.
Statisch wie ein Schraubstock hielt ich das Bremsseil in beiden Händen, nachdem ich zuvor noch versucht hatte, möglichst viel Seil durch das Sicherungsgerät zurückzuziehen, um die Fallhöhe etwas zu verkürzen. In den nächsten Zehntelsekunden würde sich herausstellen, ob Sepp vor seinem Sturz oben eine solide Zwischensicherung eingehängt hatte und ob der Standplatz diese Wucht aushielt. Andernfalls würde das Schicksal seinen Lauf nehmen und Sepp würde mich, wenn er die gesamte Länge des von mir ausgegebenen Seiles hinuntergestürzt war, zwangsläufig aus dem Stand reißen und mitnehmen, weil das andere Ende unseres Kletterseiles in meinen Gurt eingebunden war. In diesen Augenblicken fühlte ich trotz der Aussichtslosigkeit meiner Situation eigenartigerweise überhaupt keine Angst oder Panik.

Ich vertraute nur, wie ich es in extremsten Grenzsituationen oft mache, dem Schöpfer, dass er alles im Griff habe. Lange schon habe ich verstanden, dass wir Menschen uns nicht einbilden sollten, auf dieser Welt alles und jeden kontrollieren zu können, und so darf man schon mal dem da oben das Steuer übergeben.

Noch eine ganze Sekunde, noch eine und noch eine, es kam einfach kein Ruck auf mein Seil, das ich konzentriert in meinen Händen hielt. Wenn das Seil durch die Zwischensicherung über mir durchlief, würde ich Seilzug von oben bekommen; wenn die Sicherung über mir gerissen wäre oder gar nicht eingehängt worden war, würde Sepp direkt in meinen Standplatz stürzen und der Zug ginge direkt nach unten. Doch auch nach zwanzig Sekunden hing das Seil immer noch im leichten Bogen ohne Spannung nach oben, als ob Sepp über mir stünde und gar nichts passiert sei.

Ich begann an meiner Wahrnehmung zu zweifeln und rief Sepps Namen laut nach oben.

Keine Reaktion.

Ich ging im Geist alle möglichen Varianten des soeben Erlebten durch und empfand die leise Hoffnung, dass Sepp tatsächlich nur seinen Rucksack verloren hatte, der dicht über mich hinweg in den Abgrund gefallen war. Sepp wird jetzt oben stehen und ganz einfach zornig sein, weil sein gutes Stück, das ihn auf so vielen Bergtouren begleitet hatte, nun in der Tiefe verschwunden war.

Ich rief immer und immer wieder zu ihm hinauf und bekam keine Antwort. Von Mal zu Mal drückte mir die Gewissheit mehr auf die Seele, meinen lieben Sepp für immer verloren zu haben.

Es mochten vielleicht fünf Minuten vergangen sein, als ich von oben die Stimme von Andi hörte. Er hatte sich nach meinen Rufen wieder zu uns abgeseilt, um nachzusehen, was bei uns los war. Aus zwanzig Metern Entfernung erkannte er sofort die Situation und machte meine letzte Hoffnung zunichte, dass Sepp noch oben stünde und sich wegen seines Ärgers über seinen verlorenen Rucksack nicht meldete.

Andi klärte mich auf, dass unser Seil, das von mir aus locker nach oben führte, ungefähr dreizehn Meter über mir im spitzen Winkel geknickt sei und straff nach unten verlaufe. Das hieß für mich,

dass Sepp unter mir hängen würde und sich das Seil bei diesem Knickpunkt so verklemmt haben musste, dass ich deshalb keinen Zug auf dem Seil bekam. Andi seilte sich, so weit sein Seil reichte, zu mir ab, um mehr Überblick zu bekommen. Er kam dabei genau an der Stelle vorbei, wo das Seil geknickt war und stramm nach unten zeigte. Es war tatsächlich so, dass sich das Seil von Sepp wenig oberhalb des letzten von ihm eingehängten Hakens so ungünstig zwischen der Wand und einer vorstehenden, zwanzig Zentimeter großen Felsnase eingefressen hatte, dass es nicht einmal zehn Pferde geschafft hätten, es da wieder herauszuziehen.
Wenn man sich vorstellt, im Vorstieg zu klettern, und plötzlich stoppt einen das Seil, dann hat man zwei Möglichkeiten: den Strick durch Schwingbewegungen aus der Furche zu befreien oder wieder abzuklettern und mit einer Hand das Seil aus der Ritze zu fieseln. Sepp hatte vermutlich die Situation unterschätzt und zwanzig Meter oberhalb in der Begrenzungswand des nassen Kamins freistehend versucht, das Kletterseil durch Schwingbewegungen zu lösen.
In diesen Sekunden realisierte ich glasklar, dass mein Freund Sepp höchstwahrscheinlich fünf Minuten zuvor von dieser Welt gegangen war. Den Geräuschfolgen des Sturzes nach, die ich in allen Einzelheiten auflösen konnte, erschien es mir unmöglich, dass mein lieber Freund diesen vierzig Meter tiefen Absturz überlebt haben könnte. Ich versuchte nun, diese bittere Tatsache anzunehmen, wie ich in meinem Leben schon so manche Sinnlosigkeit hatte annehmen müssen.
Für einen Sehenden wäre das Leben wahrscheinlich schon sinnlos, wenn er ohne Augenlicht sein Dasein fristen müsste. Meine Sinnlosigkeitsschwelle, so nenne ich diesen Pegel, ab dem eine Sache keinen Sinn mehr hat, ist naturgemäß höher als bei meinen Mitmenschen und vermutlich kann ich deshalb mit solch extrem schlimmen Situationen Gott sei Dank etwas anders umgehen.
Weil ich nicht wissen konnte, ob der Sturz von Sepp nicht noch weitergehen und er mich mit dem Kletterseil mit in die Tiefe reißen würde, hatte ich mich längst aus dem Seil gebunden und stand nun frei in dieser steilen Nordwand. Den Blick hatte ich

nach unten in diesen unheimlichen Riss gerichtet, den wir kurz zuvor hochgeklettert waren, und ich begann, mich unter Tränen halblaut, aber ganz bewusst von Sepp zu verabschieden.
Ich sprach mit ihm über all die Dinge, die mich an ihm so gefreut hatten, und sagte ihm auch, dass ich ihm so vieles verdankte. Mir war vollkommen klar, dass mich Sepp, wenige Meter unter mir, gar nicht mehr hörte, trotzdem musste ich ihm meine Gefühle offenbaren, und wenn es nur für meine eigene Psyche war. Ich fühlte mich selten so stark und lebenswillig wie in diesen Minuten, und so schickte ich auch noch ein Gebet zum lieben Gott, der ganz sicher hier dabei gewesen war, dessen Pläne aber für uns Menschen oft ganz unverständlich sind. Andi stand jetzt fünf oder sechs Meter über mir und bestätigte mir, was ich sowieso schon wusste. Er schilderte mir, dass er Sepp acht Meter unter mir ganz frei hängend im überhängenden Riss sehen konnte. An seiner Körperhaltung konnte er erkennen, dass Sepp zumindest bewusstlos war und es nicht gut um ihn stand. Andi versuchte, mir diese schockierende Tatsache möglichst schonend beizubringen. Ich sagte ihm, dass es jetzt nur noch um uns ginge und dass wir aufpassen müssten, in der Panik nicht noch einen Fehler zu machen. Andi hatte schon sein Telefon in der Hand und alarmierte die Bergrettung. Nebelschwaden zogen um die Wand, und es war nicht sicher, ob sich der Rettungshubschrauber überhaupt der Unfallstelle nähern konnte.
In diesem Augenblick dachte ich vor allem an eines: Ich musste unbedingt direkt nach der Bergung nach Hermagor fahren, um Sepps Frau und seinen Kindern persönlich mitzuteilen, was geschehen war. Ich war seiner Frau zuvor nur zweimal begegnet und hatte keine Ahnung, wie sie wohl auf die Katastrophe reagieren würde. Das war mir in meinem Zustand allerdings egal. Ich wusste nur, dass ein direktes Gespräch, vor allem auch über die letzten Stunden ihres Mannes, niemals falsch sein konnte.
Dann bekam ich einen Schüttelfrost, weil ich mich doch in einer extremen Ausnahmesituation befand und schon einige Zeit bewegungslos dort an der Felswand klebte. Meinen Pullover aus dem Rucksack zu fingern, war in meiner ungesicherten Position kein

Kinderspiel. Diesen über den Kopf zu ziehen, ohne dabei den Rucksack zu verlieren, brachte mich beinahe aus dem Gleichgewicht. Andi versuchte immer wieder, sich noch weiter zu Sepp abzuseilen, um ihm zu helfen, aber sein Seil endete wenige Meter über meinem Kopf. Ich bat ihn, keine riskanten Manöver mehr zu machen, weil ich den Hubschrauber schon hören konnte.
Wenige Minuten später hing ich mit zwei Flugrettern am Bergeseil unter dem Helikopter, der uns in einer wunderbaren Wiese mit Almblumen gleich neben dem Güterweg zur Karlsbaderhütte absetzte. Der Flugarzt, der soeben meinen verunglückten Freund untersucht hatte, sprach mich leise an und wollte mir umständlich erklären, wie es um meinen lieben Freund Sepp stand, der nur zwei Meter neben mir auf dem Rasen lag und mit einer Decke zugedeckt war. Doch ich gab dem Arzt zu verstehen, dass ich mich bereits eine halbe Stunde zuvor damit abgefunden hatte, dass Sepp wahrscheinlich an einer schweren Kopfverletzung gestorben war.
Der Arzt konnte mir das nur bestätigen und gab mir seine Hand. Ich wurde, wie meist in solchen Ausnahmesituationen, sehr pragmatisch: Vom Flugretter verlangte ich vor einer Schar Schaulustiger den Autoschlüssel von Sepp, der in einer Außentasche seines Rucksacks verstaut war. Mir war es ziemlich wichtig, das Auto von Sepp noch an diesem Tag nach Hermagor bringen zu lassen, weil ich wusste, dass seine Frau darauf angewiesen war. Die Bergemannschaft wollte mich genauso wie Sepp mit dem Hubschrauber ins Tal transportieren, damit ich der Polizei den Unfallhergang schildern konnte. Das lehnte ich jedoch ab und rief stattdessen meine Frau Sabine an. Ich bat sie, mich unten bei der Dolomitenhütte abzuholen. Der Wirt der Karlsbaderhütte war so nett, mich dorthin zu bringen. Auf dem Vorplatz der Dolomitenhütte stand bereits eine kleine Menschenmenge, die sich über das Unglück unterhielt, das da oben gerade passiert war. Als ich näher kam, verstummten die Gespräche und ich spürte die unangenehmen Blicke der Leute, die – vielleicht wegen meiner Blässe – realisierten, dass der Holzer Andy mit dem spektakulären Absturz in der Nordwand wohl etwas zu tun gehabt hatte. Wie ein Engel erschien

mir da der Blasl Sepp, der mich am Arm nahm und die 200 Meter zum Parkplatz begleitete, wo bereits meine Frau mit unserem Freund Reinhard wartete, der das Steuer von Sabines zittrigen Händen übernommen hatte.

Der Blasl Sepp ist hier in der Nähe zu Hause und wegen seiner bemerkenswerten Laufbahn als Erstbesteiger von zwei Achttausendern sowie einiger Extrembesteigungen, von denen es bis heute fast keine Wiederholung gibt, kein Unbekannter. Er war der Lehrmeister von Reinhold Messner und hatte nicht nur einmal in seinem Bergsteigerleben so ein schreckliches Erlebnis verarbeiten müssen, wie es mir an diesem Tag widerfahren war. In so einem Zustand tut es gut, mit Menschen zu sprechen, die Ähnliches erlebt haben.

Bevor Sabine mich in die Arme nahm, übergab ich dem Blasl Sepp noch den Autoschlüssel von meinem lieben Freund und bat ihn, den Wagen hinunter ins Tal zu bringen.

»Schön, dass du da bist«, waren Sabines erste Worte, und ich meinte ganz spontan, dass ich weiterhin in die Berge gehen wolle.

»Das darfst du auch«, sagte sie.

Mehr als drei Stunden lang quälte mich der Polizist in seiner Amtsstube, um jedes Detail aus mir herauszuquetschen. Als ich meine Geschichte zum dritten Mal erzählen musste, platzte mir der Kragen. Es war schon Abend geworden und Berti, die Frau von Sepp, saß in Hermagor und wusste wahrscheinlich noch gar nichts vom Tod ihres Mannes. Der Beamte beruhigte mich und meinte, dass seine Kollegen in Hermagor Frau Voithofer bereits informiert hätten.

Da wurde es mir zu viel.

Von der Polizei sollte Berti erfahren, was ihrem Sepp widerfahren war? Ich bat den Polizeibeamten, den Telefonapparat auf seinem Schreibtisch benutzen zu dürfen, weil ich das dringende Bedürfnis verspürte, Berti persönlich zu sagen, wie schrecklich alles war und wie sehr ich es bedauerte. Im selben Moment klingelte der alte schwarze Kasten, und mein Gegenüber begann, etwas verunsichert in den Hörer hineinzustottern. Obwohl ich Berti kaum kannte, erkannten meine hochsensiblen Ohren doch ihre Stimme am anderen Ende der Leitung, woraufhin ich dem Beamten das Telefon aus der Hand nahm. Berti war ganz verwundert und beruhigt, dass ich überhaupt noch lebte. Vor einer Stunde, so erzählte sie mir, sei die Polizei bei ihr gewesen und habe ihr gesagt, dass die Seilschaft mit ihrem Mann am Nachmittag tödlich verunglückt sei. Berti kam mir überraschend gefasst vor.

Bevor ich auflegte, versprach ich ihr, noch am Abend vorbeizukommen. Nach langem Hin und Her durfte ich die Wachstube gegen 22 Uhr verlassen und ich war froh, nun endlich nach Hermagor zu Sepps Familie fahren zu können.

Als ich das Haus betrat, die steile, enge Treppe nach links hinaufging und die Türklinke zu Sepps Wohnung in der Hand hielt, spürte ich ganz tief in mir drin, dass ich das Richtige tat. Da war keine Angst, kein schlechtes Gefühl, nein, nur das Bedürfnis, meine schwere Last mit Berti und ihren Kindern zu teilen.

DOPPELBLINDE SEILSCHAFT

ZEITDRUCK TRÜBTE MEINE VORFREUDE auf die Nordwand der Kleinen Zinne, eine klassische Klettertour im vierten Schwierigkeitsgrad, zu der ich mich an einem Samstag mit Peppi verabredet hatte. Denn genau an diesem Samstag sollte ich nachmittags um siebzehn Uhr mit meinem Dolomitenduo wieder für ein Brautpaar und dessen Gäste aufspielen. Um pünktlich zu der Hochzeitsfeier zu erscheinen, hatte ich mich mit Peppi schon um fünf Uhr in der Früh für die Tour verabredet. So stand ich also pünktlich mit gepacktem Rucksack abfahrtbereit vor der Haustüre – und wartete fünf Minuten, zehn Minuten, zwanzig Minuten. Um halb sechs schlich ich verärgert zurück in die Wohnung und rief Peppi einigermaßen wütend an.

Peppi hatte seinen Wecker um eine Stunde zu spät gestellt und meinte, er sei in zwanzig Minuten bei mir. Ich sagte zu ihm, dass wir die Tour nun vergessen könnten, weil wir schon eine ganze Stunde kostbarer Zeit verloren hatten. Peppi schlug daraufhin vor, mit dem Motorrad zur Kleinen Zinne zu fahren, so würden wir die verlorene Zeit wieder hereinholen. Er fegte durch den noch dunklen Morgen, und ich als Sozius war jeden Moment darauf gefasst, dass uns ein Wild vor die Maschine sprang. Immer rasanter schnitt Peppi die Kurven und ich roch schon die Tannenzweige vom Waldrand, die uns oft gefährlich nahe kamen. Nach einer guten Stunde Teufelsritt auf diesem Feuerstuhl gingen wir hastig in Richtung Einstieg zur Kleinen Zinne. Peppi stieg gerade zehn Meter in der ersten Seillänge über mir, da kamen von links drei Leute zu meinem Standplatz. Den Geräuschen nach war mindestens ein Profi darunter. »Oh, ein Bergführer?«, fragte ich den Typen neben mir.

»Ja, ich bin der Martin und ich habe zwei Gäste am Seil.«

Ich klärte ihn schnell über mein Handicap auf und schon rief Peppi von oben, dass ich nachkommen solle. Der Bergführer war

verblüfft. Er konnte sich zwar einen Blinden im Schwimmbad, aber niemals in dieser steilen Wand vorstellen. Fünf oder sechs Meter war ich schon über ihm, als er mir zurief, dass er mich gerne einmal durch eine schöne Dolomitenwand führen würde.
Leider verloren wir uns im Laufe der vierstündigen Tour wieder aus den Augen und ich war froh, als ich am Nachmittag zehn Minuten vor meinem Auftritt wohlbehalten zu Hause ankam. Die Hochzeit war lustig und die Gäste tanzten vergnügt, aber das war mir im Moment nicht so wichtig. Ich musste herausfinden, wie ich diesen Bergführer an die Strippe bekommen konnte. Am nächsten Tag wählte ich die italienische Telefonnummer eines Südtiroler Bergführers, dessen Frau ich einmal bei einer Schitour getroffen hatte. Weil mich die Aussprache von Martin eindeutig an den Slang der Menschen aus dem Südtiroler Pustertal erinnerte, konnte ich seinen Wohnort grob eingrenzen. Ich erfuhr, dass es in Niederdorf, einem netten Örtchen westlich von Toblach im Pustertal, einen Martin gebe, der Bergführer sei. Es dauerte nicht lange, und ich hatte Martin am Telefon, der begeistert war, dass ich mich bei ihm meldete. Sofort kam er auf sein Angebot zurück, und so vereinbarten wir eine gemeinsame Klettertour. Zum allerersten Mal hatte ich einen richtigen Profi an der Angel. Bis jetzt hatten sich solche Kapazunder der Bergwelt höchstens über mich aufgeregt, weil sie mich für verrückt hielten. Dass Martin meine Bergsteigerei akzeptierte, machte mich stolz und tat meinem Selbstbewusstsein gut.
Am 18. September 2003 stand Martin mit mir beim Einstieg in die Westwand der Großen Zinne. Vor uns hatten wir eine steile Tour im oberen fünften Schwierigkeitsgrad. Martin brachte zur Sicherheit noch Alfred und Hansi als zweite Seilschaft mit. Diese Kamin- und Risskletterei, bei der man seine Arme und Beine wie eine Spinne ordentlich spreizen muss, kam mir sehr entgegen, und schon nach zweieinhalb Stunden saß Martin mit mir beim Ausstieg der Dülferführe, wo wir eine ganze Weile auf Alfred und Hansi warteten. Martin tat dasselbe wie der Bruckner Hans in so einer Situation: Er deutete enthusiastisch auf all die umliegenden Gipfel und erklärte mir jede Einzelheit. Nachdem er mir das kom-

plette Panorama erläutert hatte, fiel ihm ein, dass da ein Blinder neben ihm hockte. Nun war es an mir, Martin zu erklären, wie ich das Panorama und die Bergwelt aufgrund seiner Beschreibung wahrnahm:

»Schon an deiner Stimmlage erkenne ich, ob es sich bei diesem oder jenem Gipfel um einen langweiligen Grasmugel oder um einen spektakulären Felszacken handelt, den es zu besteigen lohnt. Die Sonne in meinem Gesicht verrät mir die Himmelsrichtung und ich höre an deiner Atmung, in welche Richtung du schaust. Die Daten, die du mir zu den verschiedenen Geländeformationen lieferst, machen die Landkarte in meinem Sehzentrum komplett.«

Im Zuge seiner Ausführungen fragte ich neugierig dazwischen, ob man von der Nordwand der Großen Zinne auch auf dieses Ringband aussteigt, auf dem wir gerade saßen. Die Natur hat die Große Zinne so geformt, dass fast ganz oben ein zirka ein Meter breites Schotterband ähnlich einem Balkon ohne Geländer um die ganze Zinne herum verläuft. Da gab mir der Martin seine Hand: »Andy, wenn du die Nordwand machen möchtest, mit dir steig ich auch in die Nordwand ein.« Martin hat mir damit eine Tür zu einer Welt geöffnet, von der ich angenommen hatte, dass sie nur den ganz großen, kerngesunden Alpinisten vorbehalten war.

Ich war jedoch nicht in der Lage, das Angebot von Martin gleich anzunehmen. Eine alpine Klettertour durch eine 600 Meter hohe Wand im Schwierigkeitsgrad VII, das war für mich zu viel. Anderseits war da jemand, der es mir angeboten hatte, und es lag nur noch an mir selber, ob ich in diese neue Kategorie aufsteigen wollte oder nicht. Sabine stand stundenlang an der Trainingskletterwand, wo ich mich einige Wochen lang im Schwierigkeitsgrad VII herumquälte. Im Sommer 2004 hatte ich den nötigen Mut und die Zuversicht, mit Martin in die extreme Mauer der Großen Zinne einzusteigen. Er führte mich schließlich am 15. August 2004 im Morgengrauen zum Einstieg der Comici-Route an der überhängenden Nordwand der Großen Zinne. Wir waren sechs Kletterer und bildeten zwei Dreierseilschaften.

Wegen der Kälte drohte mein Griff- und Trittortungssystem zu

versagen, weil meine Fingerkuppen nur noch diffuse Meldungen über die Felsbeschaffenheit ans Gehirn leiteten. Es fühlte sich für mich an, als ob ich eine Glasscheibe abtasten würde, und ich konnte nicht einschätzen, ob ich gleich abrutschen würde oder nicht. Trotzdem ging es immer wieder einige Zentimeter weiter. Martin zeigte seine großartigen Qualitäten als Bergführer und mir war so, als ob er durch das uns verbindende Seil ganz genau spürte, in welcher Zehntelsekunde ich zauderte und um wie viel er den Strick nachziehen sollte. Wir waren alle begeistert, dass man sich in so einer gewaltigen Mauer überhaupt halten, ja sogar fortbewegen konnte. Doch die Abgegriffenheit des Felsens war ein Problem für mich. Meine Kletterschuhe hatten auf diesem glitschigen Fels, der sogar quietschte, wenn ich die Sohle darauf stellte, keinen Halt. Ich hörte die Seilschaften in der links von uns verlaufenden Hasse-Brandler-Route genauso wie in der Demuth-Kante der Westlichen Zinne, die etwa hundert Meter rechts von uns in die Höhe ging. Durch diese Akustik vervollständigte sich das Bild von der Position der Nordabstürze der Drei Zinnen in meinem Kopf. Nach der zehnten Seillänge waren wir beim sogenannten Italiener-Biwak, einer kleinen Flachstelle in der Wand, wo einst eine der italienischen Pionierseilschaften in der Nordwand übernachtet hatte.
Als wir bei jenem Ringband ankamen, von dem mir Martin nach unserer ersten gemeinsamen Tour erzählt hatte, hielt er eine nächste Überraschung für mich parat: Er schlug mir vor, eine Filmproduktion über mich zu machen.
Was er an diesem Tag in den Bergen an gelebter Leidenschaft und Körperbeherrschung mit einem Blinden erlebt hatte, sollten sich die Menschen im Tal einmal ansehen. Mit der Öffentlichkeit hatte ich kein Problem, und so stimmte ich seiner Idee euphorisch zu. Dafür suchten wir die Südkante der Kleinen Zinne, die sogenannte »Gelbe Kante« aus. Ein Filmbeitrag von einer Klettertour mit dem blinden Bergsteiger Andy Holzer für das Lokalmagazin »Südtirol Heute« war Martins Wunsch. Hansi, ein exzellenter Hubschrauberpilot, der uns schon in der Westwand der Großen Zinne begleitet hatte, stand uns für die Filmarbeiten zur Verfügung.

Am Drehtag fuhr ich in den frühen Morgenstunden mit Sabine, meinen Eltern und meinem elfjährigen Neffen Marius nach Toblach im Südtiroler Pustertal. Am Parkplatz der Aronco-Hütte an der Südwestseite der weltberühmten Drei Zinnen begannen wir mit den ersten Filmaufnahmen. Dabei musste ich immer wieder über eine langweilige, zirka dreißig Meter lange Schotterstrecke gehen, damit der Kameramann meine Schritte und Fehltritte auch alle auf sein Band bekam. »Die haben ja keine Ahnung, wo wir heute noch hochklettern und uns hochspreizen werden«, dachte ich mir und war nur wegen der zunehmenden Gewitterneigung an diesem Tag etwas beunruhigt. Bis wir überhaupt am Einstieg ankamen, hatten wir schon gute zwei Stunden vertan, und erst gegen zehn Uhr vormittags fingen wir an zu klettern. Dazwischen wurden so viele Interviews und Einstellungen gedreht, dass auch mein Vater mit seinen 77 Jahren kein Problem hatte, uns zu folgen.
Die Felsen waren eiskalt und ich spürte genau wie in der Nordwand der Großen Zinne nur eine glasglatte Fläche unter meinen Fingerkuppen. Alfred und Peppe, zwei Kletterfreunde von Martin, die uns und das Fernsehteam unterstützten, kletterten die Seillängen immer halbversetzt vor uns, damit Peppe mit einer kleinen Kamera einige Nahaufnahmen von mir machen konnte. Bei interessanten, überhängenden und spektakulären Stellen bestellte Martin per Funk Hansi mit dem Hubschrauber, auf dessen Kufe die zweite Kamera mit dem Kameramann des ORF saß und beeindruckende Einstellungen von oben einfing. Bis gegen Mittag verlief alles plangemäß. Plötzlich rief Martin zu mir herunter: »Andy! Da ist ein Kletterer neben mir am Standplatz, der reagiert überhaupt nicht und lässt mich auch nicht an die Standhaken ran!« Wenig später, als ich bei Martin angelangt war, warnte er mich noch einmal vor diesem eigenartigen Bergsteiger: »Andy, pass auf, er steht jetzt zwei Meter links von dir, und nicht einmal auf meine Handzeichen hat er reagiert.«
Ich kletterte die zwei Meter nach links, und ganz vorsichtig versuchte ich herauszufinden, wie viele Zentimeter ich noch von seinem Fuß entfernt war. Man spürt als blinder Mensch recht gut

die Wärmeausstrahlung eines anderen und kann sich damit etwas orientieren. Noch zwanzig Zentimeter, noch zehn, noch fünf, und dann berührte ich mit meiner linken Hand sein Hosenbein. »Excuse me«, sprach ich ihn an, und sein »You are welcome« kam prompt zurück. Da wurde mir klar, warum Martin mit ihm nicht hatte reden können. Martin konnte damals noch kein Englisch. »Hi guys!«, hörte ich da jemanden zwanzig Meter weiter oben zu uns herunterrufen. Das musste der Seilpartner des reglosen Mannes neben mir sein. »Sorry, my friend is blind«, rief er zu uns herunter. Mir stockte der Atem. »Da ist doch tatsächlich noch ein Wahnsinniger, der sich im Dunkeln die Gelbe Kante herauftastet«, dachte ich mir und musste dabei ganz schön das Gesicht verzogen haben.

Martin, der die Erklärungen des Kletterers über uns nicht ganz verstanden hatte, fragte mich nämlich, was denn da los sei. Darauf sagte ich: »Martin, jetzt wird es peinlich. Wir wollen dem Österreichischen Rundfunk verkaufen, dass es etwas Besonderes und Einmaliges ist, wenn sich ein blinder Bergsteiger über die Gelbe Kante zum Gipfel der Kleinen Zinne wagt. Und nun? Nun haben wir zwei blinde Kletterer in der Route.«

»Ach, und ich hab mich schon gewundert, warum der Typ nicht auf meine Handzeichen reagiert hat«, meinte Martin und war nun auch überzeugt, dass sich tatsächlich zwei Blinde in der Wand befanden. Auf meine Frage nach seinem Namen und seinem Herkunftsland antwortete der Mann neben mir freundlich: »My name is Erik and I come from Colorado, USA.«

In meinem Langzeitgedächtnis surrte es eine Weile, bis ich ihn nach seinem bisher höchsten Berg fragte. Als er etwas vom Mount Everest murmelte, wurde mir einiges klar. Im Fernsehen hatte ich einige Jahre zuvor davon gehört, dass es ein Amerikaner als erster blinder Mensch auf den Gipfel des höchsten Berges der Erde geschafft hatte. Und jetzt sollte ich ausgerechnet in dieser abweisenden Steilkante mit meiner linken Hand das Hosenbein dieses berühmten Bergsteigers berühren?

Wir waren uns auf Anhieb sympathisch und vereinbarten sofort, die Tour gemeinsam zu Ende zu bringen. Martin war begeistert

und meldete per Funkgerät hinunter zum Regisseur, dass wir nun zwei Blinde im Film hätten.
Immer mehr bedrohliche Gewitterwolken zogen um unseren Felszacken auf, und zunehmend besorgt erkundigten sich Erik und sein Partner Michael nach den Abstiegsmöglichkeiten von der Kleinen Zinne. Martin und ich hatten mit dem Filmteam abgesprochen, dass uns Hansi mit dem Hubschrauber nach der Gipfelszene direkt von der Spitze abholen und ins Tal fliegen sollte. Doch wir fanden es unmöglich, uns vor den Augen der Amerikaner ausfliegen zu lassen, während diese sich im Gewitter ins Ungewisse abseilen mussten. Daher begannen Martin und ich still und leise, mit unserem Bodenpersonal über die Möglichkeit zu verhandeln, auch unsere amerikanischen Klettergenossen per Hubschrauber ins Tal zu bringen. Nach langem Hin und Her, wer den kostspieligen Sonderaufwand bezahlen sollte und ob es überhaupt noch möglich war, den Gipfel der Kleinen Zinne bei dem Unwetter ein weiteres Mal anzufliegen, kam schließlich über Funk die erlösende Meldung, dass der Rücktransport per Helikopter für alle gewährleistet sei. Wenige Meter unterm Gipfelkreuz kam von Erik wieder die besorgte Frage nach dem Abstieg und ob wir diesen gemeinsam versuchen würden. Ich hielt ihn noch ein bisschen hin und sagte: »Erik, on the summit, I have a little surprise for you.« Gleich nach der Gipfelszene, die ausführlich gefilmt und dokumentiert wurde, fragte ich meinen blinden Freund: »Erik, do you want to fly with me to the base?«
Wie man von einer fast 3000 Meter hohen Felsnadel, deren Gipfelplateau nicht viel größer als ein Küchentisch war, blind in einen schwebenden Hubschrauber einsteigen sollte, war mir allerdings ein Rätsel. In dem Moment, in dem sich Hansi mit seinem Helikopter unserem Gipfel nähern würde, gab es für uns Blinde keine Kommunikationsmöglichkeit mehr, weil der hohe Lärmpegel und der starke Wind der Rotorblätter unsere Wahrnehmung außer Kraft setzte. Aber mein Gehirn sagte mir, dass nur zehn Zentimeter neben meinem linken Schuh die Wand 400 Meter senkrecht in die Tiefe ging. Da sich der Hubschrauber außerdem nur ganz kurz in der gefährlichen Position nahe am Felsen aufhalten konnte und

das Einsteigen ziemlich schnell gehen musste, besprachen wir schon vorher genau, welche Schritte wann zu setzen waren.
Ich bat Martin, mir genau zu sagen, in welche Richtung Bug und Heck des Helikopters bei unserem Einstieg schauen würden. So konnte ich mir ausrechnen, wie ich mich drehen musste, um richtig auf der Sitzbank zu landen. Man durfte sich bei diesem Manöver auf keinen Fall ruckartig oder plump bewegen, weil das schon zu einem Absturz führen konnte. Weiterhin hatte ich mit Martin abgemacht, dass er meine Hand in Höhe der offenen Türe an die Kufe legen sollte, so dass ich mich nur noch im rechten Winkel dazu ins Innere des Hubschraubers ziehen musste.
Da knatterte das Ungetüm auch schon von links unten im Steigflug auf uns zu. Ein fürchterlicher Sturm und Krawall tobte um meinen Kletterhelm, und mir war, als ob ich ganz alleine direkt am Abgrund zur Hölle stünde. Ich ging in die Knie, duckte mich und verharrte in dieser Kauerstellung. Die Zeit blieb stehen.
Wahrscheinlich ging jetzt die Türe auf, wahrscheinlich stieg jetzt Alfred ein, wahrscheinlich stieg …
Ich spürte plötzlich eine Hand, die meine ganz vorsichtig nach rechts vorne zog. Ein wenig musste ich mit meinem Oberkörper nachgeben und schon spürte ich ein vielleicht fünfzehn Zentimeter breites Metallprofil, das direkt am Fels parallel zu der Abbruchkante des Berges schaukelte. Das ist die Kufe, schoss es durch meinen Kopf, und ich musste aufpassen, dass meine Finger nicht zwischen Kufe und Fels gerieten. Mit Kopf und Schultern deutete ich zur Sicherheit ein Fragezeichen an, was Martin mit seinen Augen hoffentlich sehen konnte. Prompt fühlte ich wieder seine Hand und er bestätigte mir mit einem sanften Druck, dass ich an der richtigen Stelle sei und dass ich mich behutsam in den Helikopter schieben sollte. Das war ein Gefühl, als steige man von einem Bootssteg in ein instabiles kleines Ruderboot auf rauer See. Breitbeinig und in leicht geduckter Haltung stand ich nun im Hubschrauber, der mit kleinen Schwankungen exakt auf die verschiedenen Belastungen meiner beiden Beine reagierte. Genau wie ich mir das vorgestellt hatte, ertastete ich mit den Fingern hinter meinem Gesäß die Polsterung der schmalen Sitzbank und ließ

mich vorsichtig darauf nieder. Hansi hielt den Helikopter mit der linken Kufe hart an der Felskante, an der wir einstiegen, während die rechte Kufe draußen 400 Meter über dem Abgrund zitterte. Der Propeller über mir wütete, links vorne knallte der Hubschrauber noch mal kurz an den Felsen, und es war für mich nur schwer vorstellbar, dass das ganze Vehikel nicht kopfüber mit uns in die Tiefe donnern würde. Hansi, der Pilot, signalisierte mir mit einem Klaps auf mein Knie, dass alles okay sei, und schon drehten wir ab, und fast im Sturzflug steuerte er die Maschine hinunter zur Lavaredo-Hütte, wo der Regisseur, Sabine und meine Eltern mit Marius schon auf uns warteten.

EINIGE WOCHEN SPÄTER KLINGELTE gegen zwei Uhr morgens mein Telefon, und Erik aus Colorado, der die Zeitverschiebung nicht bedacht hatte, war am Apparat. Er lud mich zu einer spektakulären Klettertour, einer komplett selbstständigen »Behindertenseilschaft« ein. Bei einem Symposium für Abenteuer trotz Behinderung, dem »No Barriers Dolomiti« im italienischen Cortina, wollten wir mit dieser besonderen Aktion einen aufsehenerregenden Höhepunkt setzen.

> »Es war eine weltweit einzigartige Seilschaft, die sich am 18. Juli 2005 gegen 5.30 Uhr aufmachte, die gefürchtete Cassin Route in der Südwand des Preußturmes, im Gebiet der berühmten Drei Zinnen in Südtirol zu erklimmen. Die Route wird von Kletterexperten als unterer VII. Schwierigkeitsgrad eingestuft. Für den Laien wirkt das Gelände wie eine riesige, ca. 350 m hohe überhängende Felsenmauer. Trotzdem führte der beidseitig beinamputierte Prof. Hugh Herr (40) aus Boston, USA, den 36-jährigen blinden Erik Weihenmayer aus den USA und den 39-jährigen blinden Andreas Holzer aus Osttirol sicher zum Gipfel.«

So beschrieben die Printmedien im ganzen Land unsere Aktion. Riccardo Cassin hatte mit seinen Gefährten die Südwand des Preußturmes im August 1934 als Erster erklettert.
Man braucht schon viel Phantasie und Selbstbewusstsein, wenn

man sich als blinder Mensch mit einem weiteren Blinden und einem Seilschaftsleader, der nicht einmal über eigene Beine verfügt, in eine 300 Meter hohe, abweisende Wand begibt, noch dazu auf einer Route, die nur alte Rostgurken anstatt Bohrhaken zur Absicherung zu bieten hat. Hugh, den ich erst kurz zuvor kennen gelernt hatte, lotste uns trotz seiner Wortkargheit sicher zum Einstieg unter die »Kleinste Zinne«, wo er seine Kletterutensilien penibel ordnete. Am Schuttband, an dem die Cassinführe beginnt, tauschte Hugh seine »Wanderbeine« gegen seine »Kletterbeine« aus. Diese über zwölf Seillängen verlaufende Route fordert den Kletterer bis zum unteren siebten Schwierigkeitsgrad.

Hugh hatte nach einem Kletterunfall im Jahr 1982, bei dem er zwei Tage lang in einem eisig kalten Gebirgsbach zu liegen kam, aufgrund von Erfrierungen beide Beine unterhalb der Knie verloren. Trotzdem hatte er nie die Hoffnung aufgegeben, wieder zum Klettern gehen zu können. Und so beteiligte er sich an der Entwicklung von Spezialprothesen, mit denen er heute seine Visionen von damals verwirklichen kann. Etwa 45 Zentimeter lange und vier Zentimeter dicke Titanstäbe mit kleinen Fußschaufeln, an denen die Klettersohle fixiert ist, verhelfen Hugh Herr zu einer eleganten und sicheren Fortbewegung im Fels. Nur das metallische Klirren, wenn ein Karabiner gegen seine dünnen Unterschenkel stieß, erinnerte uns manchmal an Hughs Behinderung.

Für mich war es das erste Mal, dass ich mit einem anderen Blinden gemeinsam an einem Standplatz werkte. Dabei verfingen sich unsere Hände im Gewirr der Bandschlingen und Karabiner, weil wir ja nie sahen, wo der jeweils andere gerade seine Finger im Spiel hatte. Erik wollte zum Beispiel einen Karabiner aushängen, den ich soeben eingehängt hatte. Wir mussten uns ein eigenes System ausdenken, das Seillänge um Seillänge besser funktionierte, weil wir sehr schnell lernten, noch sensibler auf den anderen zu achten. Unserem hoch konzentrierten und immer ernsten Hugh, der uns Lichtlose von seinem Standplatz aus gut bei der Arbeit beobachten konnte, kam ab und zu ein halblauter Lacher heraus, und während dieser waghalsigen Klettertour wuchs zwischen Erik, Hugh und mir ein Vertrauensverhältnis, wie es vermutlich nur in einer solch speziellen Situation entstehen kann. Nach guten fünf Stunden meinte Erik zu mir: »Andy, the last pitch«, was bedeutete, dass nur noch eine Seillänge bis zum Gipfel vor uns lag. Ich langte mit meiner Hand hinauf, um die letzten Meter zum Gipfel hochzuklettern – und griff ins Leere. Erst als ich Erik und Hugh kichern hörte, merkte ich, dass ich auf ihren Scherz hereingefallen war: Wir waren schon ganz oben angekommen.

Im Jahr darauf wurden wir nach Feltre in Norditalien eingeladen. Dort sollten wir vor großem Publikum geehrt werden und einen ganz besonderen Preis entgegennehmen: einen Preis für die außergewöhnlichste Seilschaft in den Dolomiten im Jahr 2005. Erik wurde dafür extra aus den USA eingeflogen. Ich war der Meinung, dass er nicht nur wegen der einen Ehrung nach Europa kommen sollte, und sagte ihm, ich hätte da schon eine feine Idee: »Wie wäre es, wenn wir ein fünfzig Meter langes Seil nehmen und an jedes der beiden Enden einen blinden Kletterer einknüpfen würden?« Erik, ebenso wie ich immer offen für Neues, war auf Anhieb begeistert. Ich schlug ihm vor, eine richtige Klettertour in den Dolomiten im Schwierigkeitsbereich V sowohl im Auf- als auch im Abstieg als erste blinde Seilschaft zu versuchen. Ganz ohne Unterstützung eines Sehenden wollte ich mit Erik die über hundert Meter hohe Südrampe des Roten Turms erklettern, dort oben das Gipfelkreuz suchen und wieder selbstständig durch eine komplizierte Abseilfahrt zum Ausgangspunkt zurückkehren. Die Südrampe hatte ich zuvor schon erklettert und ich konnte mir vorstellen, die Route auch mit Erik zu schaffen. Schließlich hatte ich doch öfter Seilpartner am anderen Ende, die mir nicht weiterhelfen konnten und bei denen ich die Verantwortung für die Seilschaft übernehmen musste. Ob da nun Sabine, meine Mutter oder Erik dranhing, spielte seiltechnisch keine große Rolle.

Erik kam mit seinem Freund Charley Mace nach Europa und ich genoss es, dass wieder einmal sehr interessante Bergsteiger bei uns zu Gast waren. Charley war mit verschiedenen Seilschaften in schwierigsten Routen auf allen Kontinenten unterwegs. Auch hatte er auf mehreren Achttausendern wie dem Gipfel des K2 oder mit Erik am Mount Everest gestanden.

Sabine hatte mit nun zwei Blinden allerhand zu tun. Erik stand in der Küche meiner Frau im Weg, weil er auch kochen lernen wollte. Mit seinen Fingern langte er in jeden Topf und in jede Schublade, was Sabines Geduld ziemlich strapazierte. Am besten gefiel ihr, wenn er nach einem guten Essen und einigen Gläsern Wein am Tisch einfach einschlief. Dabei standen zwar seine schönen Glasaugen weit offen, doch sein leises Schnarchen verriet, dass er in Traumgefilden weilte.

Erik hatte im Alter von dreizehn Jahren sein Augenlicht verloren, und zwar durch eine Krankheit, die starke Schmerzen im Bereich seiner Augäpfel verursachte. Aus diesem Grund musste er sich beide Augen entfernen und durch Glasaugen ersetzen lassen. Dadurch ist es für meinen blinden Freund nicht wichtig, ob seine Augen offen oder geschlossen sind.

Mit Erik und Charley zog ich am nächsten Morgen los, hinauf in meine Lienzer Dolomiten. Genau wie ich damals meine Frau zum Einstieg des Roten Turm gelotst hatte, erklärte ich nun Charley den Weg dorthin. Denn seine Aufgabe sollte es sein, Erik und mich am fraglichen Tag bis zum Schmittband zu begleiten, einem zirka ein Meter breiten Schotterstreifen, der unterhalb der Südabstürze des Roten Turmes verlief. Das größte Problem unseres Vorhabens war jedoch das ausgedehnte Gipfelplateau, das wir nach der steilen Kletterei in der Südrampe noch überschreiten mussten, um zum Gipfelkreuz zu gelangen. Am Roten Turm gibt es ganz oben eine ebene Fläche von fast fünfzig Metern Durchmesser. Rings herum fällt das Gelände jäh in die Tiefe ab. Die unregelmäßig gestufte Plattform wird in der Mitte von einer ein bis zwei Meter breiten, sehr tiefen Spalte geteilt. Diese Spalte muss der Kletterer zwangsläufig übersteigen, weil das Gipfelkreuz auf der anderen Seite ganz dicht am Nordabbruch des Roten Turms steht. Es gibt nur eine einzige Stelle, an der man diesen Spalt mit einem großen Spreizschritt überwinden kann. Für sehende Bergsteiger ein Kinderspiel, für Erik und mich jedoch die Schlüsselstelle der Tour.

Nachdem wir eine gute Nacht in der Karlsbader Hütte verbracht hatten, führte Charley Erik und mich hinauf zum Schmittband, wo er seine beiden augenlosen Kameraden ihrem Schicksal überließ. Erik und ich krochen auf allen vieren das breite Schotterband nach rechts hinüber, um unter die massive Südwand des Roten Turms zu gelangen. Wir mussten aufpassen, dass nicht einer von uns über den rechten Rand des Weges hinauskroch und dort über die steilen Felsen abstürzte. Die Akustik meiner schnalzenden Zunge verriet mir in den Felsen über uns, dass wir nun neunzig Grad nach links oben, direkt an den Fuß der Wand hinaufsteigen mussten. Erik folgte meinen Geräuschen, und schon nach wenigen Metern hatte auch er sich mit einem Griff am Fels überzeugt, am richtigen Einstieg angekommen zu sein.

Das Klettermaterial an unseren Gurten zu sortieren war ein Problem. Es war schwierig, mit Erik einen Karabiner auszutauschen oder ihm auch nur die Hand zu geben. Ständig griffen wir – was in gewisser Hinsicht auch sehr komisch war – aneinander vorbei. Angeseilt und mit den richtigen Teilen am Gurt ausgerüstet, stieg ich in die erste Seillänge ein.

Endlich einmal wurden meine laut geführten Selbstgespräche noch von jemandem gehört. Denn endlich war da mal einer dabei, der ähnlich wie ich dachte und navigierte. Ich versuchte ihm möglichst viele Einzelheiten der Felsstruktur, die ich spürte, zu vermitteln, um ihm das Nachsteigen zu erleichtern.

So sehr versetzte ich mich in Eriks Lage, dass ich darüber fast meine eigene Blindheit vergaß und beinahe gestolpert wäre. Am Standplatz angekommen gab ich meinem Freund zu verstehen, dass er nun nachklettern sollte. Jeden Zentimeter Seil, den ich von Erik einzog, zählte ich, um immer genau zu wissen, wo sich mein Partner im Augenblick befand. Parallel zum Seil lief in meinem Kopf die erste Seillänge wie ein Film ab, und so konnte ich ihm durch exakte Angaben sogar einzelne Griffe ansagen. In meinem hochkonzentrierten Zustand war es für mich fast so, als ob ich selbst noch einmal diese Strecke klettern würde. Erik reagierte auch wirklich so, wie ich es mir gewünscht und vorgestellt hatte. Kein Sehender hätte mir so genaue Angaben über diese oder jene Gesteinsbeschaffenheit zurufen können, wie mein blinder Freund es tat.

Erik sprach dieselbe Sprache wie ich und nur so war es möglich, dass wir uns synchron und punktgenau durch diese abweisende Felsbarriere jonglieren konnten. Das Bild, das beim Berühren eines Griffes im Sehzentrum entsteht und für unsere blinde Seilschaft die einzige Chance zum Durchkommen war, geht beim sehenden Kletterer verloren, weil dieser über seine Augen ständig neue Informationen über seine unmittelbare Umgebung erhält und kleinste Unregelmäßigkeiten schon im nächsten Augenblick wieder vergessen sind.

Die Schlüsselseillänge mit einem kleinen Überhang schenkte ich Erik zum Vorsteigen. Jeder starke Kletterer ist lieber im Vorstieg unterwegs. Es ist zwar etwas gefährlicher, wenn das Sicherungsseil vom Klettergurt nach unten läuft, trotzdem steigt man wesentlich bewusster und genussreicher durch die Route. Erik freute sich über die Ehre, an der Schlüsselstelle führen zu dürfen. Er wusste auch, dass ich ihm jederzeit verbal helfen konnte, falls er einen Haken nicht finden oder den Überhang nicht überklettern konnte.

Das blinde Vertrauen stand an diesem Tag an erster Stelle.

Wieder ließ ich Eriks Sicherungsseil wie das Magnetband eines Rekorders durch meine Finger zu ihm nach oben laufen, um virtuell bei meinem Freund zu sein. Erik stand sehr ausgesetzt an der glatten senkrechten Wand zirka sieben Meter rechts oberhalb von mir. Unter ihm ging es mehr als dreißig Meter in die Tiefe. Erik, der bis dahin noch keinen Zwischenhaken eingehängt hatte, fragte mich leicht angespannt, wo denn ein Haken sei.

Blitzschnell ließ ich mein inneres Video von der besagten Stelle ablaufen und meinte, er müsste mit seiner linken Hand fünfzehn Zentimeter links von seiner linken Schulter den Haken ertasten können. Er nahm mit seiner Rechten den kleinen Griff, den er dort hatte, fest in die Zange, um die linke Hand für das Manöver freizubekommen. »Oh, I got it! Thank you, Andy.« Dann griff er zum Klettergurt, um sich einen Karabiner zu holen, den er mit dem Seil in diesen Haken einhängen wollte. Ein leises Geklirre von Karabinern war zu hören und seine Atmung verriet mir, dass er erneut unter Druck stand. »Erik! Fifteen centimetre left of your left shoulder.« Seine linke Hand, die nun den Karabiner zum Haken führen wollte, fand den Metallring einfach nicht mehr. Ich überlegte kurz und kam zu dem logischen Schluss, dass er durch das Blockieren und Festhalten des Griffes mit seiner rechten Hand den Oberkörper automatisch ein wenig nach rechts verschoben hatte. Deshalb stimmten die Koordinaten des Hakens natürlich nicht mehr. »I found it, I lost it, and I found it again«, bemerkte Erik mit einem hörbaren Grinsen, als er den Haken nun 25 Zentimeter links von seiner linken Schulter wiederfand.

Große Erleichterung machte sich breit, und so konnte er den Überhang direkt über seinem Kopf in Angriff nehmen. Ich erklärte ihm, dass er mit den Beinen so hoch wie möglich steigen müsse, mit der linken Hand einen Untergriff nehmen und mit der rechten oberhalb des Überhangs einen stabilen Griff finden würde.

Die Seilbewegung sagte mir, dass sich mein Kumpel in athletischer Manier über diesen Felswulst hinweggestemmt hatte und weiter oben wieder leichteres Gelände erreicht haben musste. Nachdem ich bei der dritten Seillänge, einer schönen Kaminkletterei, für den Vorstieg an der Reihe war, mussten wir uns an dieser Stelle schon etwas Cleveres für den Abstieg einfallen lassen.

Es war geplant, dass wir uns durch den etwa einen Meter breiten Kamin bis zu diesem Standplatz abseilen würden, um von dort in einer weiteren Abseilfahrt den Boden zu erreichen. Doch wie soll ein Blinder beim Abseilen wissen, wo der nächste Abseilstand mit den Haken ist, auf dem er zwingend landen muss? Ich schlug Erik vor, beim Nachklettern genau in Standhöhe eine dünne Rebschnur quer durch den Kamin zu spannen, damit wir beim Abseilen daran streifen und damit spüren konnten, wo sich der Stand befand. Nun war der Weg nach unten abgesichert, doch über uns wartete noch die größte Herausforderung der Tour. Das Terrain war jetzt relativ flach, und vor uns lag eine weitläufige Schotterrinne, an deren oberem Ende der letzte senkrechte Aufschwung zum Gipfelplateau auf uns wartete. Dort auf allen vieren hinaufzukriechen wäre das Einfachste gewesen. Doch wie sollten wir später beim Abstieg exakt diesen Punkt wiederfinden, an dem wir uns über den Kamin der Südwand bis zur Rebschnur abseilen konnten? Für die Lösung dieses Problems verwendeten wir ein Doppelseil.

Dabei führt die Seilschaft zwei parallel zueinander verlaufende, jedoch wesentlich dünnere Seile als ein Einfachseil mit sich. Das hat mehrere Vorteile:
Zum einen hat man bei Steinschlag, der das Kletterseil kappen kann, immer noch ein Seil als Reserve, und zum anderen kann man sich bei einer Abseilfahrt immer den doppelten Weg, also die gesamten fünfzig Meter, nach unten bewegen. Erik und ich befestigten also eines unserer Seile mit einem Ende genau an diesem Punkt, an dem wir aus der Südwand heraufgekommen waren. Nun krochen wir über die Schotterrinne hinauf bis zu deren Ende und legten das Seil wie einen roten Faden hinter uns aus. Haargenau an der Stelle, an der wir die letzten zwanzig Meter senkrecht zum Gipfel weiterklettern sollten, fixierten wir das andere Ende des Seiles, und so ergab sich für den Abstieg eine greifbare Verbindung zwischen diesen beiden neuralgischen Punkten. Genau dieselbe Taktik wollten wir auf der ausgedehnten Gipfelfläche anwenden, doch wir hatten jetzt nur noch eines der beiden dünnen Seile zur Verfügung. Den Schwierigkeitsgrad II hatte Erik genauso gut wie ich im Griff und so stiegen wir beide ohne Sicherung los. Ich spürte schon wieder diese starke Verantwortung für meinen blinden Freund. Doch als er mit seinem Kletterhelm an die Sohlen meiner Kletterschuhe stieß und mir sagte, ich solle weitermachen, war ich beruhigt.
Durch die sich plötzlich ändernden Luftbewegungen merkte ich, dass ich mit dem Kopf nun schon über die Gipfelplattform hinausreichte. Die Gipfelfläche des Roten Turms stellte ich mir wie das Ziffernblatt einer Uhr vor. Auf sechs Uhr war ich mit Erik über den Schlusskamin soeben heraufgekommen, zwischen acht und zwei Uhr verlief in etwa die Spalte, und auf 11 Uhr 45 stand das Gipfelkreuz. Wie gelangte ich nun mit Erik punktgenau von sechs Uhr über die gefährliche Spalte hinüber auf 11 Uhr 45, ohne dabei an den Rand des Ziffernblattes zu geraten und hinunterzustürzen? Hier nahmen wir unser Seil als Hilfslinie, um jederzeit wieder zur Sechs-Uhr-Position zurückzufinden, und versuchten, die Richtung zur 11-Uhr-45-Position beizubehalten. Dabei nahm ich die letzten Sonnenstrahlen in meinem Nacken, die zwischen einer

drohenden Gewitterfront hervorblinzelten, und die Windrichtung, die ich auf meiner Haut spürte, als Kompass. Erik arbeitete mit denselben Tricks.

Nur bei der Überquerung der Spalte in der Mitte des Ziffernblattes unterschieden sich unsere Annahmen etwas voneinander. Erik suchte etwas rechts von mir mit seinem Trekkingstock, den er extra dafür mitgebracht hatte, nach dem möglichen Übergang. Ich hingegen nahm kleine Sandkörner, die ich zwischen den Steinen aufsammelte, und warf sie, wie der Bauer die frische Saat, in einem Bogen vor mich hin. Dabei entstand über meine Hörnerven in meinem Sehzentrum ein grob gepixeltes Bild, zusammengestellt vom Klang der einzelnen Sandkörner. Ich hörte recht genau, dass der Spalt vor mir fast zwei Meter breit und unendlich tief war. Hier gab es keine Überquerungsmöglichkeit. Also wechselte ich auf die rechte Seite von Erik, der mit seinem Stock wie mit einem Kochlöffel im Abgrund rührte. Mit meiner Sandkorntechnik erkannte ich ein eindeutiges Bild, das mich schließlich drei Meter rechts von Erik mit einem Spreizschritt über die Kluft steigen ließ. Er folgte mir flink, und fast hätten wir vergessen, unser Rettungsseil an diesem Übergang zusätzlich zu befestigen, weil es uns sonst beim Rückweg vielleicht an einer falschen Stelle an die Felsspalte geführt hätte.

Als ich das dünne Stahlseil in meiner rechten Hand spürte, welches das Gipfelkreuz am felsigen Boden fixiert, wusste ich, der halbe Weg lag hinter uns. Aus Übermut stiegen Erik und ich noch den Sockel des Gipfelkreuzes hoch, um uns am höchsten Punkt, 2000 Meter über unserem Haus in Tristach, zu umarmen. Spaßeshalber sagte ich zu ihm: »Erik, look, you can see my house down there!« Worauf er erwiderte: »This one with the red roof?«

Immer lauteres Donnergrollen trieb Erik und mich zum Abstieg an. Die ausgelegten Seile machten die Navigation zu einem wahren Vergnügen, und im Handumdrehen waren wir unten in der Schotterrinne, wo uns das Seilende jenen Punkt anzeigte, an dem wir uns in die überhängende Südwand abseilen sollten. Die Problematik mit dem Seilwurf, bei dem der Kletterer vor dem Abseilen die Seilenden in jene Richtung hinunterwirft, in der er sich ab-

seilt, mussten wir allerdings noch lösen. Wie sollten wir hundert Meter Seil in einen ein bis zwei Meter schmalen Kamin hinunterwerfen, wenn wir diesen nicht sehen konnten?
Falls die Seile auch nur knapp daneben fielen, mussten wir hundert Meter Seil wieder heraufziehen, neu ordnen und wieder werfen. Nur jeweils ein Ende der beiden Seile, die durch den Abseilring gefädelt und miteinander verknüpft werden, bliebe bei uns oben. Um diesen vorprogrammierten Seilsalat zu vermeiden, ließ ich Erik am Doppelseil passiv hinunter. Dadurch konnte ich unser Seil geordnet, Dezimeter für Dezimeter im gestrafften Zustand mit Erik durch den senkrechten, schmalen Kamin bis zu der quergespannten Rebschnur hinunterlassen.
Wie weit kann man miteinander gehen, wenn man sich nur blind vertraut?

»DER HOLZER? DAS IST DOCH EIN VERRÜCKTER. Der will der Welt und sich selber vormachen, dass er blind ist. Dabei brettert er mit seinen Schiern Steilhänge hinunter, geht oft als Erster in seiner Tourengruppe und spricht die Leute, die ihm begegnen, auch noch mit Namen an. Beim Klettern verunsichert er andere Bergsteiger, indem er ihnen die Route erklärt. Wenn er mit dir spricht, schaut er dir ins Gesicht. Im Treppenhaus hat man beobachtet, wie er gleich zwei Stufen auf einmal nimmt, und er schaltet bei Dämmerung nicht einmal das Licht an.
Die Reifen von seinem Auto wechselt er selbst und das Beste ist, dass er die Holzverkleidung seines Hauses eigenhändig gestrichen hat. Im letzten Winter, als es so viel Schnee gab, hat man ihn ganz alleine mit der Schneeschaufel auf dem Dach seines Hauses beim Abschöpfen gesehen.
Seine Jugendfreunde schwören hoch und heilig, dass er als Kind mit dem Fahrrad in die Stadt gefahren ist und dabei noch die wildesten Kunststücke fabriziert hat. In der Badeanstalt ist er vom Fünf-Meter-Turm hinunter auf das Sprungbrett des Dreiers gesprungen, um sich von dort hinauskatapultieren zu lassen.
Er hat ja nicht einmal einen Blindenstock oder eine Kennzeichnung, wenn er alleine unterwegs ist. Wenn ihn auf dem Beifahrersitz die Sonne durch die Windschutzscheibe blendet, klappt er die Sonnenblende herunter. Er tippt die Telefonnummern genauso schnell wie ein Sehender in sein Handy und schaut dabei auch noch konzentriert auf die Tastatur. Der hält die halbe Welt zum Narren!«
So hören sich die Geschichten an, mit denen meine Eltern, meine Frau und meine Bergpartner immer wieder konfrontiert werden, meist von Menschen, die sich keine Mühe machen, sich auch nur annähernd in meine Welt zu versetzen. Meine Mutter und mein

Vater leiden sehr unter solchen Gerüchten, insbesondere wenn sie gefragt werden: »Ein bisschen sehen kann der Andy aber schon?« Meine Eltern haben mit unendlich viel Liebe und Geduld zwei blinde Kinder ohne Augenlicht großgezogen, aus denen recht erfolgreiche Menschen geworden sind, und dann kommen Leute daher und wischen mit einem Satz das ganze Werk vom Tisch. Wie viele Tränen, wie viel Verzweiflung und wie viel Entbehrung in diesem Lebenswerk meiner Eltern steckt, wissen nur wir vier. Deshalb nehmen meine Schwester Elisabeth und ich solche unqualifizierten Aussagen einfach als Kompliment. Schließlich kann man durchaus von Erfolg sprechen, wenn man in der Blüte seines Lebens seine Blindheit nachweisen muss, anstatt von ihr erdrückt zu werden.

Ich beschäftige mich nun seit vielen Jahren mit dieser Frage. Wie kann es sein, dass ich ohne Augenlicht ein derart buntes und interessantes Leben führen darf?

Meine Antwort auf diese Frage ist kompliziert und doch ganz einfach. Ich habe bisher zwei unterschiedliche Leben gelebt, wobei ich heute von meinem »ersten Leben« ziemlich profitiere. Bis ich zwanzig war, lebte ich quasi wie ein Sehender, den nur eine schwere Augenerkrankung plagte. »Ich sehe etwas schlecht, aber es geht schon«, entschuldigte ich mich in grenzwertigen Situationen. Dann begann ich, meine Strategie und meine Lebensphilosophie grundsätzlich zu ändern. Die Gefahren des Alltags wurden immer größer, der Druck immer stärker und ich sah keine Chance mehr, meine Blindheit weiterhin vor den Menschen zu verbergen. Diese Umbruchphase nahm fast zehn Jahre meines Lebens in Anspruch, so dass ich im Alter von etwa dreißig Jahren mit meinem »zweiten« Leben beginnen konnte. Und das bedeutete, dass ich von nun an wesentlich entspannter mit meinem Problem umgehen konnte. Dabei halfen mir insbesondere meine Frau Sabine, meine Tätigkeit als Heilmasseur und meine Auftritte als Musiker. Irgendwann gelangte ich zu der Erkenntnis, dass ich für die Leute, die vor der Bühne zu meiner Musik tanzten, eigentlich ein recht netter Typ war und dass ich mich für meine Blindheit gar nicht schämen musste. Die Leute sahen mir zu, wie ich die vielen

Knöpfe am Mischpult bediente, den Kabelsalat auf der Bühne entwirrte und neben meinem Musikpartner Hansjörg mit zwei Instrumenten gleichzeitig zum Tanz aufspielte. Und die Patienten im Krankenhaus waren sogar davon überzeugt, dass der blinde Masseur viel mehr Gespür besaß als seine sehenden Kollegen. Plötzlich war mein Handicap für mich keine Bremse mehr, sondern eine Triebfeder für mein Tun.

Natürlich gibt es Momente, in denen ich nicht ganz so cool dastehe. Man versuche als Sehender nur mal, bei einem Festessen das Schnitzel, den Salat und die Pommes auf dem Teller zu behalten, wenn plötzlich das Licht ausfällt. Die minimalsten Gewichtsunterschiede der Gabel in meiner linken Hand geben mir Auskunft darüber, ob sich nun ein Stück Fleisch, eine vielleicht viel zu große Kartoffel oder gar nichts darauf befindet. Mit einem logischen, meiner optischen Vorstellung des vor mir stehenden Tellers entsprechenden Bewegungsmuster arbeite ich mich mit dem Messer in meiner rechten und der Gabel in meiner linken Hand unter höchster Konzentration durch das hoffentlich vorzüglich schmeckende Menü.

Ein Freund meinte vor vielen Jahren einmal im Spaß zu mir: »Andy, wenn du so weitermachst, komme ich langsam zu der Überzeugung, dass du mit deinen blinden Augen mir gegenüber sogar noch im Vorteil bist!«

In gewisser Weise bin ich durchaus im Vorteil. Wenn man in seinem »ersten« Leben seine Sinnesorgane im Dschungel der Barrieren so extrem scharf bündeln und trainieren musste, um zu überleben, tut man sich in seinem »zweiten« Leben, wenn man die Blindheit akzeptiert, mit den übrigen vier Sinnen um vieles leichter.

Seit meiner Kindheit habe ich mein Leben zum größten Teil selbstständig im Griff, und für Dinge, die ohne Augenlicht tatsächlich nicht zu machen sind, kann ich jetzt ungeniert um Hilfe bitten. Meine Wahrnehmung, die ich in über vier Jahrzehnten so sensibilisiert habe, reicht aus, um auch als blinder Mensch ein glückliches Leben zu führen.

Mein fehlendes Augenlicht kompensiere ich mit Sinneseindrücken von Hör-, Riech-, Tast- und Geschmackssinn und durch viele teilweise noch unerforschte Elemente der menschlichen Wahrnehmung.

Als kleiner Junge führte ich meine Mitmenschen oft unabsichtlich in die Irre. Ein Verwandter, der meine Blindheit nicht wahrhaben wollte, fragte mich ständig, ob ich dieses oder jenes nicht doch sehen könne. Bei einer Familienfeier saß er mir am Tisch gegenüber. Prompt kam von ihm die Frage: »Andreas, kannst du die Lampe überm Tisch sehen?« Wie aus der Pistole geschossen antwortete der kleine Andy: »Sicher kann ich die Lampe sehen!« Für mich bedeutete der Begriff Sehen etwas ganz anderes als für die sehenden Erwachsenen. Unter »Sehen« hatte ich schlichtweg »Wahrnehmen« verstanden und deshalb immer »ja« gesagt, wenn mich jemand nach etwas Sichtbarem fragte, das ich mit meinen verbliebenen Sinnen ja durchaus wahrnehmen konnte. Die Hitze, die die starke Glühbirne der Lampe über dem Tisch abgab, knallte mir schon seit einer Stunde auf den Schädel, und da fragte der mich noch, ob ich die Lampe nicht sehen könne?

Da ich seine Frage bejahte, was sicherlich ein erleichtertes Lächeln auf sein Gesicht zauberte, war er mit mir sehr zufrieden. Als er dann voller Stolz meiner Mutter seine neueste Erkenntnis mitteilte, reagierte sie nur mit einem Kopfschütteln.

Seit Langem schon bin ich niemandem mehr böse, der meine Weltwahrnehmung nicht nachvollziehen kann. Woher soll man das auch können, wenn man nie eine Chance dazu erhalten hat. Davon abgesehen fällt es sehenden Menschen ohnehin schwer, sich vorzustellen, dass es auch ohne Licht schön sein kann. Der Anteil visueller Eindrücke an der gesamten Wahrnehmung ist über achtzig Prozent und für die restlichen Sinnesorgane bleibt nicht viel Kapazität übrig. Das Bewusstsein wird vom Übermaß der Seheindrücke gegenüber den Signalen der mindestens genauso exakt arbeitenden anderen Sinnesorgane so stark überflutet, dass für die anderen vier Sinne kaum mehr Raum bleibt.

Deshalb findet bei einem Blinden das intensive Hören, Riechen, Tasten und Schmecken in einer ganz anderen Dimension statt als bei einem Sehenden.

Kein anderes Sinnesorgan liefert dem Bewusstsein solche Fehlinterpretationen wie der Sehsinn. Ich finde es sogar bedenklich, wenn ich mir vorstelle, dass sich die sehende Welt genau auf jenen Sinn am allermeisten verlässt, der den größten Täuschungen unterliegt.

Das ist es, was ich Sehenden immer wieder zu erklären versuche, damit sie nicht über ihre trügerische Selbsteinschätzung stolpern, nur sie hätten die Welt mit all ihren Dimensionen im Griff.

Denn das, was der Sehende zu sehen glaubt, entspricht auch nicht immer der Realität. Dieser Umstand führt bei meinen Vorträgen immer wieder zu hitzigen Debatten. Eine Fata Morgana in der Wüste ist das beste Beispiel dafür. Oder jener Versuch, bei dem das Publikum in einem Videoclip genau darauf achten soll, wie oft die Spieler der Basketballmannschaft den Korb treffen. Dabei konzentrieren sich die Zuschauer so sehr auf die einzelnen Würfe, dass sie den zotteligen Braunbären übersehen, der irgendwann mitten durch das Spielfeld spaziert.

Dass Blinde auch ohne Augen »sehen« können, haben Wissenschaftler aus Boston durch Untersuchungen an dem von Geburt an blinden Maler Eşref Armağan herausgefunden. Armağan malt Bilder von Landschaften mit Häusern, Bergen, Seen, Gesichtern und Schmetterlingen, obwohl er all das nie gesehen hat. Dabei verwendet er nicht nur Farben, sondern zeichnet auch Schatten und sogar Perspektiven. Wie er diese unglaubliche Leistung vollbringt, ist noch nicht vollständig geklärt, aber Aufzeichnungen seiner Gehirnaktivitäten haben ergeben, dass bei ihm das Sehzentrum genau wie bei sehenden Menschen aktiv ist.[1]

Farben sind auch für mich eine sehr wichtige Komponente in meiner Wahrnehmung und meinem Gefühlsleben. Und Hellblau war immer schon meine Lieblingsfarbe. Ich denke, dass die verschiedenen Farbnuancen, die der Mensch mit seinen Augen erkennen kann, schon im Gehirn des Kleinkindes wie in einem Malkasten eingespeichert sind und nur darauf warten, aktiviert zu werden.

1 Vergleiche Alison Motluk: Senses special: The art of seeing without sight. NewScientist Magazine Issue 2484, 25.01.2005.

Auch ich nehme die verschiedenen Objekte farbig wahr. Genauso wie Audiosignale in ihren unterschiedlichsten Frequenzen und Obertönen für uns ein Musikstück als romantisch oder als aggressiv erklingen lassen, färben die verschiedenen Frequenzen im sichtbaren Wellenlängenbereich unsere Bilder ein.
Die Aufgabe der Mutter ist es dann, bei ihrem Sprössling das vom Sehnerv gelieferte Signal den richtigen Farben im Malkasten zuzuordnen. Der Rasen ist grün, der Himmel ist blau und der Schnee ist weiß. So wird dem Kind erklärt, wie die Menschen ihre Empfindung der entsprechenden Wellenlängen der Lichtbrechung nennen.
Vorausgesetzt, es handelt sich um einen blinden Menschen, bei dem gehirnseitig keine Defizite vorliegen und der wie ich immer brennend daran interessiert ist, wie es da draußen aussieht, so hat er die Farben genau wie ein Sehender im Kopf und muss sie nur noch seinem Bild zuordnen, das er mit Hilfe seiner restlichen Sinne im Sehzentrum bereits kreiert hat.
Verschiedene Farben lösen genauso wie verschiedene Töne in der Musik ganz unterschiedliche Reize aus. So fühle ich die Farbe Rot als angenehm warm, während ich Blau als eher kühl empfinde. Als ich als kleiner Junge mit meinen Eltern im Schwimmbad zögerte, ins kalte Wasser zu steigen, fragte ich meine Mutter oft, warum das Wasser blau und nicht rot sei. Tatsächlich kam mir in meiner Vorstellung der blaue Beckengrund unseres Hallenbades immer viel kälter vor als die roten Fliesen, auf denen mein Handtuch lag.
Welche Farbe der See, das Meer oder die Landschaft hatte, fragte ich meine Mutter immer zuerst, wenn wir einen neuen Ort aufsuchten. Vor meinem geistigen Auge ist sonnenklar, dass eine neue Farbe entsteht, wenn man zwei Farben miteinander mischt. Hat man ein Glas mit einer roten Flüssigkeit in der einen Hand und eins mit einer blauen Flüssigkeit in der anderen, muss man sie nur ineinanderschütten, um Violett zu erhalten. Genauso ist es mit Gelb und Blau, heraus kommt Grün. Auch ein Sehender kann sich das mit geschlossenen Augen vorstellen.
Jede Farbe ist ein Reiz, der im Sehzentrum aktiviert und durch die

unterschiedlichen Frequenzen beziehungsweise Wellenlängen ausgelöst wird. Auch durch Erinnerungen, Erfahrungen, ja selbst durch die Erwartung einer bestimmten Farbe oder Form beginnt das Gehirn, uns ein real erscheinendes Bild ins Bewusstsein zu zaubern.

Es fällt mir schwer zu erklären, wie ich die Zuordnung der einzelnen Farbbezeichnungen zu meinen inneren Farbvorstellungen gelernt habe. Der Weg über die optische Wahrnehmung war mir ja versperrt. Ich stelle mir das so ähnlich wie beim kindlichen Spracherwerb vor. Wenn ein kleines Kind beginnt, die Sprache seiner Umgebung als Kommunikationsmedium zu verwenden, dann sitzt es nicht zwischen Stapeln von Büchern, um daraus die Vokabeln und die Grammatik zu erlernen. Auch der richtige Sinn von mehreren tausend Wörtern, die korrekte Anwendung der vier Fälle oder die Verwendung der unterschiedlichen Zeitformen wird dem Kleinkind nicht extra erklärt. Vielmehr erlernt das Kind seine Muttersprache, ohne dass ihm die Grammatikregeln bewusst sind. Selbst abstrakte Begriffe, die keinen Gegenpart in der realen Welt haben, werden so mühelos gelernt. So ähnlich muss ich mir die Farbbegriffe angeeignet haben. Ich habe als kleines Kind alles aufgeschnappt, was ich in meiner Umgebung über Farben und deren Wirkung erfahren konnte.

Die Farben Weiß, Schwarz, Gelb, Gold, Silber, Grau, Grün, Blau, Rot, Braun, Orange und Violett kann ich mir in ihren verschiedenen Helligkeitsstufen gut vorstellen. Mit Farben wie Lachs, Ocker, Brombeere, Oliv, Beige, Khaki, Champagner oder Pink kann ich so gut wie nichts anfangen. Das liegt vermutlich daran, dass es komplexere Farbmischungen sind, die aus mehr als zwei Grundfarben bestehen.

Meine innere Farbenvielfalt reicht aus, um mir ein buntes Bild von der Welt zu machen. Ich könnte mir auch nicht vorstellen, mir zwar meine Umgebung vor das geistige Auge zu holen, diese jedoch ohne Farben zu sehen. Wie sieht ein Gegenstand, der farblos ist, eigentlich aus? Den könnte man doch gar nicht sehen.

Man würde wie durch eine frisch gereinigte Glasscheibe durch ihn hindurchblicken. Aber was wäre hinter der Glasscheibe? So müsste ein Blinder mit seinem inneren Auge durch eine Kaskade von gereinigten Glasscheiben schauen, um im Hintergrund wieder nur eine Kaskade von gereinigten Glasscheiben zu sehen.

Für mich gibt es nur eine Erklärung, wie ich trotz Blindheit Gegenstände in ihren verschiedenen Farben in meinem Sehzentrum kreieren kann. Mein Gehirn holt sich die Information der betreffenden Farben aus den Analysen meiner vier Sinnesorgane, aus meinen Erfahrungen sowie aus den Erklärungen anderer Menschen. Um dann für mich diese Fantasiebilder nicht transparent und damit unsichtbar erscheinen zu lassen, simuliert das Sehzentrum mit Hilfe der Farbpalette, die in meinem Kopf verankert ist, ein möglichst detailgetreues Bild.

Ob zwei sehende Menschen die Farbe eines von ihnen betrachteten Gegenstandes exakt gleich wahrnehmen, ist praktisch auch nicht nachweisbar. Auch bei verschiedenen sehenden Menschen verhält sich das Sehzentrum bei der Wahrnehmung nicht unbedingt identisch. Der Unterschied, wie ein sehender oder ein blinder Mensch dieses von seinem Bewusstsein dargestellte Bild für seine Handlungen verwenden kann, ist natürlich enorm. Der sehende Mensch bekommt dank seiner Augen praktisch in Echtzeit ein pixelgenaues Feedback vom Geschehen und kann blitzschnell darauf reagieren. Er befindet sich im Gegensatz zum Blinden quasi auf einer Ebene mit dem, was er vor sich sieht. Ein blinder Mensch muss sich sein Bild von der Realität über zwei Wahrnehmungsebenen machen. Vielleicht kann man das am besten mit der Arbeit eines Komponisten vergleichen. Mozart schrieb seine Partituren teilweise ohne Zuhilfenahme seines Klaviers, und sein Gehör spielte bei der Entstehung des Musikstückes zunächst keine Rolle. Schon in seiner Vorstellung konnte er den vielstimmigen Klang des entstehenden Werkes so exakt einschätzen, dass er die Noten für die Musiker wie einen Fließtext auf das Papier schrieb, ohne zuvor einen Ton davon gehört zu haben. Erst bei der Orchesterprobe konnte er überprüfen, ob seine musikalischen Gedanken auch dem Gehörten entsprachen.

Der blinde Kletterer muss die Aufgabe ebenfalls über zwei Ebenen lösen. Erstens hat er seine Route als Skizze in seinem Sehzentrum gespeichert, der er nachklettert. Zweitens sagt ihm das Feedback seiner restlichen Sinne, ob sich die Wirklichkeit überhaupt mit seiner im Geist erstellten Skizze deckt. Wenn dies der Fall ist, kann er seine Tour fortsetzen, ansonsten muss er die beiden Ebenen mit Hilfe seiner verfügbaren Sinnesorgane neu synchronisieren. Genau wie ein Komponist seine Partitur etwas umarbeiten muss, wenn ihm bei der Probe eine Disharmonie auffällt.

Wie könnte ich sonst als blinder Kletterer meine Hand ausstrecken, um nach einem Griff zu langen, wenn mir meine Erinnerung, meine Erfahrung aus Hunderten von ähnlichen Klettersituationen und meine Erwartung nicht diesen winzigen Haltepunkt über dem Abgrund vor das virtuelle Auge projiziert hätten. Deshalb kann ich auch anhand von kleinsten Geräuschvarianten, die von einem anderen Kletterer durch den freien Raum zu mir herüberschweben, oft recht genau sagen, welche Bewegung er jetzt machen müsste, um die Stelle zu bewältigen.

Die Wissenschaftler aus Boston haben bereits einige Erkenntnisse über das Sehen ohne Augen gewonnen, die ich zu hundert Prozent nachvollziehen kann. Mit Hilfe von Scans haben sie Armağans Gehirnaktivitäten untersucht. Wenn sehende Menschen sich Dinge vorstellen, zum Beispiel Gesichter, Szenen, Farben, die sie gerade gesehen haben, dann sind die gleichen Gehirnregionen wie beim Sehen über das Auge aktiviert, nur in einem viel geringeren Ausmaß. Innere Bilder zu kreieren ist also wie Sehen, nur weniger kraftvoll.

Als Armağan Gegenstände zeichnete, die er ertastet hatte, erhöhte sich die Aktivität des Sehzentrums so sehr, dass ein uneingeweihter Betrachter des Gehirnscans zu dem Schluss gekommen wäre, dass Armağan sehen kann. Bei diesem Ergebnis stellt sich die Frage: Was ist Sehen überhaupt?

Trotz Blindheit kommt Armağan dem Sehen sehr nahe. Sehende Menschen denken immer, Sehen sei das Aufnehmen von objektiver Realität in ihr Gehirn. Aber ist das richtig? Wie viel von dem, was wir Sehen nennen, kommt wirklich von außen und wie viel von innen? Der visuelle Cortex spielt auch eine wichtige Rolle bei der Gestaltung von Erwartungen. Nicht nur die Realität, sondern vor

allem die Erwartung dessen, was zu sehen sein wird, leitet die Wahrnehmung. »Sehen ist nur möglich, wenn wir wissen, was wir sehen werden«, so die Bostoner Forscher. Vermutlich ist bei Armağan der Teil des Gehirns, der Erwartungen erzeugt, funktionsfähig, es kommen nur einfach keine Daten über die Augen herein. Konventionell gedacht, müsste man meinen, dass ein Blinder, der nie etwas gesehen hat, keine inneren Bilder haben kann. Aber das ist falsch, wie ich aus eigener Erfahrung sagen kann. Wissenschaftler haben schon lange dargelegt, dass man dieselben mentalen Bilder mit Hilfe von Informationen aus verschiedenen Sinnesorganen kreieren kann. Sie meinen, dass Sehende genauso wie blinde Menschen alle ihre Sinneseindrücke zu einem mentalen Bild zusammenfügen. Wenn der Sehende eine Tasse sieht, dann fühlt er sie auch sozusagen mit seiner »mentalen Hand«. Sehen ist also genau in dem Maße auch Tasten, wie es Sehen ist. Aber weil Sehen so überwältigend ist, ist sich ein sehender Mensch dieser Tatsache nicht bewusst.
Vollkommen intuitiv habe ich im Laufe meines Lebens gelernt, diese Gehirnfunktionen im sozialen Umgang mit anderen Menschen zu nutzen. Ein gutes Beispiel für meine visuelle, optiklose Wahrnehmung ist meine Art, mit jemandem von Angesicht zu Angesicht ein Gespräch zu führen, ohne ihn dabei zu verunsichern.
Bis zu meiner Pubertät war mir die Tatsache, dass sich die Leute beim Grüßen oder während eines Gespräches in die Augen schauen, vollkommen fremd. Als ich dann bei meinen ersten Flirts von einem Mädel sehr unwirsch zurechtgewiesen wurde, wo ich denn hinglotzen würde, während ich mit ihr rede, wurde mir zum ersten Mal bewusst, dass mein Gegenüber auf meine Blickrichtung reagiert.
Zu Hause fragte ich meine Mutter, was dieses Mädel wohl damit gemeint hätte. Erst da erfuhr ich, dass sich die Menschen beim Sprechen ansehen. Aus dieser Blamage hatte ich schnell gelernt. Seitdem nutze ich die Dolby-Surround-Funktion meiner beiden Ohren, und so kann ich genau orten, wo sich mein Gesprächspartner befindet. Ich weiß, wie ich meinen Kopf drehen muss, um ihm

möglichst das Gefühl zu geben, dass ich ihn anschaue. Seit diesem Tag funktioniert die Kommunikation zwischen meinen Mitmenschen und mir fast ohne Irritationen.

Ähnlich ist es beim Händeschütteln. Ich bemühe mich stets, bei einer Begrüßung oder einer Verabschiedung der Schnellere zu sein, der seinem Gegenüber die Hand zum Gruß entgegenstreckt. Damit stelle ich sicher, dass ich nicht nach der Hand des anderen suchen muss, weil ich ihn praktisch dazu zwinge, meine ausgestreckte Hand zu ergreifen. Meine Anpassung an die Umgangsformen der sehenden Welt habe ich mit so vielen ausgefeilten Tricks perfektioniert, dass mir auf Anhieb die wenigsten einfallen, und trotzdem könnte man alleine darüber viele Seiten eines Buches füllen.

Die Mathematik spielt in meiner Wahrnehmung auch eine sehr große Rolle, weil Zahlen eine absolute Größe für mich sind. Alle meine Wege, egal ob schwierigste Kletterrouten in den Bergen oder der Weg zur Toilette in meinem Haus, stelle ich mir als Koordinatensystem vor. Mit Hilfe von Längenangaben und den Winkeln dieser Strecken zueinander gestaltet mein Gehirn ein Bild des vor mir liegenden Weges. Wenn ich die Möglichkeit habe, in einem fremden Gebäude sämtliche Gänge und Treppen abzulaufen, habe ich die Baustruktur schon relativ gut als Bild im Sehzentrum abgespeichert. Die Leute wundern sich dann oft, wenn ich die Architektur eines Hauses für gut oder weniger gut befinde. Der Architekt meines Hauses war verzweifelt, als er mir den Bauplan vorlegte und nicht wusste, wie er mir dieses Chaos von Linien und Zahlen näherbringen sollte. Mein feines Häuschen sollte auf einem trapezförmigen Grundriss entstehen, wodurch sich sehr schräge Winkel ergaben. Ich bat den Architekten, mir doch einfach alle Seitenlängen und Winkel der einzelnen Räume laut vorzulesen. Nach einer knappen Stunde, in der er mir nur endlose Zahlen vorgelesen hatte, bat ich ihn, mich für fünfzehn Minuten alleine zu lassen, damit ich die Zeichnung zusammenfügen und mir in meinem Kopf mein zukünftiges Haus vorstellen könne. Schon nach kurzer Zeit spazierte ich virtuell durch unser neues Eigenheim und erklärte dem Architekten, wo er noch Nachbesserungen machen sollte, damit ich mich in meinem neuen Zuhause auch wirklich wohlfühlen würde.

Den berühmten ersten Eindruck, wenn man jemandem zum ersten Mal begegnet, gewinnen meine fünfsinnigen Artgenossen meist ausschließlich über die Optik. Ich jedoch verwende die Obertöne in der Stimme meines Gegenübers, um mir ein erstes Bild von ihm zu machen. Ich habe die Erfahrung gemacht, dass ich anhand der Stimme sogar noch schneller als sehende Anwesende bemerke, ob mein Gesprächspartner mir etwas vorspielt oder ob er es ehrlich meint. Die Mimik lässt sich bewusst leichter steuern als die Stimme, über die sich Menschen oft verraten, weil sie ihr weniger Aufmerksamkeit schenken. Wenn ich jemanden um einen Gefallen bitte und derjenige vielleicht aus Höflichkeit oder Anstand Ja sagt, obwohl er es nicht gerne tut, so höre ich das an seiner verspannten Stimme, die im Falle einer Lüge relativ weit hinten im Rachen sitzt. Daher bin ich nicht weniger als ein Sehender davor gefeit, auf primitive Selbstdarstellungs- und Verteidigungstechniken meiner Mitmenschen hereinzufallen. Durch einen Händedruck kann ich mit einem weiteren Sinn einen relativ zuverlässigen ersten Eindruck gewinnen. Die Körperausdünstung meines Gegenübers gibt mir ebenfalls zarte Hinweise darauf, ob er sich freut oder von der Begegnung eher peinlich berührt ist.

Der räumlichen Wahrnehmung habe ich seit meiner frühesten Kindheit intuitiv sehr große Beachtung geschenkt. Andernfalls hätte ich mich automatisch schon als kleiner Junge aus dem Sozialgefüge der Amlacher Dorfgesellschaft hinauskatapultiert. Ich musste lernen, bei den wilden Verfolgungsjagden im Heustadel, Kuhstall oder im Amlacher Waldele halbwegs mitzuhalten.

In der Anatomie sind für die Selbstortung im dreidimensionalen Raum drei Systeme vorgesehen. Am allermeisten verlässt sich der Mensch auf die visuelle Wahrnehmung, um zu wissen, wo er sich befindet, wo oben und unten ist und ob er sich weiterhin in einer aufrechten Position halten kann oder die Gefahr eines Sturzes droht. Das menschliche Ohr mit seinem komplexen Gleichgewichtsorgan vermittelt uns neben einem exakten räumlichen Klangbild noch sehr präzise Informationen zur körperlichen

Balance. Zusätzlich informieren uns Proprio- und Interozeptoren, ein System von feinsten Muskel- und Sehnenspindeln, jederzeit über die Beuge- oder Streckstellung der betreffenden Körperteile. Als blinder Mensch muss man auf die Signale des Auges verzichten und hat gerade deshalb die beiden anderen Systeme überdurchschnittlich gut trainiert. Das lässt sich leicht nachvollziehen, wenn man einmal versucht, möglichst lange auf einem Bein zu stehen. Das ist gar nicht so einfach. Ständig versuchen die Fühler in Hüfte, Knie und Sprunggelenk dem Gleichgewichtszentrum des Gehirns zu signalisieren, dass man seinen Schwerpunkt etwas korrigieren muss, während sich das Auge visuell an Fixpunkten im Raum festzuhalten versucht.

Das Gleichgewichtsorgan im Innenohr liefert noch wichtige Zusatzinformationen zur Körperlage im Verhältnis zur Schwerkraft, und bei stetigem Training steht einem perfekten Stand auf einem Bein nichts mehr im Wege. Jetzt muss der Sehende nur noch seine Augen schließen, um zu erleben, dass die Aufgabe schlagartig schwieriger wird. Meinem Drang von Kindesbeinen an, der Natur mit ihren Gewalten auf die Spur zu kommen, habe ich es zu verdanken, dass ich heute meine spezialisierten Fähigkeiten in die Seilschaft an steilsten Flanken dieser Welt einbringen kann. Dabei möchte ich jedoch betonen, dass ich mich keineswegs als König meiner vier Sinne empfinde, sondern genau wie jeder andere allen möglichen Sinnestäuschungen ausgesetzt bin. Schon ein seitlicher Windstoß kann beispielsweise das Geräusch der Schier meines Vordermannes so verzerren, dass ich Gefahr laufe, in die falsche Richtung zu fahren.

Die vielfach angesprochene Theorie, dass blinde Menschen besser hören, mehr ertasten oder differenzierter riechen können, weil ihre Sinnesorgane aufgrund der Einbuße ihrer Sehkraft besser ausgebildet seien, möchte ich etwas relativieren. Mein Hausverstand sagt mir, dass der große Unterschied lediglich in einer wesentlich höher aufgelösten Auswertung der Signale besteht, die von den jeweiligen Sinnesnerven ans Gehirn geschickt werden. Das Gehirn eines Blinden hat mehr Ressourcen frei, um sich aus den Daten von Gehör-, Geruchs-, Geschmacks- und Tastsinn ein

Bild vom Gehörten, Gerochenen, Ertasteten und Geschmeckten zu machen. Auch das Gesehene, das bei gesunden Menschen über den Sehnerv im Sehzentrum ankommt, muss dort erst interpretiert werden, bevor es im Bewusstsein als fertiges Bild wahrgenommen wird. Nur so ist für mich zu erklären, warum auch ich als blinder Mensch meinen Kopf ständig voller Bilder habe und die Welt der Sehenden verstehe.

SEVEN SUMMITS

DIE E-MAIL, DIE ICH VON ERIK bekommen hatte, sollte mir die Tür zu einer größeren Welt öffnen. Ich stand von meinem Sessel auf, hastete die Treppen hinauf in die Küche und bat Sabine, doch mal zu lesen, was mein Freund geschrieben hatte. In Eriks Zeilen stand, dass er mich gerne zur Besteigung des Kilimandscharo, des höchsten Berges von Afrika, einladen würde. Sabine war mit dem Lesen noch gar nicht fertig, als sie zu mir sagte: »Da musst du mit!«

Der Kilimandscharo in Ostafrika hatte für mich bis zu diesem Zeitpunkt in weiter Ferne gelegen. Tief im Inneren hatte ich jedoch seit einigen Jahren schon den heimlichen Wunsch gehegt, irgendwann einmal, wenn es Zeit und Geld erlauben würden, dorthin zu reisen.

Nun war es ja nicht so, dass ich mich einfach in ein Flugzeug setzen, nach Afrika fliegen und mit einer Gruppe diesen Berg besteigen konnte. Auch wäre es mir viel zu riskant gewesen, nur mit einem einzigen Begleiter loszuziehen.

Daher sah ich mich genötigt, das Geld für zwei persönliche Partner und für mich aufzubringen, was mir unmöglich erschien. Ich teilte Erik diese Bedenken mit und er bot mir spontan an, für meine Kosten aufzukommen und für meine Freunde einen sehr günstigen Tarif auszuhandeln. Es existierte die spannende Idee, aus allen Kontinenten blinde Menschen zu dieser speziellen Expedition auf das Dach von Afrika einzuladen.

Zwar muss man dort die verschiedenen Vegetationszonen unserer Erde durchwandern, tägliche Temperaturunterschiede von über vierzig Grad verkraften und sich an die extreme Höhe gewöhnen, doch das gilt für Blinde wie Sehende gleichermaßen. Der Schwierigkeitsgrad an diesem Berg hält sich in Grenzen. Auf der »Machame-Route«, eine der längsten Routen zum Gipfel des Kilimand-

scharo, gibt es durchwegs einfaches Steiggelände, und nur an vereinzelten Stellen muss man sich mit einer Hand festhalten.
So stieg ich Ende August 2005 mit meinen Freunden Hansjörg Fauster aus dem Südtiroler Pustertal und Peter Mair aus Dölsach in Osttirol in das Flugzeug nach Tansania. Mit Hansjörg war ich schon seit einigen Jahren regelmäßig in den Bergen unterwegs und konnte mich hundertprozentig auf ihn verlassen. Peter, den ich beim Versehrtensport kennen gelernt hatte, ist ein extrem bodenständiger Mensch, der durch die Bewältigung seines Schicksals viel mit mir gemeinsam hat. Er verlor im Alter von 33 Jahren durch eine Explosion den linken Arm und macht mittlerweile Dinge mit einer Hand, die die meisten Menschen mit zwei nicht schaffen. Dafür war ich der Einzige im Team, der einigermaßen Englisch konnte, was vor allem meine Frau Sabine daheim ungemein beruhigte. Denn mich blind *und* »sprachlos« auf einem anderen Kontinent zu wissen, da wäre ihr doch nicht ganz wohl gewesen.
Schnell hatten wir uns in Arusha, einer Stadt neunzig Kilometer südwestlich des Kilimandscharo-Massivs, mit dem gesamten Team von acht Blinden, zwei Amputierten und deren Betreuern bekannt gemacht und gemeinsam ein köstliches Abendessen unter dem afrikanischen Himmel genossen, und schon am nächsten Tag ging es mit dem Bus nach Machame, unserem Ausgangspunkt zu der siebentägigen Tour. Für Peter, Hansjörg und mich begann das Abenteuer schon, als zwanzig Afrikaner mit reiner Muskelkraft und einem langen Seil versuchten, unseren Bus an einer Stelle aus dem Matsch zu ziehen. Die Schotterstraße nach Machame war vom Regen so stark aufgeweicht, dass das schwere Fahrzeug in den Straßengraben gerutscht war.
Was mich ungemein berührte, war die Verteilung der Lasten auf die einzelnen Träger, weil ich, ohne ein einziges Wort ihrer Sprache zu verstehen, deutlich mitbekam, wie sehr sie darum baten, unsere schweren Sachen tragen zu dürfen, um sich und ihren Familien damit ein Einkommen zu sichern.
Am 2. September brach unsere Gruppe aus 28 Bergsteigern und fast doppelt so vielen Trägern zur ersten Tagesetappe durch den

Regenwald auf. Der zweite Tag führte uns sieben Stunden lang durch herrlich begehbares Heideland und in ganz leichter Kletterei auf das Shira-Plateau in 3800 Metern Höhe. Dort zeigte sich zum ersten Mal, in welch unterschiedlicher Verfassung die einzelnen Teammitglieder waren. So zog sich das Eintreffen der Gruppe im Shira-Camp über einen Zeitraum von vier Stunden hin. Ein herrlicher Sonnenuntergang am Mount Meru, den mir Hansjörg und Peter eindrücklich beschrieben, beschloss den wunderbaren Tag.

Getrübt wurde die Stimmung unseres Teams durch die Tatsache, dass Craig, eines unserer blinden Teammitglieder, beim Abendessen immer noch nicht im Camp eingetroffen war. Erst lange nach Eintritt der Dunkelheit kam er völlig entkräftet bei uns an. Zwei weitere blinde und ein amputierter Kamerad aus den USA mussten ebenfalls an diesem Abend aufgeben. Damit hatte unser Team bereits nach zwei Tagen am Berg vier Mitglieder verloren.

Trotzdem starteten wir am dritten Tag gegen halb neun vom Shira-Camp Richtung Lava-Tower-Camp auf 4600 Metern. Dort war der geringe Sauerstoffgehalt der Atemluft schon deutlich zu spüren, und in der folgenden Nacht wurden Peter, Hansjörg und ich von sämtlichen Symptomen der Höhenkrankheit erfasst. Ein hundeelender Zustand mit Schüttelfrost, mehrmaligem Erbrechen und Durchfall sowie extreme Kopfschmerzen ließen uns an Schlaf nicht einmal denken. Am nächsten Morgen torkelten wir völlig entkräftet zum Frühstück, wo wir versuchten, etwas trockenes Brot und ein paar Schlucke Tee hinunterzubekommen.

Der vierte Tag sollte eigentlich ein »Rasttag« mit nur 700 Höhenmetern Abstieg durch das Barranco-Tal zum Barranco-Camp sein. Doch für mich wurde die dreistündige Tour zu einem Gewaltmarsch. So sehr sträubte sich mein ganzer Körper, auch nur einen Schritt vorwärts zu tun. Schließlich kamen wir mittags im Barranco-Camp an und legten uns unverzüglich zum Erholen in die Zelte. Gegen Abend merkte ich, dass ich mich langsam erholte und Kraft und Moral zurückkamen. Hansjörg, mein persönlicher Führer, erholte sich allerdings nicht, im Gegenteil, sein Zustand wurde in der folgenden Nacht sogar noch schlimmer, und alles deutete auf ein Höhenlungenödem hin. Höchste Zeit, dass Hansjörg zusammen mit zwei Trägern den direkten Abstieg ins Tal in Angriff nahm, der sich für ihn über drei Tagesmärsche erstrecken sollte. So mussten das Team und ich einen weiteren Tiefschlag verkraften, und mein einarmiger Freund Peter, der sich zum Glück auch wieder etwas erholt hatte, war ab diesem Zeitpunkt mein einziger Betreuer. Er musste mir Essen und Getränke reichen und mich durch das wilde Lavagelände zum Gipfel lotsen, während ich ihm die verklemmten Reißverschlüsse der Zelte auf- und zumachte und ihm die Schuhbänder knüpfte.

Im Nachhinein muss ich sagen, dass die Routenwahl unseres afrikanischen Führers nicht gerade ideal für unsere Höhenanpassung war. Am dritten Tag schon auf über 4600 Metern Meereshöhe zu übernachten, das hat der Gruppe alles andere als gutgetan.

Die nächsten zwei Tage führten uns vom Barranco-Camp durch die Barranco Wall in leichter Kletterei und mehreren Gegenanstiegen zum Barafu-Camp auf 4850 Höhenmetern, wo wir das letzte Lager vor dem Gipfelversuch aufschlugen. Ich war sehr beeindruckt von Peter, wie er diese leichten Kletterpassagen mit nur einer Hand überwand und auch noch versuchte, einige Fotos zu schießen. Dabei drang uns Lavastaub in Nase, Augen und Ohren, und das Atmen in der brütenden Nachmittagshitze auf knapp 5000 Metern fiel uns sehr schwer.

Der siebte Tag war der Gipfeltag. Da unser Team leistungsmäßig nicht homogen war, bildeten wir zwei Gruppen, die zeitlich versetzt vom Lager Richtung Gipfel losmarschieren sollten. Das sogenannte »Slow Team« machte sich gegen Mitternacht und das sogenannte »Fast Team« anderthalb Stunden später unter dem südlichen Sternenhimmel auf den Weg. Die Temperatur betrug fünfzehn Grad unter null, und die Strecke war sehr angenehm zu gehen. Nach vier Stunden erreichten wir den »Stella Point«, jenen Punkt, wo unsere Route in einer Höhe von 5670 Metern den Kraterrand des Kibo, des höchsten Gipfels des dreigipfeligen Kilimandscharo, erreichte.

Dort war die Temperatur auf zwanzig Grad unter null abgesunken, und man musste sich ständig bewegen, um nicht zu frieren.

Unsere beiden Gruppen waren am Kraterrand nun wieder vereint, und gemeinsam konnten wir uns über flaches Gelände gemütlich dem höchsten Punkt, dem 5895 Meter hohen Uhuru Peak, dem Dach von Afrika, nähern.
Um 6 Uhr 45 traf unser »Welt-Team«, tief bewegt von der gemeinschaftlich bewältigten Leistung, am Gipfel des höchsten freistehenden Berges unserer Erde ein. Noch am selben Tag stiegen wir bis ins Mweka-Camp auf 3100 Metern ab. 2800 Meter Höhenunterschied in achtzehn Stunden – das war schon was. Am letzten und achten Tag tauchten wir während unseres Abstieges wieder in den dichten afrikanischen Dschungel ein. Für mich war das ein ganz besonderes Tast- und Hörerlebnis. Das Aneinanderreiben der uralten Baumäste und die exotischen Laute der Urwaldtiere regten meine bunte Vorstellung von dieser fantastischen Umgebung mächtig an. Immer wieder spürte ich nasse Blätter im Gesicht, dicke umgefallene Baumstämme galt es zu überklettern und tiefe Wasserpfützen zu überspringen, bis uns der gespenstisch anmutende Regenwald hinunter zum Endpunkt der großartigen Unternehmung, dem Mweka Gate auf 1700 Metern, und damit zurück in die Zivilisation brachte.

DIE REISE ZUM HÖCHSTEN GIPFEL Europas nahm ich zum Anlass, die Organisation und die Suche nach Sponsoren für meine Kameraden und mich erstmals selber zu erledigen. Hunderte von E-Mails hatte ich schon verschickt, um für Hansjörg, meinen Partner am Kilimandscharo, für Andreas Unterkreuter, den Freund aus meiner Heimat, und für meinen Seilpartner David Denifl aus Salzburg die noch fehlenden Ausrüstungsstücke zu bekommen. Aus Deutschland kam ein Paket mit warmen Handschuhen, aus Kärnten die unverzichtbaren Daunenschlafsäcke mit Jacken, und ein Weltkonzern, der Fotoapparate und Videokameras vertreibt, schickte mir meine erste Digitalkamera für meine kleine Expedition – positive Reaktionen, die mich beflügelten. Kurz vor dem Flug nach Moskau, den mir ein Kitzbüheler Reisebüro gesponsert hatte, fuhr ich noch ins Tiroler Stubaital, wo sich eine volkstümliche Musikgruppe und ein Verein von Spitzensportlern bereit-

erklärt hatten, mein Projekt zu unterstützen. Im ausverkauften Festzelt durfte ich mit dem Alpentrio Tirol auf die Bühne, um für die tobenden Fans des Alpentrios zu singen.
Nach einem abenteuerlichen Spießrutenlauf durch den russischen Kontrolldschungel am Moskauer Flughafen brachte uns eine nicht mehr ganz taufrische Maschine nach Mineralnye Vody im Kaukasus. Von dort ging es mit einem klapprigen Kleinbus über eine rund 240 Kilometer lange holprige Straße ins Baksantal nach Terskol an den Fuß des höchsten Berges von Europa. Charley Mace, ein Freund meines blinden Freundes Erik Weihenmayer, war mit drei weiteren Landsleuten aus Amerika eingetroffen, um den 5642 Meter hohen Elbrus mit uns zu besteigen.
Die ersten Tage galten auch hier der Anpassung an die Höhenlage. Akklimatisierungsaufstiege und traumhafte Firnabfahrten mit unseren Tourenschiern bereiteten uns wunderschöne Tage im wilden Gebirge des Kaukasushauptkammes. Die Wetterlage kümmerte uns anfangs nicht weiter, weil bis auf 3800 Meter – das ist etwa die Höhe des Großglockners – immer blauer Himmel und Sonnenschein vorherrschte. Nur die beiden Elbrusgipfel, die noch fast 2000 Meter höher in den Himmel ragten, waren in dicke Wolken gehüllt und deshalb nie zu sehen. Auch von dem verheerenden Sturm, der fast immer um den Gipfel tobte, merkten wir da unten nicht viel. Erst als wir uns so weit akklimatisiert hatten, dass wir die Seehöhe von über 4000 Metern auch nachts beim Schlafen gut vertrugen, wurde das Wetter langsam zum Thema.
In der Flanke des Elbrus auf 4100 Metern steht die Prijuthütte, eine sehr einfache und unbeheizte Unterkunft mit wenigen Schlafplätzen und einem kleinen Gastraum. Dort sollte sich in den nächsten fünf Tagen unser Leben abspielen. Und das sah folgendermaßen aus: Wir gingen nur wenige Schritte vom Schlafsack zu den Mahlzeiten, die wir wegen der Kälte in voller Daunenausrüstung und mit Handschuhen einnahmen, und zur Toilette, die natürlich außerhalb lag und nur mit festem Schuhwerk und Sturmhaube zu erreichen war. Sonst hielten wir uns hauptsächlich im Schlafsack auf. In der Nacht fegte ein solcher Sturm über unsere kleine Behausung, dass man glaubte, direkt neben dem

Triebwerk jener russischen Passagiermaschine zu verweilen, die uns in den Kaukasus geflogen hatte. Nur zweimal erlaubte die extreme Witterung weitere kurze Akklimatisierungstouren zu den Pastuchov-Felsen. Es war dabei für Hansjörg, David und Andreas nicht immer leicht, bei der Abfahrt im starken Nebel unsere Behausung wiederzufinden.

Die Stimmung wurde Tag für Tag getrübter, weil wir bereits zwei Gipfelversuche mit guter Wettervorhersage aufgrund extremen Sturmes und Nebels mit Sichtweiten von unter dreißig Metern schon in den frühen Morgenstunden abbrechen mussten. Ich hatte per SMS täglich Kontakt nach Hause zu Sabine, die uns immer wieder aufmunterte mit guten Wünschen von unseren Freunden, die daheim mit uns mitfieberten und uns ganz fest die Daumen drückten.

Dann kam der Nachmittag, an dem ich durch ein kleines Missgeschick beinahe unseren Kontakt zur Außenwelt zerstört hätte. Das stille Örtchen dort ist alles andere als still. Man steht dort in gehockter Stellung in einem winzigen Holzverschlag, der direkt an der Kante über einer steilen Flanke aufgebaut ist. Im Boden ist ein zirca zwanzig Zentimeter großes Loch, durch das man sich seiner Exkremente entledigt. Zwischen der Wellblechtafel, die als Dach dient, und den Seitenwänden gibt es in Kopfhöhe eine breite, fensterartige Öffnung ins Freie. So fegen bei ordentlicher Thermik die Schneefahnen von unten durch das Loch, unter der Jacke hindurch nach oben bis zum Kragen, was wegen Erfrierungsgefahr zur Eile treibt. Ich machte vor diesem Ausflug den fatalen Fehler, mein Mobiltelefon nur flüchtig in die offene Hosentasche zu stecken. Während meiner Geschäftsvorbereitungen muss mir das Ding dann herausgerutscht und genau durch das Loch im Boden, in die Abgründe unserer Toilette gestürzt sein. Mein Freund Andreas erklärte sich sofort bereit, mit seinem Pickel und den Steigeisen bewaffnet, eine delikate Klettertour in die Steilflanke unter der Klohütte zu unternehmen. Dafür wurde unser Plumsklo kurzzeitig gesperrt, damit mein Freund bei der Suche nach meinem Telefon nicht durch Beschuss von oben gestört wurde. Es stand doch schließlich die Verbindung zur Außenwelt auf dem Spiel.

Tatsächlich traf Andreas mehrere Haushöhen unterhalb der Sanitäreinrichtung auf mein Telefon, das vollkommen unbeschädigt und unbeschmutzt in einem Haufen angewehten Pulverschnees lag. Drei Tage vor unserer Abreise, als wir schon nicht mehr daran glaubten, den Elbrus jemals besteigen zu können, teilte uns Sabine über ebenjenes Telefon mit, dass am Tag darauf, am Sonntag, den 11. Juni, wettermäßig die letzte große Chance für eine Tour auf den Gipfel bestehe. Das hatte sie von dem legendären Tiroler Bergsteiger und Ballonfahrer Wolfi Nairz erfahren. Am Dienstag darauf gebe es, so seine Prognose, vielleicht noch einmal ein kurzes günstiges Zeitfenster, bevor es nach Schneefall und Orkan wieder zumachen sollte.

An diesem Sonntag herrschte in der Hütte schon früh am Morgen nervöse Aufbruchsstimmung. Als unsere Gruppe jedoch nach einer kurzen Zeit des Aufstiegs wegen Sturm und Nebel wieder den Rückzug antreten musste, war es an der Zeit, sich langsam auf das Scheitern der Unternehmung einzustellen. Am Tag darauf sollte es ja Neuschnee und Sturm geben, und ob das Zeitfenster am Dienstag reichen würde, wussten wir nicht. Tatsächlich fielen am Montagnachmittag in kürzester Zeit zwanzig Zentimeter Neuschnee. Gegen Abend riss es, wie von Wolfi vorhergesagt, leicht auf, und alle waren plötzlich von unserer großen letzten Gipfelchance am Dienstag überzeugt. So legten wir uns alle schon recht früh in unsere Schlafsäcke, wo uns heftige Sturmböen in den Schlaf begleiteten. Gegen Mitternacht kehrte David mit einer sensationellen Nachricht von der Toilette zurück: Draußen sei es völlig wolkenlos und der Sturm habe sich etwas gelegt. Da war an Schlaf nicht mehr zu denken. Um drei Uhr gab es Frühstück und eine Stunde später brach unsere Gruppe bei wolkenlosem, schwarzem Himmel und fast vollem Mond zum Anstieg auf, an diesem 13. Juni 2006, dem letzten Tag vor unserer längst schon gebuchten Heimreise.

Es war so bitterkalt, dass ich trotz doppelter Lage Spezialunterwäsche, Fleecejacke, Daunenjacke und Goretex-Jacke erbärmlich fror. Daran änderte auch der anstrengende Aufstieg nichts. Da die Flanke bei den Pastuchov-Felsen Blankeis zeigte, ließen wir die

Tourenschier auf 4600 Höhenmetern zurück und stiegen mit Steigeisen und Pickel auf. Bei Sonnenaufgang, der meine Freunde mit einem bezaubernden Farbenspiel beeindruckte, hatten wir bereits eine Höhe von knapp 5000 Metern erreicht. Hansjörg drückte vor mir die Frontalzacken seiner Steigeisen laut knackend in das blaue Eis, so dass ich trotz Sturmhaube und starkem Wind nie die Orientierung verlor und ihm recht gut nachsteigen konnte. Andreas stieg unmittelbar hinter mir, um mich gegebenenfalls zu warnen. David kletterte teilweise vor und teilweise neben uns, um mit meiner Digitalkamera einzigartige Fotos von unserer besonderen Unternehmung zu machen.

Während des gesamten Aufstiegs setzte mir die Kälte bis an die Grenze des Erträglichen zu, und als wir auf 5620 Metern aus dem »Windschatten« des Riesen auf den alles überragenden Scheitel des Berges traten, rauschte ein solcher Sturm um uns herum, dass es unmöglich war, sich aufrecht auf den Beinen zu halten, geschweige denn sich fortzubewegen. Wer und was sich um mich herum bewegte, konnte ich ab diesem Moment nicht mehr registrieren. Ich fühlte einen Pickelschaft oder einen Schistock und hielt mich daran fest, weil ich merkte, dass er mich führen wollte. Ich kroch wie eine Fliege, mich mit den Steigeisen festkrallend und mit meinem Eispickel sichernd, um nicht von diesem Orkan in die Tiefe gefegt zu werden, die letzten hundert Meter über den fast waagerechten Gipfelgrat zum höchsten Punkt Europas auf 5642 Metern. Bei der kräftigen Umarmung am Gipfel merkte ich erst, dass es Charley Mace gewesen war, der mich die letzten Meter geführt hatte. Es war mir aufgrund des enormen Geräuschpegels unmöglich, mit jemandem zu kommunizieren, selbst wenn er direkt vor mir stand. Andreas drückte daher nur stumm meine Hand, als wir ganz oben ankamen, und Hansjörg kam gleich darauf mit David und machte die wenigen Gipfelfotos, die in dem extremen Windkanal bei 120 km/h und minus siebzehn Grad überhaupt möglich waren. Der Abstieg von dieser Hölle war noch einmal eine Herausforderung für sich. Nichts leichter, als dass einen der Sturm beim Abstieg den Berg hinunterblies. Hansjörg und ich meisterten das mit der sogenannten Rucksacktechnik.

Dabei bleibe ich mit zwei Fingern am Rucksack des Vordermannes und kann anhand dessen kleinster Bewegungen genau den Untergrund und somit das Gelände in mein Bewegungsmuster übertragen. So überwinde ich relativ flott holprige Steiglein und gefährliche Querungen über den Abgrund. Dank dieser Technik gelangten wir sehr schnell wieder in die windgeschützte Seite des Berges, wo die dünne Luft nur noch mit siebzig km/h über uns hinwegpfiff.
Auf 5300 Metern schickte ich Sabine eine SMS, dass der erste blinde europäische Bergsteiger soeben den höchsten Berg von Europa bestiegen hatte.

MIT ZWEI AUGEN, DREI HÄNDEN und vier Füßen auf das Dach von Südamerika: So könnte ich meine Besteigung des Aconcagua beschreiben. Der weiße Wächter, wie der mit 6962 Metern höchste Berg von Südamerika auch genannt wird, war für meine Freunde Peter Mair, David Denifl und mich das ersehnte Ziel. Nach dem Mount Everest ist der Aconcagua der zweithöchste der begehrten Seven Summits.
Der Gipfel liegt vierzehn Kilometer östlich der Grenze zwischen Argentinien und Chile auf argentinischem Gebiet und etwa am 32. Grad südlicher Breite. Der Sauerstoffgehalt ist auf knapp 7000 Metern aufgrund der großen Entfernung zum Äquator recht gering. Im Äquatorbereich ist die Atmosphäre am dichtesten und nimmt in Richtung der beiden Pole sukzessive ab, was einen Vergleich des Sauerstoffangebots auf derselben Meereshöhe bei unterschiedlicher geographischer Lage praktisch unmöglich macht. Steht man am Äquator auf einer Meereshöhe von 7000 Metern, so ist das in etwa mit der Höhe von 6000 Metern am Nordpol zu vergleichen. Deshalb ist es nicht verwunderlich, dass laut Statistik nur gut zwanzig Prozent der Gipfelaspiranten tatsächlich den höchsten Punkt erreichen. Das liegt vor allem auch daran, dass der Aconcagua wegen seines praktisch nicht vorhandenen technischen Schwierigkeitsgrads sehr oft unterschätzt wird und nicht einfach überrannt werden will.
Unser Flugzeug landete in Santiago de Chile, von wo aus wir uns

per Bus auf die Reise ins östlich benachbarte Argentinien aufmachten. Einige Kilometer hinter der chilenisch-argentinischen Grenze war unser Berg auf der linken Straßenseite zum ersten Mal zu sehen. Dort liegt der Eingang ins Horcones-Tal und der Zugang zum Aconcagua. Leider mussten wir diesen prickelnden Platz gleich wieder verlassen, weil wir noch nach Mendoza fahren mussten, um die Besteigungsgenehmigung zu besorgen. Leicht verunsichert wurden wir, als wir einem deutschen Arzt begegneten, den ich schon im Juni 2006 am Elbrus getroffen hatte. Er hatte in nur einem Jahr vier der Seven Summits bezwungen und der Aconcagua sollte der fünfte sein. Er erzählte uns, dass ihn auf 5500 Höhenmetern ein derartiger Zahnschmerz übermannt habe, dass er die Unternehmung abbrechen musste.

Nach den letzten Besorgungen in Mendoza, einigen Gläsern argentinischen Rotweins und zentimeterdicken Rindersteaks, die man wegen ihrer Größe besser ohne Beilage konsumierte, ging unser Abenteuer auf eigenen Beinen am 9. Januar richtig los. Am Eingang in den Aconcagua-Nationalpark, wo man die Genehmigung vorweisen muss und einen nummerierten Müllsack erhält, der bei der Rückkehr gefüllt wieder dort abgegeben werden muss, bekamen wir sogleich eine eindrückliche Warnung: Wie auf dem Präsentierteller kam ein Hubschrauber aus dem Hochtal mit einem höhenkranken Mann herangeflogen, der mit Sauerstoff beatmet wurde.

Ein guter Anfang, dachten wir, und stiegen langsam taleinwärts. Am Abend war ich glücklich, die steinige Wegstrecke gut hinter mich gebracht zu haben, und schon hörten wir von einem Bergsteiger, der mit erfrorenen Fingern und erfrorenem Gesicht weit oben am Berg gerade geborgen wurde.

Am übernächsten Tag wanderten wir schließlich acht Stunden lang zwanzig Kilometer und gut tausend Höhenmeter über endlose Wüsten aus Sand und Steinen. Für mich war das einer der anstrengendsten Tage überhaupt. Immer wieder mussten wir Wasserläufe überspringen und Flüsse überqueren, indem wir über lockere Steinblöcke balancierten. Die Tatsache, dass ein Sturz ins eisige Wasser schon das Ende der Unternehmung bedeutet hätte,

weil dann mein Daunenschlafsack nass und unbrauchbar geworden wäre, machte es für mich noch spannender. Und so steuerten mich Peter und David mit einer Eselsgeduld durch dieses nicht enden wollende Labyrinth.
Im Basislager bekamen wir einen schwarzen Plastiksack zu Verrichtung unserer Notdurft, der nach der Tour wieder abgegeben werden musste. Andernfalls waren hundert Dollar fällig. Also behandelten wir unsere schwarzen Plastiksäcke auch wie kostbare Dokumente und deponierten sie unter den Unterlagsmatten im Zelt, damit die hundert Dollar im Falle eines kleinen Windstoßes nur ja nicht davonflogen. Wir hatten nun genau zwölf Tage Zeit, um vom Basislager auf den Gipfel zu gelangen und wieder abzusteigen, und heiße Diskussionen über Akklimatisierung, Hochlagerstrategie und Gipfelsturm waren unter den verschiedenen Expeditionsgruppen aus aller Welt im Gange.
Es gibt bei diesem Aufstieg zum Gipfel des Aconcagua verschiedene Hochlager in unterschiedlichen Höhen. An welchem Tag die gesamte Ausrüstung inklusive Zelt, Kocher, Brennstoff, Schlafsäcken und Verpflegung von den Bergsteigern in welches Hochlager getragen und in welcher Höhe übernachtet wird, ist für eine erfolgreiche Gipfelbesteigung ausschlaggebend. Die Schlafhöhe sollte immer nur um jeweils 400 Meter erhöht werden, und dann ist es ratsam, jedes Mal etwas höher auf- und zum Schlafen wieder etwas abzusteigen. Denn neben der großen Höhe, die dem Organismus zu schaffen macht, spielt auch die Verweildauer da oben eine Rolle. Das heißt, wenn man in relativ kurzer Zeit eine sehr große Höhe erreicht und gleich wieder absteigt, ist die Gefahr der Höhenkrankheit wesentlich geringer, als wenn man sich dort oben über längere Zeit aufhält. So warfen auch wir drei unser Konzept mehrere Male über den Haufen. Letztlich half die ganze Höhenanpassung nichts, wenn das Wetter dann umschlug oder man die ganze Energie beim Schleppen der Ausrüstung bereits verschossen hatte und dann beim Gipfelsturm mit weichen Knien dastand. In Höhenlagen über 5000 Meter regeneriert sich der Körper nicht wie zu Hause nach einer Nacht gesunden Schlafs.
Ich spürte ganz deutlich, dass es für mich besser war, auf Kosten

der Höhenanpassung auf möglichst viele Kilometer des Auf- und Abstiegs, wie es im Pendelverkehr zwischen den Hochlagern üblich ist, zu verzichten und stattdessen den Berg nur aufwärts zu versuchen.
Das Wetter war während der letzten zwei Wochen immer schön gewesen und das allseits bekannte Aconcaguawetter mit extremem Sturm bis zu 200 km/h und laut neuestem Wetterbericht Schneefall musste jetz bald kommen. So war diese Lösung auch in diesem Sinne die schnellste und sicherste. Jetzt war nur noch zu klären, ob wir dem physisch gewachsen waren. Das konnten wir jedoch nur erfahren, wenn wir es versuchten.
Jeweils 23 Kilo wogen unsere Rucksäcke, als wir am frühen Morgen vom Basislager Richtung Steilhang nach Camp-Canada, unserem ersten Hochlager, wankten. Gegen zehn Uhr trafen wir dort ein. Als wir unser Drei-Mann-Zelt aufbauten, merkte ich sofort, dass mit David etwas nicht stimmte. Seine Stimme klang ganz leise und verwaschen, so dass ich immer zweimal nachfragen musste, um ihn zu verstehen. Ihm hatte die Höhe und die Anstrengung so zugesetzt, weil er die letzten Tage wegen Verdauungsproblemen nur sehr wenig hatte essen können. Am Nachmittag entschloss er sich, ins Basislager abzusteigen. Dort wollte er sich zwei, drei Tage lang erholen. Als ich, der Blinde, nun auf 5000 Metern über dem Meeresspiegel neben Peter, dem Einarmigen, im Zelt lag, fragte ich ihn nach seinem Empfinden.
Peter meinte, dass er sich wohlfühle und zumindest einen Versuch, auf den Gipfel zu kommen, wagen wollte. Ich bat ihn, sich die Sache noch einmal gut zu überlegen. Immerhin lag David, unser einziger Betreuer ohne Handicap, gut 700 Meter weiter unten und kämpfte dort mit seinem Energieverlust. »Peter«, fragte ich ihn noch einmal eindringlich, »bist du dir sicher, dass du mit mir noch höher steigen willst?«
»Ja, wenn du mir in der Gipfelrinne hilfst, meine Steigeisen anzuschnallen, dann könnte es gehen. Im Sturm kann ich unser Zelt nicht alleine aufstellen und mit dem Kocher hab ich gar keine Erfahrung. Und wie die Höhenmedizin genommen wird, das weißt du doch auch. Ich hab dafür zwei Augen und wirklich große Lust,

mit dir da hochzusteigen. Warum machen wir es nicht einfach so wie daheim auch: Du hilfst mir mit den Schuhbandln, und ich erzähl dir, wo's langgeht.«

Nun begannen wir, fast im Gleichtakt Flüssigkeit und Nahrung zu uns zu nehmen, und achteten penibel darauf, dass wir mehr Kalorien zu uns nahmen, als wir in der eisigen Kälte verbrannten. Wir wussten beide haargenau, wie sehr wir aufeinander angewiesen waren und dass wir es nur schaffen konnten, wenn wir beide gleichermaßen fit blieben. Ich machte Peter noch einmal deutlich, dass er mir immer ehrlich seine Verfassung mitteilen musste. Da ich seinen Zustand nicht wahrnehmen konnte, war es unsere Überlebensversicherung. Wenn er oben einen Einbruch bekam, hatten wir keine Chance, vom Berg lebend wieder abzusteigen. Fast wie ein einziger Organismus mit drei Händen, zwei Augen, vier Beinen und viel Disziplin wollten wir weitermachen.

Nach einem dreistündigen Aufstieg kamen wir mit unseren schweren Rucksäcken auf dem Camp »Nido de Condores« an, einem sehr weitläufigen Plateau, wo der Wind ungemütlich um ein paar Zelte strich, die dort schon standen. Hier war man zwar sprichwörtlich unter Menschen, trotzdem hatte in diesen Höhenlagen jeder so mit sich selbst zu tun, dass man sich nur im äußersten Notfall mit einer Bitte an jemand anderen gewandt hätte.

Als wir unser Zelt aufgebaut hatten – was für ein Spektakel, wenn ein Blinder die Stangen einfädelt, dabei ums Zelt stolpert und ein Einarmiger versucht, Heringe in den steinigen Boden zu hämmern! –, merkten wir beide plötzlich den Sauerstoffmangel. Wir mussten größere Steine herbeischleppen, um das Überzelt zu sichern, und da wurde Peter und mir immer wieder schwindlig und flau in der Magengrube. Dennoch zwangen wir uns zu je einer Packung Travel-Lunch, die wir mit Tee hinunterspülten, wenn man die Brühe überhaupt so nennen konnte. Das Wasser dazu gewannen wir aus einem trüben Tümpel, neben dem die Bergsteiger frühmorgens, wenn alles noch gefroren war, ihr Geschäft verrichteten. Einfach lange kochen, hieß da die Devise, und viel »Mikropur« hinein, eine keimabtötende Pille, die plastikartigen Geschmack verbreitete. Während Peter dieses edle Wasser in mehreren Gängen herbeischaffte, setzte ich den Benzinkocher in Betrieb und unser köstliches Mahl konnte – wenn auch nur mit zugehaltener Nase – genossen werden.

Zwei Nächte wollten wir in diesem Hochlager verbringen und dann, hoffentlich gut akklimatisiert, den Gipfelsturm gleich von dort aus in Angriff nehmen. Ich hatte nämlich aus einem anderen Zelt Gesprächsfetzen aufgeschnappt, die mir einen Floh ins Ohr setzten: »Gut, dass wir vor dem großen Schlechtwettereinbruch oben waren«, so das Fazit zweier Bergsteiger, die anscheinend an diesem Tag vom Gipfel zurückgekehrt waren und über Satellitentelefon verlässliche Wetterinformationen erhalten hatten. Ich machte Peter den Vorschlag, es gleich am nächsten Morgen zu versuchen, und Peter meinte nur: »Wenn uns in der Früh nichts fehlt, probieren wir es!«

Trotz einer Schlafunterbrechung wegen Durchfalls erwachte ich um vier Uhr morgens wie geplant. Peter war quietschvergnügt, und so stand unserem ersten Gipfelversuch an jenem strahlenden Tag nichts im Wege. Wir hatten für diese extrem lange Gipfeletappe nur einen Rucksack für uns beide gepackt, den wir abwechselnd tragen wollten. Vier Liter Tee, einige Müsliriegel, Fotokamera, GPS-Gerät und Daunen- und Sturmausrüstung hatten wir dabei. Um vier Uhr vierzig marschierten wir los.

Die ersten 400 Höhenmeter legten wir in einer Gruppe von anderen Bergsteigern zurück. Doch mit dem Sonnenaufgang zerstreute sich die Gruppe, und es wurde sehr schwierig, mit anderen im selben Rhythmus zu bleiben, weil sich der Zustand jedes Einzelnen über 6000 Metern Höhe fast von Minute zu Minute ändern konnte. So waren Peter und ich bald allein auf weiter Flur, und nur gelegentlich hörte ich Bergsteiger neben mir in allen möglichen Tonlagen den Berg verdammen. Ab 6300 Metern wurde es immer zäher. Wir hatten seit unserer letzten Pause das Gefühl, schon stundenlang gegangen zu sein, während in Wirklichkeit nur zwanzig Minuten verstrichen waren. Ebenso erging es uns mit den Höhenmetern. Wir hatten weder Uhr noch Höhenmesser am Arm, und das GPS-Gerät war im Rucksack und ich wollte es nur im Falle von Nebel und schlechter Sicht herausgeben. So waren wir auf

Zeit- und Höhenangaben von anderen Bergsteigern angewiesen, die genauso kämpften wie wir. Auf 6400 Metern überholte uns der Joachim aus Schladming, ein lieber Kamerad aus Österreich, der bereits zwei Achttausender erklommen hatte. Er meinte, an diesem Tag komme keiner auf den Gipfel. Das irritierte Peter und mich nicht weiter, da es keine Wolke am Himmel, keinen Wind, keine warnenden Körpersignale gab und es erst neun Uhr morgens war. Peter und ich trotteten weiter und ich fragte ihn immer wieder, ob er die »Canaleta« nicht bald sehen würde.

Die Canaleta ist die letzte Steilrinne, die sich über 300 Höhenmeter in einer Scharte bis knapp unter den Gipfel zieht und das letzte Kriterium der Tour darstellt. Wegen unserer sehr schlechten Höhenanpassung nahm unsere Leistungsfähigkeit enorm ab und wir schafften fast nur noch hundert Höhenmeter pro Stunde. Bei der Querung zur Canaleta wurde das Gelände für mich extrem schwierig: lockeres Geröll, große Steinblöcke und ein unangenehmes Gefälle. Irgendwann wurde das Geröllfeld immer steiler und ich musste nach jeweils zwanzig Schritten immer wieder kurz stehen bleiben, um nach Luft zu ringen. Als ich glaubte, bald in der Scharte zum Gipfel zu sein, wurde das Gelände noch steiler und unangenehm bockig. Ich deponierte den Rucksack unter einem großen Felsen und ohne Verpflegung und Ausrüstung krochen wir weiter nach oben.

Worte fielen fast keine mehr, und wenn doch, dann nur sehr heiser klingende. Ich lauschte, wo Peter mit seinen Füßen im Hang scharrte, und kroch und krabbelte den Geräuschen nach. Von Geschwindigkeit war schon lange keine Rede mehr. Unserem Empfinden nach krochen wir seit Stunden die Canaleta hinauf, als ich von oben Joachims Stimme vernahm, der schon wieder beim Abstieg war. Er muss sich sehr gewundert haben, als er unsere Kreatur da heraufgeistern sah. »Wenn ihr es nur irgendwie schafft«, rief er uns mit verschwommener Stimme zu, »es sind nur noch siebzig Höhenmeter zum Gipfel!«

Für mich war klar: So »billig« bekamen wir diese Gipfelchance nie wieder. So motivierte ich Peter noch einmal nach Kräften, der nun seine allerletzten Reserven auspackte. Die Anstrengung übermannte uns nun alle fünf Schritte und zwang uns in die Knie. Trotzdem richteten wir uns immer wieder auf und sprachen uns gegenseitig Mut zu, obwohl zu diesem Zeitpunkt keiner von uns beiden wirklich glaubte, an diesem Tag noch dort hinauf zu kommen. Die letzten zwanzig Höhenmeter waren Schwerstarbeit: dreißig bis fünfzig Zentimeter hohe Stufen über Gesteinsbrocken, deren Überwindung den Puls bei jedem einzelnen Schritt in unglaubliche Höhen trieb. Dann ging es plötzlich nicht mehr aufwärts. Tränen schossen uns in die Augen, als wir uns außer Atem, aber überglücklich, auf dem höchsten Punkt des südamerikanischen Kontinents in die Arme fielen, der Peter und ich.

Auf so hohen Bergen, das war uns auch in diesem Augenblick der Euphorie bewusst, war der Gipfel erst der halbe Weg, und so nahm ich meine ganze Kraft und Konzentration zusammen, um den für mich nicht einfachen Abstieg gut zu überstehen. Peter hat wegen seiner Einarmigkeit, die sich ungünstig auf sein Gleichgewichtsverhältnis im Oberkörperbereich auswirkt, in solchen Extremsituationen Probleme. So war es für ihn sehr schwierig, auf den Steinblöcken in der steilen Canaleta die Balance nicht zu verlieren. Nach 300 extrem anstrengenden Höhenmetern hatten wir das Schlimmste allerdings geschafft.

Als wir am nächsten Morgen in unserem Zelt im Hochlager erwachten, waren fünfzehn Zentimeter Neuschnee gefallen. Das war der Schlechtwettereinbruch. Wir bauten unser Zelt ab und packten unsere Rucksäcke für den Abstieg ins Basislager. Mit einer tiefen Freude im Herzen ließ sich der steile schotterige Abstieg trotz müder Knochen leicht ertragen. Hundert Höhenmeter über dem Basislager kam uns David entgegen und beglückwünschte uns zu unserem Erfolg. Er hatte sich, nach drei Tagen Erholung wieder voller Tatendrang, einer Gruppe von Leuten Richtung »Nido de Condores« angeschlossen und wollte am nächsten Tag unseren Spuren zum höchsten Punkt folgen. Das aber ließen die Sturmböen am Gipfel des Aconcagua nicht mehr zu.

ICH HATTE EINIGE MÜHE, im Zustand völliger Orientierungslosigkeit über das Flugplatzgelände zu gehen, ohne hinzufallen. Zu fünft nahmen wir den vierten Gipfel meiner Seven Summits in Angriff, und der kleine Flugplatz von Talkeetna, einem legendären Kaff mit nur wenigen hundert Einwohnern inmitten der Wildnis von Alaska, sollte für uns das letzte Stück Zivilisation für die nächsten vier Wochen sein. Nervöses Treiben im Lärm von aufheulenden Triebwerken zwischen den Buden, in denen ein kleines Büro, eine Kneipe und die Toiletten untergebracht waren, dämpften meine Wahrnehmung, und ich wagte nur zögerlich den jeweils nächsten Schritt. Es war nicht jeden Tag möglich, sich von den Buschpiloten mit ihren winzigen Fliegern mit Spezialkufen auf den hundert Kilometer entfernten Kahiltna-Gletscher, den Ausgangspunkt für den Mount McKinley, fliegen zu lassen. Auch wir waren schon am Tag zuvor da gewesen und hatten wegen einer undurchdringlichen Wolkendecke umsonst auf diese Chance gewartet. Die Piloten benötigen nicht nur in Talkeetna, sondern auch am Kahiltna-Gletscher schönes Wetter, um sicher starten und landen zu können. Viele Bergsteiger aus aller Herren Länder warteten teils schon tagelang auf ihren Flug, was ihrer Stimmung nicht unbedingt zuträglich war. Die beiden Brüder Thomas und Andi Nothdurfter, Andi Scharnagl und Felix Goller, alle aus Tirol, waren diesmal meine Begleiter.

Wegen meines unsicheren Auftretens, als ich in meinen Expeditionsschuhen zwischen den herumliegenden Schiern, Gepäckstücken und Flugzeugteilen herumstolperte, hatte sich unter den anderen Expeditionsgruppen bald herumgesprochen, dass wir eine ganz besondere Truppe waren, und natürlich wurden meine Freunde von anderen Bergsteigern darauf angesprochen. »Es wäre viel sicherer und vernünftiger, wenn Sie mit diesem Blinden hier in Talkeetna bleiben würden, weil oben am McKinley extreme Bedingungen herrschen. Wenn der gute Mann schon hier am Flugplatz solche Schwierigkeiten hat, wie soll das am Berg dann funktionieren?«

Meinen Leuten entlockte das aber nur ein Schmunzeln, weil sie genau wussten, dass ich mich in der lauten, unberechenbaren Zivilisation viel schwerer tat als in der Wildnis.

Ich spürte die Hand von Thomas, der mich am Arm mit sich zerrte, und der Propellerlärm, der die Luft zersägte, wurde mir immer unerträglicher. Thomas führte meine Hand nach oben, wo ich die Tragfläche unserer Maschine spürte und nun wusste, dass zwei oder drei Meter vor mir die Treppe zum Einsteigen kommen würde. Mit einer weiteren geschickten Handbewegung deutete mir mein Freund an, dass ich meinen Kopf etwas einziehen und die Stufen in den kleinen Flieger nehmen sollte. Ich spürte die Sitzbank, zog mir den Sicherheitsgurt über die Schulter und war zum Abflug bereit. Thomas saß neben mir, hielt meine Hand, und als wir mit dem Viersitzer abhoben, signalisierte er mir mit einem Händedruck seine Erleichterung. Thomas war schon im Vorjahr mit seiner Freundin auf diesen kältesten Berg unserer Erde gestiegen, und ich war ihm zutiefst dankbar, dass er sich diese Strapazen nur für mich noch einmal antun wollte.

Am Mount McKinley ist es von großem Vorteil, wenn jemand im Team die Einzelheiten dieser Herausforderung kennt. Nach den etwas komplizierten Formalitäten für die Zugangsgenehmigung wird man für drei bis vier Wochen im Eis und Schnee des Denali, wie der Mount McKinley bei den Einheimischen heißt, ausgesetzt. In dieser Zeit versucht man, sich mit bis zu siebzig Kilogramm Gepäck dem Gipfel zu nähern. Gut 25 Kilogramm trägt man dabei im Rucksack, den Rest zieht man auf einem Plastikschlitten hinter sich her.

Das Frühstück, das man beispielsweise am zwanzigsten Tag zu sich nehmen will, muss schon am ersten Tag im Rucksack sein. Zelte, spezielle Unterlagsmatten, Schlafsäcke, Daunenausrüstung, Steigeisen, Seile und Kocher drücken zusätzlich schwer auf die Schultern. Für die ersten drei Tagesetappen von 2000 bis 3400 Metern Meereshöhe, die relativ flach verlaufen, hatten wir unsere Tourenschier mitgenommen, um uns das Gehen im tiefen Schnee zu erleichtern.

Die erste Nacht am Gletscher war für mich die schlimmste während der gesamten Expedition. Mein Partner für die nächsten Wochen im engen Zelt war Andi Scharnagl aus Kössen in Tirol, ein Mensch, dem es das Schicksal nicht leicht gemacht hat. Während einer Schitour im März 2006 im Kaisergebirge verlor er bei einem katastrophalen Absturz seine Lebensgefährtin und wäre dabei fast selbst umgekommen. Es grenzte an ein Wunder, dass er den Sturz über 500 Höhenmeter felsdurchsetztes Steilgelände überlebte. Als er mit schwersten Verletzungen und in einer sehr schlechten psychischen Verfassung im Krankenhaus lag, klingelte sein Telefon, und ich, der nichts von seinem Schicksalsschlag erfahren hatte, war in der Leitung. Wegen der Besteigung des Elbrus im Kaukasus, die wir beide unabhängig voneinander in jenem Frühjahr im Programm hatten, wussten wir voneinander. Ich hörte Andi wie einen Geist aus dem Hörer nuscheln, als er mir von der Tragödie erzählte. Mit meiner oft sehr pragmatischen Art versuchte ich nicht, Andreas einfach zu trösten, sondern hielt ihm beinhart den Spiegel der Realität vor. Ich sagte zu ihm, dass wir als Menschen den Plan vom lieben Gott doch niemals verwerfen und schon gar nicht verstehen könnten. Er solle versuchen, sich auf die Tatsache zu konzentrieren, dass er noch am Leben war, und auf seine Heilung setzen. Das bisschen Energie, über das er damals noch verfügte, durfte er auf keinen Fall an Dinge verschwenden, die er ohnehin nicht mehr beeinflussen konnte. Die wenig einfühlsamen, aber ehrlichen Worte konnte Andi in seinem Zustand wohl nur ertragen, weil er genau wusste, dass auch ich durch meine Blindheit mit oft übermächtigen Problemen fertig werden musste. Von da an entwickelte sich zwischen Andi und mir eine ganz besondere Verbindung.

Nun war Andi Scharnagl mein Zeltpartner für die nächsten drei Wochen, in denen er auch für mich das Essen zubereitete und für meine kleinen und großen Problemchen da war. In jener ersten Nacht am Gletscher hatte er im Vorzelt auf unserem Benzinkocher das Abendessen zubereitet, was uns dann fast zum Verhängnis wurde. Wegen der Kälte, es waren schon zwanzig Grad unter null, hatte ich im Zelt sämtliche Lüftungsschlitze geschlossen.

Benzindämpfe mussten ins Innere unserer Behausung gezogen sein, die mir während der Nacht größere Probleme bereiteten. Trotz doppeltem Schlafsack mit dicker Daunenfüllung schüttelte es mich vor Kälte. Mir war übel und mein Magen rebellierte. Albträume rundeten diesen Zustand ab und erst einen Tag später wurde mir klar, dass ich einer kleinen Vergiftung nur knapp entgangen war. Trotz extremer Kälte kochte Andi nun immer vor dem Zelt.

Die nächsten drei Tage transportierten wir unsere Ausrüstung hinauf bis zum Lager 3, dem sogenannten Motorcycle-Camp auf 3400 Metern Seehöhe. Ab dort wurde das Gelände so steil, dass wir die Sachen in jeweils zwei Etappen hinauftragen und sie oben in einer Schneegrube vergraben mussten. In 4100 Metern Höhe galt es, Rucksäcke und Schlitten um das sogenannte »Windy Corner«, eine extrem ausgesetzte, eisige Ecke herumzubugsieren, was im Sturm kein Kinderspiel für uns war.

Dort spürte ich zum ersten Mal meinen Verlust an Körpergewicht, weil ich schon seit Tagen so gut wie nichts mehr hinunterbrachte. Ich hatte für 21 Tage Beutel mit Trockennahrung in verschiedensten Geschmacksrichtungen im Rucksack, die man mit heißem Wasser übergießen und dann hinunterschlucken sollte. Das funktionierte bei mir gerade mal an den ersten beiden Tagen. Man muss sich vorstellen, dass das Schneewasser in dieser Höhe schon bei zirka siebzig Grad siedet, und bei einer Umgebungstemperatur von 25 Grad unter null kühlt die Brühe rasend schnell wieder ab. Bis man mit dem Löffel den ersten Bissen zum Mund geführt hatte, war das Zeug schon wieder fast gefroren, und so hatte man mitunter halbgefrorene Brocken Kartoffelbrei mit Currysauce zwischen den Zähnen. Schon wenn Andi neben mir im Zelt seinen Beutel mit dem Trockenfutter öffnete, zog sich mein Magen zusammen und mir wurde übel. Deshalb versuchte ich, meinen Tagesbedarf an Kalorien mit Nüssen, Schokolade und sonstigen Sachen, die ich ergatterte, zu decken, was aber bei Weitem nicht ausreichte. Insgesamt verlor ich während meiner Mount-McKinley-Expedition fast fünfzehn Kilo Körpergewicht. Natürlich hatte ich versucht, mir schon zu Hause möglichst viele Vorratskilos zuzulegen, denn Stoffwechsel und Kalorienumsatz sind in meinem Fall erheblich höher als bei sehenden Bergsteigern. Schon allein die Tatsache, dass man für nur einen Höhenmeter im Durchschnitt ganze sechs bis acht Schritte macht, und ich sicherlich noch einmal halb so viele zusätzlich machen muss, um kleine Fehltritte auszugleichen, macht dies anschaulich.

Ich fühlte mich immer öfter so schwach und fiebrig, dass ich über die schlechte Wettervorhersage richtig froh war. Denn das bedeutete, dass ich die nächsten zwei bis drei Tage das Zelt so gut wie nie verlassen musste.
Ich kann mich selbst in unwirtlicher Umgebung auf spannende Gedankenreisen begeben, was oft einige Stunden fast unmerklich an mir vorüberziehen lässt. In solchen Situationen werden meine sehenden Partner früher ungeduldig als ich, wahrscheinlich, weil es für sie nichts Neues zu sehen gibt. Einen weiteren Teil der nicht enden wollenden Stunden verbrachte ich mit Hörbüchern und lustigen Späßen oder tiefgründigen Diskussionen mit Andi neben mir.
Von Zeit zu Zeit gab ich den Stand der Dinge über Satellitentelefon meiner Frau Sabine durch, die meine Meldungen in meinem Blog für unsere Fans und Daumenhalter zu Hause veröffentlichte. Jeden Tag gingen wir alle gemeinsam zur Wettertafel bei den Rangern, auf der anscheinend täglich ein aktueller Wetterbericht zu lesen war.
Doch jeden Tag stand dort dasselbe: Sturm und Schnee.
Nach vier Tagen war es so weit. Thomas trieb uns aus den Zelten und wir spazierten ein wenig im Camp herum, was für mich schon sehr anstrengend war. Keine Wolke am Himmel, zum ersten Mal weniger Wind und trotzdem die Gewissheit, dass ein Höhersteigen ein Gang in die Falle wäre. Trügerisch lockte uns der Berg nach oben, doch der Wetterbericht versprach für die nächste Nacht wieder peitschende Stürme in der Höhe. Die extremen Wetterkapriolen des Mount McKinley hielt man hier am Medical Camp um einiges leichter aus als im tausend Meter höher gelegenen High Camp. Am Nachmittag nutzten wir jedoch das winzige Schönwetterfenster und stiegen gemeinsam weiter auf.
Schon wieder zeigte mir der Berg, wie schwach ich doch war, und meine Beine ließen sich nur mit äußerster Willensanstrengung durchstrecken. In der Nacht konnte ich dafür sehr gut schlafen, weil sich meine Verspannungen durch die Bewegung gelockert hatten. Am Morgen herrschte in den verschiedenen Expeditionsgruppen im Lager rund um uns allgemeine Aufbruchsstimmung.

Thomas warnte uns davor, uns von dieser Euphorie mitreißen zu lassen, weil das Wetter trügerisch sei. Keine Brise, keine Wolke, und es lag allem Anschein nach nur an uns, den Berg jetzt in Angriff zu nehmen. Mit leichtem Widerwillen im Unterbewusstsein zogen Thomas, die beiden Andis, Felix und ich gegen Mittag dann aber doch los. Die Route über uns war gespickt mit Bergsteigern, die alle zum letzten Camp vor dem Gipfel hinaufkrochen. Bald waren wir auf 4700 Metern bei den Fixseilen angekommen, die durch die Headwall führten. Mit schwerem Rucksack musste man sich dort 300 Höhenmeter durch eine 45 bis 50 Grad steile Eisflanke auf den Grat hinaufquälen. In der einen Hand den Eispickel, in der anderen eine im Fixseil eingehängte Steigklemme, konnte man sich, ohne sich groß um die Absicherung kümmern zu müssen, auf seinen Steigeisen diesem verdammt anstrengenden Kraftakt widmen. Ich spürte wieder, wie ausgezehrt ich war, und war dankbar, als Thomas für diese Passage meinen Rucksack übernahm. Als wir am Grat angekommen waren, zogen bereits die ersten bedrohlichen Wolkenbänke auf, und unser Mut sank gegen null. Angesichts meines erbärmlichen Zustandes hatte ich gar nichts dagegen, die schweren Gegenstände aus unseren Rucksäcken hier zu deponieren und wieder ins Lager abzusteigen. Kurz vor Mitternacht lag ich im Zelt und lauschte dem heulenden Sturm.

Wieder das übliche Sauwetter, und schon der Gang zur Toilette, die aus hüfthohen Schneewänden und einer bräunlichen Grube im Eis bestand, kostete große Überwindung.

Schnell hatte sich im Camp herumgesprochen, dass die Bergsteiger, die am Vortag weit vor uns zum High Camp aufgestiegen waren und an diesem Tag den Gipfel hatten stürmen wollen, am Denalipass auf 5600 Metern von den Naturgewalten in die Knie gezwungen worden waren.

Viele Teams hatten ihre Besteigung wegen immer geringer werdender Gipfelchancen bereits abgebrochen, und so kam ich mit meinen Freunden in den Genuss zusätzlicher Nahrung, die von diesen zurückgelassen worden war. Ich aß jede Menge Nüsse, Schokolade und andere Leckereien, was meinem Befinden sichtlich guttat. Als absolutes Highlight rutschte ein Stück Käse mit einer halben Hauswurst meinen Rachen hinunter, alte Bekannte, über die mein Magen sich zur Abwechslung mal richtig freute, so zumindest kam es mir in diesen köstlichen Momenten vor.

Neuschnee und Sturm tobten weiter um die Zelte, und nicht nur unser Zeitplan wurde immer enger. Auch die Schneemassen drückten von allen Seiten ins Zelt. Um acht Uhr abends bekamen wir über das Walkytalky die Wettervorhersage für die nächsten drei Tage: Weniger Sturm am nächsten Tag, am Freitag darauf am Gipfel nur noch 45 Stundenkilometer Wind, und auf 5000 Meter eine Temperatur von etwas unter minus dreißig Grad. »Es wird hier sowieso nie wärmer«, meinte Thomas. »Morgen packen wir es.«

Mein Herz jubilierte: Acht Tage lang hatte ich nur herumgelegen, und dafür war ich bestimmt nicht nach Alaska geflogen. In dieser Nacht tobte derselbe Sturm wie seit Tagen schon um die Zelthaut, aber das kümmerte mich nun nicht mehr. Ich wusste ganz genau, dass es am nächsten Morgen losgehen würde.

Die steile Headwall kletterte ich zwar langsam, aber problemlos mit meinem Rucksack hoch, und der anschließende Grat hinauf zum High Camp machte mir sogar richtig Freude. Andi Nothdurfter übernahm meine Führung, und mein Zeltpartner Andi Scharnagl war mit der Kamera immer ganz dicht dran. Thomas war etwas vorausgegangen, um sich im High Camp um einen guten Lagerplatz für unser Team zu kümmern, und Felix ging unproblematische Passagen eigentlich immer alleine. Ich war so froh, nach vielen Tagen des Nichtstuns endlich wieder mal ein richtiges Bergsteigerfeeling zu haben. Gekonnt dirigierte mich Andi über den nun sehr schmalen Grat aus Eis und Schnee, der mit einzelnen Stolpersteinen gespickt war und uns hinüber zum höchsten Lager führte. Die Zeltplätze wurden dort mit speziellen Schaufeln, die wir im Gepäck hatten, aus der Schneeflanke gegraben. Allerdings hatten meine Freunde keine Energie mehr, so wie in den anderen Camps knapp zwei Meter hohe Schneewände als Windschutz rund um die Zelte zu errichten, und um sieben Uhr abends

hatten sich bereits alle in ihre Schlafsäcke verkrochen, der einzig warme Ort in dieser Eiswüste.
Es ist unglaublich, wie viel Wärme der eigene Körper in diesem mit Gänsedaunen gefüllten Sack erzeugen kann. Man darf nur nicht den Fehler machen und sich mit zu vielen Schichten Kleidung in den Daunensack legen. Der Körper kann dann nämlich seine Wärme nicht in den Schlafsack abgeben, um dort für eine angenehme Umgebungstemperatur zu sorgen. Die Atemluft beim Ausatmen pumpt man ebenfalls in diese Wundertüte, und so hat man in wenigen Minuten trotz noch so rauer äußerer Bedingungen ein feines warmes Nest.
In dieser Nacht sollte ich jedoch nicht viel erholsamen Schlaf bekommen. Schon nach wenigen Minuten in den warmen Daunen rührte sich mein Magen-Darm-Trakt mit unangenehmen Blähungen. Zum Pinkeln hat man bei solchen Expeditionen immer eine Plastikflasche mit weitem Hals dabei, um nicht so oft aus der kuscheligen Stube kriechen zu müssen. Aber ich spürte deutlich, es handelte sich um ein dringendes großes Geschäft. Draußen herrschten Temperaturen von weit unter minus dreißig Grad. Und da sollte ich jetzt in Unterhosen raus? Sogar in dieser intimen Sache wollte mir mein außergewöhnlicher Zeltpartner Andi mit einem Plastiksack zur Seite stehen, bemerkte jedoch gerade noch rechtzeitig, dass der Müllsack ein großes Loch hatte. Mein Darm war aber schon ganz auf Entleerung eingestellt, und so blieb mir nichts anderes übrig, als mich in allerletzter Sekunde barfuß nach draußen zu retten.
Das mag beim Lesen in der warmen Stube urkomisch klingen, aber in dieser Situation tappte ich hart am Limit und war schweren Erfrierungen an Füßen und Händen näher, als mir lieb war. Alles ging gut, doch als ich nach langer Prozedur wieder neben Andi im Zelt lag, begann der Wahnsinn von vorne. Einige Stunden verbrachten wir noch mit meiner Darmverstimmung und es blieb nur wenig Schlaf für uns übrig.
Trotzdem starteten wir fünf am nächsten Morgen um kurz nach acht Uhr unseren Gipfelversuch. Wegen der nördlichen Lage wird es zu dieser Jahreszeit am Denali praktisch nie dunkel und so be-

stand keine Gefahr, dass man beim Klettern in die finstere Nacht geriet.
Angeseilt stapften wir die ersten dreißig Höhenmeter hinauf in Richtung »Autobahn«, wie diese 700 Meter lange Querung in einer steilen Eisflanke genannt wird. Höchste Konzentration war dort gefragt, weil schon ein kleiner Ausrutscher die ganze Seilschaft in den Abgrund reißen konnte. Ich fühlte mich an diesem Tag wegen der nächtlichen Magen-Darm-Geschichte wieder so geschwächt wie in den Tagen zuvor im Medical Camp. Mir war, als ob nur mein Kopf hinaufgehen würde und meine Körperteile Stunden später hinterherkriechen würden. Erst als unsere Mannschaft nach der Autobahn den Denali-Pass erreicht hatte, kam in mir wieder leichte Zuversicht auf. Entgegen den Befürchtungen von Thomas, dass von da an ein grässlicher Sturm wüten sollte, war es fast windstill. Der anschließende Steilhang, in dem laut meinen Partnern keine große Absturzgefahr für mich herrschte, weckte in mir wieder die Leidenschaft, und ich fühlte mich bärenstark – bis ich mich plötzlich in einem extrem laut brüllenden Sturm, der nun von vorn über den Grat tobte, nicht mehr orientieren konnte. Unter diesen extremen Bedingungen war es selbst auf engstem Raum nicht mehr möglich, sich akustisch auszutauschen. Ich schlug Thomas vor, mir jeweils die Beschaffenheit der nächsten fünfzig Meter, die er sehen konnte, im Windschutz seiner Hände in mein Ohr zu sagen, damit ich seiner Beschreibung nachsteigen konnte. Nur bei Absturzgefahr sollte er mir mit seinem Pickelschaft auf den Rucksack klopfen, und dann würde ich sofort stehen bleiben. Mit dieser Methode, die hervorragend funktionierte, halfen wir uns hinauf bis zum sogenannten Fußballfeld, wie die Bergsteiger die Flachstelle in 6000 Metern Höhe nennen.
Ich hatte schon seit Stunden das unangenehme Gefühl, überhaupt nicht vom Fleck zu kommen und der langsamste Bergsteiger am Mount McKinley zu sein, bis mir meine Freunde bei einer Trinkpause begeistert schilderten, welche Seilschaften wir schon überholt hatten. Nur der berüchtigte »Schweinehügel«, der letzte richtige Steilhang und der Grat fehlten noch bis zum Gipfel, munterten

mich meine Kameraden auf und schon kämpfte ich mich den nächsten Aufschwung hoch.

Noch einmal seilten wir uns an, um im 150 Meter hohen, sehr steilen Schlusshang und am Gipfelgrat gegen einen Absturz gesichert zu sein. Der Sturm hatte parallel zu meinen Kräften nachgelassen, und ich stieg wie ein Automat mit meinen Steigeisen einen Schritt nach dem anderen den Geräuschen von Thomas hinterher den Hang hinauf. Von Zeit zu Zeit rief er mir mit belegter Stimme zu, wie viele Höhenmeter wir noch vor uns hatten, was mich jedoch fast zur Verzweiflung brachte. »Andy, noch dreißig Meter«, rief er mir mit verkratzter Stimme zu, um mir nach zehn Minuten zu melden, dass es jetzt nur noch vierzig Meter seien. Auch Thomas war, das konnte ich ihm deutlich anhören, von der ungeheuren Anstrengung schon mächtig gezeichnet, und der Berg hielt immer wieder kleine Sinnestäuschungen für ihn bereit.

Trotz unserer Expeditionsschuhe, die für sechzig Grad unter null konzipiert waren, hatten wir Schwierigkeiten, die Durchblutung in den Beinen aufrechtzuerhalten, und es fühlte sich an, als ob man auf zwei Holzklötzen durch die Gegend spazierte. Nur wenn ich durch spezielle Übungen meine Beine etwas aufwärmte, erinnerte mich ein brennender Schmerz daran, dass ich auch Zehen hatte.

In dieser Mondlandschaft kann man die extreme Kälte nur durch cleveres Verhalten überstehen. Die Handschuhe auszuziehen, um dann erst zu überlegen, was man mit seinen Händen eigentlich tun wollte, kann genauso schnell zu einer schweren Erfrierung führen wie eine Trinkpause zum falschen Zeitpunkt.

Bevor man da oben stehen bleibt und dadurch den Kreislauf und damit seine Heizung herunterfährt, ist es ratsam, zuvor noch ein paar schnellere Schritte einzulegen, um während der Pause die Restwärme im Körper nutzen zu können. Auf den letzten Schritten zum Gipfel fühlte ich auch die Finger meiner rechten Hand nur noch dumpf, weil ich im nun wieder anspruchsvolleren Gelände meinen Eispickel fest in der Hand halten musste.

Am höchsten Punkt von Nordamerika kam dieses Mal nicht die

große Gipfelfreude in mir auf, weil ich genau spürte, dass mir der Abstieg von diesem Eisriesen noch einiges abverlangen würde. Am meisten fürchtete ich mich, bepackt mit schwerem Rucksack und einen vollbeladenen Schlitten hinter mir her ziehend, vor der Eisflanke um den Windy Corner herum. Schon der Gedanke an diese Tortur brachte mich an den Rand der Belastbarkeit, und mit letzter Kraft kam ich nach vielen Stunden der puren Schinderei mit meinem geduldigen Freund Andi Scharnagl im Motorcycle-Camp auf 3400 Metern an.

Doch an Pause und Schlaf war nicht zu denken, denn Thomas drängte zur Eile, um weiteren Unwettern zu entgehen. Er und sein Bruder Andi hatten schon unser Depot mit Lebensmitteln und Müll, das sie beim Aufstieg hier vergraben hatten, wieder ausgebuddelt und standen abfahrtbereit auf ihren Tourenschiern. Ich war verzweifelt. Knapp 2000 Höhenmeter hatte ich mich an diesem Tag mit all dem Krempel den eisigen Berg hinabgequält, und nun wollten die Typen auch noch 1400 Höhenmeter mit den Schiern abfahren! Wie sollte ich mich und meinen Rucksack nun mit völlig entkräfteten Beinen auf den Schiern und den schwer bepackten Schlitten hinter mir unter Kontrolle halten? Thomas machte mir an dieser Stelle klar, dass ich keine andere Wahl hatte, als das Letzte aus mir herauszuholen. Dafür war ich ihm im Nachhinein unendlich dankbar. Ich gab mir größte Mühe, aus den Steigeisen zu kommen und in die Bindung meiner Tourenschier einzusteigen. Jedes Mal, wenn ich mich ungeschickt bewegte, schossen mir kleine Krampfanfälle in die Muskeln im ganzen Körper.

Wir verteilten unsere Lasten nun so geschickt, dass ich zwar einen fetten Schlitten hinter mir herziehen, aber keinen schweren Rucksack mehr tragen musste. Die beiden Schistöcke benutzte ich als fixe Verbindung zu meinem Schlitten. Auf diese Weise konnte ich zwar verhindern, dass mir der schwere Schlitten in die Beine fuhr, musste jedoch im Gegenzug auf jeglichen Stockeinsatz verzichten.

Wieder einmal musste der liebe Gott seine Hand im Spiel gehabt haben. Das merkte ich sofort, als ich ganz vorsichtig mit der Ab-

fahrt begann. Trotz schwer zu fahrendem Bruchharsch, trotz der extrem weichen Expeditionsschuhe, die einem so gut wie überhaupt keinen Halt beim Schifahren boten, konnte ich aufrecht und gut zentriert auf meinen Bretteln stehen.
Schlagartig kehrte da meine Motivation und auch meine Kraft zurück und ich genoss es richtig, mit meinem Team den Hang abzufahren. Wie in einem Traum schwebte ich auf den Schiern dahin. Und nun war auch ich davon überzeugt, dass wir es tatsächlich an einem Tag vom höchsten Camp am Mount McKinley hinunter ins Basislager schaffen konnten.
Die Tatsache, dass es im Juni in diesen Breiten nie richtig dunkel wird, kam uns bei unserem siebzehnstündigen Abstieg sehr zugute. Nach der Abfahrt hatten wir noch einen 200 Meter hohen Gegenanstieg, den »Heartbreak Hill«, zu meistern und kamen bei mäßiger Sicht, in leichtem Schneefall und bei Tageslicht gegen Mitternacht im Basislager auf 2200 Metern Seehöhe an.

VIERZEHN STARTS UND LANDUNGEN mit unterschiedlichsten Fluggeräten mussten wir überstehen, bevor wir behaupten konnten, wieder gut zu Hause gelandet zu sein. Die Besteigung der Carstensz-Pyramide in Westpapua auf der Insel Neuguinea verlangt neben den üblichen bergsteigerischen Anforderungen noch einiges an Geduld und Gottvertrauen. Wegen angeblicher Rebellenaktivitäten im Land war meine Reise nach Indonesien schon im Vorfeld mehrere Male verschoben worden. Letztlich trat ich am 21. August 2009 mit meinem Freund Andreas Unterkreuter, der ebenfalls in Tristach in Osttirol zu Hause ist, die lange Reise in die Ferne an. Meine Frau Sabine war dieses Mal ein Stück unseres Weges mitgeflogen, um auf der Trauminsel Bali Urlaub zu machen. Für einen dritten Bergsteiger hätte mein Budget nicht gereicht, und so mussten Andreas und ich das Risiko auf uns nehmen, diese Expedition nur zu zweit zu versuchen.
Kaum war das Flugzeug in Tinika an der Südküste von Westpapua mit uns gelandet, bemerkten wir, dass wir nun wohl am anderen Ende der Welt angekommen waren. Der Flughafen, die Abfertigungshalle und das Flughafenpersonal entsprachen so gar nicht

dem Standard, den man von der westlichen Welt gewohnt war. Wir wurden in einen kahlen Raum mit Holzbänken gebracht, wo unser Gepäck für den Weiterflug gewogen wurde. Der schwere, süßliche Geruch verbrauchter Luft und die Hitze unter der niedrigen Gebäudedecke machten mir das Atmen schwer. Nachdem ich noch nach meinem Körpergewicht gefragt worden war, konnten wir uns hinaus auf die Startbahn für die Inlandsflüge begeben. Kaum hatten die Leute in der kleinen Propellermaschine Platz genommen, startete der Pilot schon die Triebwerke. Das desolat anmutende Luftfahrzeug bewegte sich unter kreischenden, nach Wartung schreienden Geräuschen langsam vorwärts.

Ein Einheimischer mit einem Feuerlöscher in der Hand, den Andreas neben unserer Maschine herlaufen sah, verkörperte den Sicherheitsstandard im hiesigen Flugverkehr. Immer schön positiv denken, murmelte ich mir mantramäßig vor, als wir abhoben. Im Inneren des Flugzeugs war es so laut, dass an eine Unterhaltung mit Andreas nicht zu denken war. Nach zwanzig Flugminuten über dem grenzenlosen Regenwald gesellte sich ein neues Geräusch zu dem Triebwerkslärm der Maschine hinzu, das mich etwas verunsicherte. »Keine Ahnung, was das ist«, meinte Andreas, doch im Laufe der folgenden Inlandsflüge kam ich dem rätselhaften Sound auf die Spur. Es waren die Landeklappen, die im Sinkflug diese eigenartigen Geräusche von sich gaben. Wir verloren also mitten im Urwald dramatisch an Höhe, und es hatte den Anschein, als wollte der Pilot jeden Augenblick landen. Tatsächlich gibt es dort kleinste Landebahnen, vom Piloten liebevoll »busstop« genannt. Ein Straßennetz existiert außerhalb der wenigen Städte in Westpapua praktisch nicht und das Flugzeug ist oft die einzige Verbindung zwischen den Dörfern. Der Captain bringt seine Maschine daher des Öfteren auf sehr niedrige Höhe, schaut aus dem Fenster, ob unten jemand einsteigen möchte, und landet entweder oder startet erneut nach oben durch. Dieses Mal landeten wir und einige Menschen stiegen ein, während direkt neben den laufenden Propellern kleine Kinder auf der Landebahn spielten. Kranke Leute, kleinere Tiere und sogar ein altes Motorrad wurden zur Tür hereingezerrt, und erst als die Maschine zum

Bersten vollgeladen war, stiegen wir wieder in den Himmel von Papua auf.

Zu unserem Entsetzen stand der Hubschrauber, der uns von der Nordküste aus weiterfliegen sollte, ohne Triebwerk und Rotorblätter am Startplatz, und ganz gelassen schraubten einige Inselbewohner an dem alten Teil herum. An diesem Tag könnten sie nicht fliegen, weil noch einige Ersatzteile fehlten, meinten sie seelenruhig. Am nächsten Tag war zwar das Triebwerk montiert, aber der Rotor fehlte noch. Auf mein Drängen führte man uns zu dem Piloten, der den Hubschrauber fliegen sollte. Mister Hero, der einzige Pilot in ganz Indonesien, der diesen Hubschraubertyp so eine weite Strecke über den Dschungel fliegen konnte, machte uns auch nicht viel Hoffnung. Und ich sah unsere Expedition, deren Organisation und Finanzierung schwierig genug gewesen war, schon schwer gefährdet. Eigentlich sollten wir längst hoch am Berg Richtung Gipfel klettern, während wir immer noch am Meeresufer auf den Weiterflug warteten und unsere restliche Zeit langsam zerrann. Was würden meine Sponsoren im fernen Europa sagen, wenn die Ersteigung meines fünften Gipfels der Seven Summits schon zu Beginn an einem kaputten Hubschrauber scheitern würde? Andreas half mir durch seine extrem coole Art, mich mit unabänderlichen Tatsachen abzufinden, und so überließ ich das Steuer und die Verantwortung wieder einmal dem lieben Gott. Rein gar nichts konnte ich zu unserem Fortkommen beitragen, außer jeden Morgen nachzufragen, ob der Helikopter nun endlich einsatzbereit sei.

Das war nach einigen Tagen und Testflügen der Fall, und die Reise konnte endlich weitergehen.

Es gibt auf unserem Planeten wahrscheinlich nicht sehr viele Plätze, an denen der Kapitalismus derart hemmungslos und zerstörerisch zu Werke geht wie direkt neben der Carstensz-Pyramide, dem höchsten Berg Ozeaniens. Dort betreiben die Amerikaner nicht nur die größte Goldmine der Welt, sondern auch die Kupfermine mit den weltweit niedrigsten Förderkosten. Dementsprechend brutal klafft dort die Schere zwischen der bitterarmen papuanischen Ur-Bevölkerung und den US-amerikanischen Plünderern der Bodenschätze auseinander. Mit gigantischen Maschinen wird dort auf 3600 Metern Meereshöhe seit Jahren ein riesiger Krater in den Boden geschürft. Das Edelmetall wird für den Abtransport mittels Quecksilber über eine neunzig Kilometer lange Pipeline hinaus zu den Schiffen an der Küste gespült.

Mit modernen Personenbeförderungssystemen wie Seilbahnen und Bussen werden Tausende Arbeiter täglich in die Mine und wieder zurückgekarrt. Die einheimische Bevölkerung, die ringsum in den Urwäldern lebt, hat jedoch keinen Zugang zum Minengelände, genauso wenig wie die paar Bergsteiger, die die Carstensz-Pyramide besteigen wollen. Alles ist hermetisch abgeriegelt und mit Stacheldrahtzäunen und Wachposten gesichert.

Unser Basislager lag nur wenige hundert Meter von der Goldmine entfernt, so dass ich in den Nächten den Lärm der Bulldozer hören konnte. Der Weg durch dieses Sperrgebiet mit Seilbahn und Bus hätte unsere Reise zu diesem Basislager um Tage verkürzen und uns viele tausend Euro ersparen können. Doch nicht einmal in einem Notfall würde einem dort die Tür geöffnet, erzählten uns die Inselbewohner. Andreas und ich hatten unser Zelt ganz in der Nähe eines kleinen Sees aufgeschlagen, von wo aus wir den Aufstieg zum Gipfel versuchen wollten. Meldy und Poxy, zwei liebe Kerle aus Sulawesi, einer indonesischen Insel weit westlich von hier, begleiteten uns. Ohne örtliche Begleiter ist es praktisch unmöglich, bis zum Basislager der Carstensz-Pyramide vorzudringen. Es war nun so geplant, dass Poxy mit Andreas und mir versuchen sollte, den Berg zu besteigen, während Meldy im Basislager blieb, um uns nach unserer Rückkehr mit leckeren Sachen aus seiner Feldküche zu verwöhnen.

Gemächlich wanderten wir in Richtung Einstieg der Nordwand, die Heinrich Harrer, berühmt geworden durch seine *Sieben Jahre in Tibet* und einer der Erstbesteiger der Eiger Nordwand, im Februar 1962 während seiner Expedition in den Regenwald von Papua Neuguinea mit seinen Leuten als erster Mensch bestiegen hatte.

Es galt zuerst, die 600 Meter hohe Nordwand zu durchsteigen, um dann den anschließenden Gipfelgrat mit seinen zwei kniffeligen Einschartungen zu bewältigen. Die Kletterei im Schwierigkeits-

grad III mit der Schlüsselstelle V ist im Wesentlichen durch Fixseile entschärft worden. Trotzdem gilt der Weg auf diesen Gipfel als der technisch anspruchsvollste der Seven Summits. Normalerweise steigen die Kletterer schon um drei Uhr morgens in die Wand ein, um den sehr unangenehmen, täglichen Regenfällen ab der Mittagsstunde zu entgehen.
Wir hatten allerdings das Glück, dass es an diesem Tag wolkenlos war und wir den schönen Aufstieg auf diesen besonderen Berg bei herrlichstem Wetter um neun Uhr am Vormittag beginnen konnten. Außer uns dreien war weit und breit kein Mensch unterwegs, und Andreas konnte unseren Aufstieg mit eindrucksvollen Aufnahmen auf meiner Videokamera festhalten. Auch unser Freund Poxy griff manchmal zur Kamera, um mein Mini-Team zu filmen. Das Klettern an sich machte mir mehr Spaß als Probleme, weil ich es aus den Dolomiten gewohnt war, an kleinen Griffen und Tritten über dem Abgrund zu schweben. Andreas musste sich bei diesem Abschnitt auch nicht sonderlich um mich kümmern, und so turnten wir mit tiefer Dankbarkeit und Freude im Herzen dem Himmel von Papua entgegen.
Oben am Grat auf 4700 Metern Höhe zeigte uns Poxy mit Stolz die sogenannte »Tyrolean Traverse«, die uns über eine breite Spalte am Grat bringen sollte. Die schwindelerregende Strecke von zwanzig Metern von einem Felspodest zum nächsten wurde von einer aus vier Seilen bestehenden Brücke überspannt, damit die Kletterer frei über dem Abgrund hängend darüber hinweggleiten konnten. Man ersparte sich dadurch ein 25 Meter langes Abseilmanöver in eine tiefe Scharte und das Hinaufklettern auf der gegenüberliegenden Seite.
Etwas mulmig wurde mir schon, als ich mein Leben in diese halb verwitterten Seile hängte. Poxy, der die Traverse vor mir bewältigte, hatte mir versichert, dass zumindest eines der vier Seile, die zusammen durch einen Karabiner am Sitzgurt gefädelt worden waren, noch gut hielt. Durch das eigene Gewicht gelangte man genau in der Mitte dieser schwindligen Brücke an den tiefsten Punkt der Traverse, und es war sehr anstrengend, sich nur mit den Händen zur anderen Seite hinaufzuziehen.

Gemeinsam tasteten wir uns den weiteren Gratverlauf hinüber, da kam schon das nächste Hindernis. Es bestand aus einer zwar viel schmaleren Spalte als zuvor, die aber ohne Seilbrücke überklettert werden musste. Wie musste hier erst Heinrich Harrer mit seinen Gefährten gekämpft haben, ohne zu wissen, ob für ihn der Weg bis zum Gipfel überhaupt frei war. Noch einige Aufschwünge im leichteren Gelände, und Andreas, Poxy und ich durften bei mittlerweile stark bewölktem Himmel unseren Fuß auf die Spitze der Carstensz-Pyramide, den fünften meiner Seven Summits, setzen.

IMMER, WENN ICH EIN LANGE erträumtes Ziel erreicht habe, kommt in meinem Inneren so etwas wie Wehmut auf. So viele Stunden, Tage und Wochen habe ich all meine Gedanken bemüht und so viel Schweiß vergossen, um mir mit meinen Freunden das jeweilige Gipfelglück zu ermöglichen. Vom Aufstehen bis zum Schlafengehen, ja selbst in manchen Träumen beherrscht so ein hohes Ziel dann mein tägliches Handeln und meine Gedanken. Und wenn ich dann auf einem meiner angestrebten Gipfel stehe, löst sich der Fokus der letzten Monate mit all der Anspannung schlagartig in Luft auf.

Und wie bei einer Diashow wird das vorhergehende Bild eines himmelstrebenden, mit Schnee und Eis oder steilen Felsformationen gespickten Weltberges durch ein neues ersetzt, welches mir mein Sehzentrum für die nächsten Monate als oberstes Ziel in mein Bewusstsein projiziert. Dieses Ziel ist nach der Carstensz-Pyramide nun der Mount Vinson, mit einer Gipfelhöhe von 4892 Metern der höchste Berg der Antarktis.

Von der Carstensz-Pyramide in der tropischen Hitze West-Papuas zum Mount Vinson im ewigen Eis der Antarktis: Unterschiedlicher können die Anforderungen an Körper und Geist für einen Bergsteiger nicht sein.

1200 Kilometer vom Südpol und 1500 Kilometer vom nördlichen Rand der Antarktis entfernt, werde ich mich dort wieder ganz auf meine Kräfte und den Teamgeist meiner Freunde verlassen, um diesen sturmumtosten Gipfel in einer märchenhaften Landschaft zu erreichen.

Auch das nächste Bild meiner virtuellen Diashow ist bereits im Entstehen, selbst wenn es noch vom Bild des Mount Vinson überlagert ist. Die Besteigung des Mount Everest, des höchsten Berges Asiens, würde meinem großen Projekt, als blinder Mensch alle höchsten Gipfel unserer sieben Kontinente zu besteigen, einen würdigen Abschluss geben.
Und auch auf dieses Abenteuer habe ich mich schon geistig und körperlich vorbereitet: Im Frühjahr 2009 stieg ich nahe am Everest der Marke von 8000 Metern Meereshöhe entgegen, um für das Dach der Welt gerüstet zu sein.

CHO OYU

TRISTACH: SONNTAG, 19. APRIL 2009

Expedition Cho Oyu 2009 auf dem Weg nach Kathmandu
Hallo meine Lieben,
nun ist es wieder so weit – das »Bodenpersonal« tritt in Aktion!
Den treuen Lesern unserer Expeditionstagebücher bin ich ja hoffentlich noch bekannt, und für die neu Dazugekommenen werde ich mich kurz vorstellen:
Ich bin Sabine, die Frau von Andy Holzer. Ich werde versuchen, Euch die nächsten fünfzig Tage über alle Neuigkeiten und Ereignisse der Expedition Cho Oyu 2009 zu informieren und auch über ein paar Hintergrundinformationen berichten.
Ich freue mich auch über Fragen, und wenn es mir möglich ist, werde ich sie Euch beantworten.
Aber das Wichtigste für unser Team sind Eure guten Wünsche, Gedanken und vor allem das »Daumenhalten«!
Meine Informationen, die ich dann wieder an Euch weitergebe, bekomme ich via Satellitentelefon von Andy. So wird es mir möglich sein, über ganz aktuelle Ereignisse während der Expedition zu berichten. Heute um 11.50 Uhr ist unser Expeditionsteam am Flughafen in Wien gestartet. Nach einer Zwischenlandung in Dohar geht es dann weiter nach Kathmandu, wo sie am Montag, den 20. April, um 08.10 Uhr ankommen werden. Ich hoffe, dass ich dann schon erste Informationen aus Kathmandu bekomme.
Für heute wünsche ich unserem Team einen guten Flug und Euch eine gute Nacht.
Bodenpersonal Sabine

Das sind die Originalzeilen aus dem Online-Expeditionstagebuch meiner ersten Reise zu einem unserer vierzehn Achttausender. Wenn auch Sabine nicht persönlich dabei sein kann, so hat sie doch einen Weg gefunden, mich bei meinen Expeditionen gedanklich zu begleiten. Aus den kryptischen Situationsberichten, die ich ihr über Satellitentelefon aus den verschiedensten Regionen unserer Erde durchgebe, formt sie mit viel Geschick und Einfühlungsvermögen ein buntes Bild meiner Welt für sich selber und für die vielen Leser des Online-Tagebuches.

Der Cho Oyu, von den Einheimischen »Göttin des Türkis« genannt, ist mit seinen 8201 Metern Gipfelhöhe der sechsthöchste Berg unserer Erde. Er liegt nur etwa 25 Kilometer vom Mount Everest entfernt.

Um für eine Besteigung des höchsten Berges der Welt die nötige Erfahrung zu sammeln, nahm ich mit Freude das Angebot einer kleinen Expeditionsgruppe aus dem Osten von Österreich an, mit ihnen den Cho Oyu zu erklimmen. Als persönliche Begleiter brachte ich Thomas Nothdurfter und Andi Scharnagl, mit denen ich schon am Mount McKinley so gute Erfahrungen gemacht hatte, ins Team ein. Dr. Hannelore Ebner war unsere Expeditionsleiterin, Gisela Krenauer, Gerhard Rosenits und Dr. Wolfgang Kristinus komplettierten unsere Mannschaft.

Allein schon die Vorstellung, eines Tages auf 8000 Metern Meereshöhe aus dem Zelt zu kriechen, um die Gipfeletappe zum Mount Everest in Angriff zu nehmen, motivierte mich für diese Tour. Ich wollte vor einem Besteigungsversuch des Everest meinen Körper schon einmal unter diesen grenzwertigen Bedingungen gespürt haben, um dann am höchsten Berg der Erde keine bösen Überraschungen zu erleben. Die extrem aufwendige Logistik, um sieben Bergsteiger mitsamt Verpflegung und Ausrüstung für sieben Wochen nach Nepal zu schicken, war auch eine neue Erfahrung für mich. Zu sechzig Kilogramm persönlichem Gepäck jedes Teilnehmers kamen noch gut tausend Kilogramm allgemeine Ausrüstung wie Zelte, Küchenausrüstung, Gasbrenner mit Flaschen, Tische, Stühle und Lebensmittel dazu. Das Ganze wurde von 29 Yaks, einer Ochsenart, die im Himalaya als Lasttier zum Einsatz kommt, ins Basislager transportiert.

Doch bevor es so weit war, mussten wir in Kathmandu, der Hauptstadt von Nepal, noch einige Dinge für die Expedition erledigen – für mich persönlich eines der schwierigsten Unterfangen der ganzen Reise.

Eine Flut von Geräuschen und Gerüchen überrollte mich in der nepalesischen Metropole in solch bedrohlicher Manier, dass ich am liebsten Ohren und Nase zugestöpselt hätte. Dabei stiegen neben intensiven Gerüchen von Kräutern, Weihrauch oder Knoblauch auch die Rußwolken von qualmenden Taxis und der Gestank von menschlichen Exkrementen in meine empfindliche Nase. Das Quietschen der Bremsen und die schrillen Hupgeräusche der Autos und Mopeds, mit denen sich die Fahrer oft nur wenige Zentimeter von mir entfernt bemerkbar machten, brachten meine akustische Orientierung fast zum Erliegen. Meinem besonders gut funktionierenden Gleichgewichtssinn konnte ich es verdanken, dass ich mich im wilden Auf und Ab von einer Bordsteinkante zur nächsten immer aufrecht halten konnte und nicht in das Gewirr von Fußgängern, Radfahrern und motorisierten Vehikeln stürzte.

Der nur notdürftig fixierte und mit tiefen Schlaglöchern gespickte Straßenbelag – jederzeit für einen Beinbruch gut – und die ständig mögliche Kollision mit einem vorbeirauschenden Fahrzeug gefährdete die Expedition für mich schon im Vorfeld auf eklatante Weise, und ich war froh, dass meine Freunde mich geschickt durch dieses Chaos manövrierten. Zur Anpassung an die große Höhe war eine zweiwöchige Trekkingtour im Khumbu-Gebiet geplant. Dazu flogen wir mit einer kleinen Propellermaschine von Kathmandu nach Lukla auf 2800 Metern Seehöhe. Der Pilot steuert sein Flugzeug dabei in ein enges Gebirgstal, das einer Sackgasse ähnelt. Den Steilhang am Talende muss er frontal anfliegen und anschließend auf einer nur knapp 300 Meter langen Ebene landen. Schon einige Meter unterhalb dieser wenig vertrauenerweckenden Landebahn fällt der Hang fast senkrecht in die Tiefe ab, während sich oberhalb der kurzen Piste ein steiler Geröllhang erhebt. Wir hatten gehört, dass erst im Herbst zuvor eine vollbesetzte Maschine um nur zwei Meter zu tief gelandet und knapp unter der vorderen Kante der Landebahn zerschellt war. Ich spürte während des Fluges starke Turbulenzen, der Sicherheitsgurt zerrte an meinen Hüften, und die Passagiere hörten plötzlich auf, sich zu unterhalten. Ich fragte Thomas, der vor mir saß, was er sehen konnte und wie die Piloten reagierten: »Die zwei da vorne kurbeln wie wild an ihren Knüppeln und jetzt ist ihnen auch noch die Wasserflasche heruntergefallen«, sagte Thomas. Nervös fragte ich die Flugbegleiterin neben mir, ob das ein eher ruhiger oder ein eher turbulenter Flug nach Lukla sei. »This is good today, no problem!«, sagte sie, und ich entspannte mich ein wenig. Im nächsten Moment jedoch krachte der Bug unserer Maschine schon auf die Landebahn und gleichzeitig bremste der Pilot den Vogel so abrupt, dass mir fast das Frühstück hochkam.

In den nur anderthalb Meter breiten Gassen von Lukla tummelten sich Yaks, Kinder, Händler und Handwerker, die ihre Dienste anboten, und ähnlich wie in Kathmandu wurde ich auch hier von mannigfaltigen exotischen Gerüchen aller Art überwältigt, die mich immer daran erinnerten, dass ich ziemlich weit von zu Hause weg war.

Zwei Tage später kamen wir über immer enger werdende Pfade nach Namche Bazar, einem Dorf in einem kesselförmigen Einschnitt oberhalb des Gebirgsflusses Bhote Kosi auf 3440 Metern Meereshöhe. Vom Talgrund aus erreicht man das Dorf, nachdem man den schäumenden Dudh Kosi überquert und einen etwa zweistündigen Aufstieg bewältigt hat. Der Ort liegt an einer für die Khumbu-Region wichtigen Wegekreuzung, wo einer der beiden Pfade entlang des Bhote Kosi über Thame zum Nangpa La, einem 5700 Meter hohen Pass an der Grenze zu Tibet, abzweigt. Der andere Weg führt weiter ins Tal des Dudh Kosi und letztendlich zum Mount Everest hinauf. Beinahe jeder, der in der Khumbu-Region wandert, kommt nach Namche Bazar, dem Wirtschaftszentrum des Tales, das gleichzeitig das Eingangstor zum Hoch-Himalaya ist. Im Dorf gibt es viele Unterkünfte und Läden, in denen man fast alles kaufen kann, was man zum Trekking und Bergsteigen braucht. Für mich war der Weg dorthin sehr mühsam. Es war ein steiniger Pfad, der über laut schäumende Bäche und

breite Schluchten mit unzähligen, teilweise sehr fragilen Brücken führte, bevor wir dann ganz plötzlich vor den ersten Häusern von Namche Bazar standen.
Wie in einem Amphitheater ziehen sich die Gebäude terrassenförmig den steilen Hang hoch und nicht einmal mit einer Schubkarre oder einem Ziehwagen können sich die Menschen dort ihre schwere Arbeit erleichtern, weil schon nach wenigen Schritten jegliches mechanische Fortbewegungsmittel zwischen den Steinstufen stecken bleiben würde. So bleibt dort als einziges Transportmittel der eigene Rücken.
Nach einem Ruhetag zogen wir weiter in das Dorf Khunde, wo ich im Hillary-Khunde-Hospital einen Spendenscheck zugunsten des Projekts »Eyecamp« übergeben konnte. Augenärzte aus Österreich operieren dort ein- oder zweimal im Jahr Menschen, die am Grauen Star erkrankt sind. Für uns im Westen ist das eine Routineoperation, die nur zirca 25 Minuten dauert, für das Volk der Sherpa ist es der einzige Weg von der Dunkelheit ins Licht. Tagelang werden die Blinden aus den entlegensten Dörfern nach Khunde gebracht, und nach der Operation können sie dann alleine nach Hause gehen. Die Freude über das wiedererlangte Sehvermögen, so wurde mir berichtet, sei jedes Mal überwältigend. Und ich kann besonders gut mit den einheimischen Blinden mitfühlen, die unentwegt über die herumliegenden Steine stolpern, weil es dort weit und breit keinen ebenen Flecken Erde gibt.
Das Hillary-Khunde-Hospital besteht aus nur vier Räumen, und der für westliche Verhältnisse recht provisorisch anmutende Operationssaal gleicht eher einem Gartenhäuschen als einer medizinischen Einrichtung. Eine wackelige Liege ersetzt dort den OP-Tisch, und die Ärzte brauchen eine ruhige Hand, wenn sie erfolgreich arbeiten wollen.
In den nächsten zehn Tagen streiften wir durch das wunderbar friedliche Land der Sherpa. Ortschaften gibt es dort bis über 5000 Meter Seehöhe und es berührt schon sehr, unter welch bescheidenen Bedingungen die Einheimischen dort ihr Auskommen finden müssen. Mit völlig verbogenen und rostigen Spaten und Hacken werden die von der herben Witterung immer wieder weggespül-

ten Pfade repariert, damit die Trekker, von denen diese Region mittlerweile lebt, sie ohne Schwierigkeiten benutzen können. Zwischen Gestrüpp und grobem Geröll baut die Bergbevölkerung im Steilgelände auf den kleinsten, mit etwas Erde bedeckten Flächen Kartoffeln, Buchweizen, Linsen und verschiedene Gemüsesorten wie Weiße Rüben oder Mangold an, um damit für das tägliche Brot zu sorgen.

Die Ersteigung des Gokyo Ri, eines nahen Aussichtsberges, war unser erster kleiner Gipfelsieg. Bei stockfinsterer Nacht stiegen wir auf, während sich im Nordosten der Horizont zu bleichen begann. Andi und Thomas schwärmten derartig von der Morgenstimmung, dass sie mir damit ein wahrhaft exotisches Bild von unserer Umgebung in mein Sehzentrum zauberten.

Als ich am letzten Hang zu unserem Fünftausender hinaufstieg, lag zu meiner Rechten in wenigen Kilometern Entfernung die schneeweiße Südwand des Cho Oyu. Ich stellte mir vor, dass diese weiße Fläche nun begann, aus der Schwärze der Nacht herauszustechen, und dass die ersten Sonnenstrahlen am Gipfel dieses Berges anklopften, was mir von meinen Freunden genau so bestätigt wurde.

Es lag plötzlich eine so feierliche Stimmung in der Luft, wie ich sie aus meiner Kindheit von den hohen Festtagen in unserem Dorf noch in Erinnerung hatte. Als wir am Gipfel auf 5350 Metern ankamen, war der Blick am noch ganz jungen Morgenhimmel für meine Begleiter gleich auf vier Achttausender frei.

Der östliche Horizont wurde von den gigantischen Eisriesen Mount Everest, Lhotse und Makalu beherrscht, während uns der Cho Oyu aus nördlicher Richtung seine kalte Schulter zeigte. Unzählige Sechs- und Siebentausender des Khumbu-Gebietes waren für meine Begleiter ebenfalls zu sehen, viele unbenannt – und doch so gewaltig.

Bis die Akklimatisierungstour nach zwei Wochen schließlich beendet war, lagen noch einige Schmankerln für mich auf dem Weg. Die Überschreitung des Cho La Passes, bei der Andi für meine Navigation zuständig war, verlangte von mir eine hochkonzentrierte Koordination. Die Steinblöcke, über die wir zum Teil springen mussten, wurden immer größer, und beim jenseitigen Abstieg war noch ein breiter Fluss mit einzelnen Felsinseln zu überqueren. Mit extremer Muskelspannung versuchte ich meinen ganzen Körper waagrecht über die oft mehr als zwei Meter breiten Wasserstraßen zu strecken, um drüben den nächsten trockenen Flecken zu ertasten. Einfach ins Nichts zu springen wäre viel zu gefährlich gewesen. Falls ich dabei mein Ziel nur um wenige Zentimeter verfehlt hätte, wäre mir ein Vollbad im lähmend kalten Gletscherabfluss sicher gewesen.

Am 3. Mai startete in Lukla wieder das Flugzeug, das uns nach Kathmandu zurückfliegen sollte, und schon am Nachmittag schlenderten wir wieder über den ruppigen Asphalt der Innenstadt, wo sich jeder noch mit persönlich bevorzugten kulinarischen Köstlichkeiten eindeckte, die uns an harten Tagen am Cho Oyu zur Motivation dienen sollten. In meiner Einkaufstasche lagen vier Fläschchen Cola und drei Rollen Kartoffelchips. Zucker und Fett sind das, was ich nach extremen Strapazen am dringendsten brauche, und eine geschmackliche Abwechslung tut immer gut.

Alles war neu geordnet, die Expeditionsausrüstung zusammengepackt und das eigentliche Abenteuer konnte am 5. Mai richtig losgehen. Auf der langen Fahrt von Kathmandu über die nepalesisch-tibetische Grenze nach Tingri an der Nordseite unseres Berges, einer Ortschaft in 4200 Metern Seehöhe, erhielten wir einen kleinen Eindruck von dieser uns gänzlich fremden Welt. Der Asphalt auf der Hauptstraße zur Grenze zwischen Nepal und China hörte bald schon auf, und das heftige Rütteln unseres Busses machte jegliche Unterhaltung unmöglich. Einige Male musste der Fahrer von der Straße auf holprige Feldwege ausweichen, um liegengebliebene Fahrzeuge oder Demonstrationen gegen die Regierung zu umfahren. Der Grenzübergang nach Tibet ist eine spannende Angelegenheit. Da die nepalesischen Fahrzeuge die Grenze nicht passieren dürfen, gehen die Leute zu Fuß über die Grenze, um auf chinesischer Seite von einem anderen Fahrer in Empfang genommen zu werden. Vorher wird man jedoch von den Grenzbeamten noch im wahrsten Sinne des Wortes auf Herz und Nieren untersucht. Ich musste mit meiner Gruppe in einen kleinen Raum eintreten, wo eine Ärztin schon mit Latex-Handschuhen auf uns wartete. Fieberthermometer wurden verteilt, unsere Lymphknoten nach Schwellungen abgetastet und unsere Herztöne abgehört. Dabei gaben wir uns alle Mühe, während dieser komischen Prozedur eine ernste Miene zu bewahren. Denn wäre auch nur ein einziger Teilnehmer der Reisegruppe unangenehm aufgefallen, hätte die gesamte Gruppe nicht über die Grenze gedurft. Wir hatten Glück und konnten nun in große Geländewagen einsteigen, die uns nach Zangmuh zu unserer nächsten Übernachtungsstätte fuhren. Das angekündigte Luxushotel hatte Treppenstufen, die nur die halbe Höhe der von mir gewohnten in Europa hatten, ich musste also besonders aufpassen. Auf unserem Stockwerk befand sich ein einziges Waschbecken, dessen Armatur in der Mitte abgebrochen war, und es bestand Gefahr, sich an der scharfen Kante zu verletzen. Als hätte jemand in einem Wutanfall den Wasserhahn halb abgebissen, was mich angesichts der unfreundlichen Grenz-Beamten nicht gewundert hätte.

Da wir nach der Trekkingtour alle gut akklimatisiert waren, konnte uns der chinesische Fahrer am nächsten Tag in einem Rutsch die lange Strecke über einen 5100 Meter hohen Pass nach Tingri, unserem letzten Stützpunkt in der Zivilisation, fahren.

Der zwei Tage lange Marsch durch eine endlose Steinwüste vom sogenannten Motor-Camp ins Basislager des Cho Oyu ging mir mächtig in die Knochen, und ich war heilfroh, als wir am Nachmittag des 10. Mai dort auf 5700 Metern Meereshöhe endlich ankamen. Für die nächsten drei Wochen sollte das Tichy-Lager, so heißt das Basislager des Cho Oyu, unsere Heimat sein, wo nun das Küchenzelt, das Mannschaftszelt und unsere Schlafzelte aufgebaut wurden. Nach den nötigen Rasttagen begannen wir am 13. Mai mit dem ersten Vorstoß zu Lager 1 auf 6400 Metern Höhe.

Um meinen Freunden und mir einiges an Mühe zu ersparen, wollte ich diese für mich schwierige Wegstrecke nicht öfter als unbedingt nötig gehen. Deshalb schlug ich vor, uns zur Anpassung an die neue Höhe gleich zwei Tage und Nächte in Lager 1 aufzuhalten, ohne uns dort sonderlich anzustrengen. Auf diese Weise bekam der Organismus eine erste Ahnung davon, mit wie wenig Sauerstoff er in den nächsten Tagen auskommen musste, so dachte ich mir. Die zweite Nacht dort oben war um einiges besser als die erste, was ich an meinem nun schon niedrigeren Ruhepuls ablesen konnte.

Lore, Gisela, Gerhard und Wolfgang hatten jeweils ihre eigene Technik, sich dem Berg zu nähern, und so stiegen Thomas, Andi und ich wieder ins Basislager ab. An den Achttausendern hat jeder Bergsteiger seinen ureigenen Rhythmus, auf den er achten muss, und eigentlich kann in dieser Hinsicht keiner auf den anderen Rücksicht nehmen. Umso mehr weiß ich es zu schätzen, dass Andreas und Thomas bereit waren, sich meinem Rhythmus anzupassen.

Meine Probleme sind in einer solchen Situation ohnehin von ganz besonderer Art. Da ich den Weg zum Toilettenzelt nicht sicher finden kann, laufe ich schnell Gefahr, mein Geschäft an falscher Stelle zu verrichten. Deshalb war ich auch in diesem Fall auf die Begleitung meiner persönlichen Partner angewiesen. Das Problem mit der Toilette löste unser Expeditionsoperator Tirtha Tamang, der schon mit Reinhold Messner in den Achtzigerjahren unterwegs gewesen war und dabei wahrscheinlich mit ganz anderen Schwierigkeiten kämpfen musste, jedoch ganz einfach. Um Andi oder Thomas die nächtlichen Ausflüge zum Toiletten-Zelt mit mir zu ersparen, stellte er direkt neben meinem Zelt ein privates Openair-Klo für mich auf. Ein sesselartiges Gestell mit richtiger Klobrille und darunter ein Eimer mit einem Müllsack, so sah die Luxuslösung aus. So konnte ich ganz beruhigt nach dem Abendessen ins Zelt schlüpfen und musste mir keine Gedanken über eine volle Blase oder eine Darmverstimmung machen, weil ich mich jederzeit alleine hinaus auf meinen Thron tasten konnte. Natürlich sorgte meine öffentlich einsehbare Privat-Toilette speziell tagsüber für manche Belustigung im Basislager. Denn meine Verdauung nahm nun mal keine Rücksicht darauf, ob die Dunkelheit der Nacht oder der strahlende Sonnenschein am Tag über meinem Thron wachte. Die meisten Nachbargruppen hatten sich

allerdings schnell daran gewöhnt, dass der »blind climber« ab und zu neben seinem Zelt auf seinem gemütlichen Sessel saß, und denen, die es gar nicht fassen konnten, sagte ich einfach: »Was ich an Ansehen verliere, gewinne ich an Gesundheit dazu.«
Einige Teams hatten die Expedition mittlerweile schon abgebrochen, weil die Verhältnisse am Berg und das Wetter nicht gerade günstig schienen. Von den Leuten, die von den höheren Lagern zurückkehrten, bekamen wir sehr unterschiedliche Meldungen, und viele waren frustriert. Eine Bergsteigerin aus Rumänien machte uns wieder etwas Hoffnung. Sie hatte es mit zwei Sherpas und mit künstlichem Sauerstoff tatsächlich auf den Gipfel geschafft, wozu ich ihr aus ganzem Herzen gratulierte. Andere Bergsteiger aus aller Herren Länder versuchten schon seit Wochen, den Gipfel zu erklimmen.
Wir ließen uns nicht aus der Ruhe bringen und hofften, dass unsere Chance schon noch kommen würde. In den drei Tagen, die wir als Rasttage vor unserem Gipfelsturm genossen, fiel uns neben der optimalen Vorbereitung allerhand Nutzloses ein. So beschlossen wir, uns aus einem Stück Abfall-Karton ein einfaches Mühle-Brettspiel zu zimmern, und als Spielsteine sollten uns verschieden geformte Bonbons dienen. Doch dann kam es: Keiner am Tisch wusste mehr auf Anhieb, wie das Brettmuster dieses alten Spieles eigentlich aussah.
Da ließ ich mir die Pappe in die Hand geben und ritzte mit einem stumpfen Messer mein Bild von diesem Spiel, das ich seit meiner Kindheit im Kopf behalten hatte, in die Oberfläche des Kartons. So spürte ich genau, wo ich schon eine Linie gezeichnet hatte und wo ich in welchem Winkel über die bestehenden Bahnen fahren musste, um das Mühlebrett fertig zu zeichnen. Meine Freunde waren begeistert, welche Informationen ihr blinder Partner im Talon hatte, und konnten sich anhand meiner Zeichnung nun wieder ganz genau an das Mühlespiel erinnern.
Gisela klärte uns über die genaue Anwendung der Höhenmedizin auf, die sie mitgebracht hatte und die beim Gipfelgang jeder von uns im Rucksack haben sollte. Mit meinem Satellitentelefon holte ich noch einen genauen Wetterbericht für die nächsten Tage ein,

wobei sich in der Vorschau der 23. Mai als bester Gipfeltag herauskristallisierte.
Am Mittwoch, den 20. Mai, starteten Andi, Thomas und ich mit unseren schweren Rucksäcken vom Basislager in Richtung Lager 1. Wolfgang, der wegen beruflicher Termine unter Zeitdruck stand, war schon am Montag mit Tirtha und den anderen Hochträgern vorausgegangen.
Als ich nach dem mehrstündigen Marsch zum Lager 1 am Abend im Zelt noch einmal den Wetterbericht checkte, kam große Ratlosigkeit auf. Der zivile Wetterdienst meldete, dass es die nächsten zwei bis drei Tage noch gutes Wetter mit relativ wenig Wind geben und unserem weiteren Aufstieg nichts im Wege stehen sollte. Zwei Minuten später gab mir Lore über das Funkgerät vom Basislager eine extreme Wetterwarnung durch, die sie vom militärischen Wetterdienst eingeholt hatte. Wir sollten möglichst schnell das Material mit den Zelten vom Berg räumen, weil in den nächsten 24 Stunden ein schwerer Sturm mit Schneefall aufkommen würde. Ich schlug vor, die Nacht in Ruhe zu verbringen und am Morgen bei Tageslicht zu entscheiden, wie wir weiter vorgehen sollten.
Der 21. Mai lockte uns mit seinem wolkenlosen Himmel schon früh aus den Schlafsäcken, und um neun Uhr begannen wir den weiteren Aufstieg in Richtung Lager 2. Die Wetterwarnung von Lore hatten wir zwar im Hinterkopf, konnten sie aufgrund des einmalig schönen, windstillen Tages jedoch nicht ganz nachvollziehen. Ich fühlte mich so richtig wohl, weil nun zum ersten Mal nur Eis und Schnee unter meinen Steigeisen knarrte und die ewige Steinwüste unter uns lag. Schön gemächlich stiegen wir einen mäßig geneigten Firngrat höher, bis wir auf 6700 Metern zu der ersten Steilstufe kamen. Thomas kletterte die sechzig bis siebzig Grad steile Eiswand hoch, um Andi und mich von oben dabei zu filmen, wie wir uns mit Pickel und Steigeisen an den Fixseilen hochquälten. Da erst bemerkte ich so richtig, wie schwach ich in dieser dünnen Luft schon geworden war, und ich war unendlich froh, die letzten Schritte aus der hundert Meter hohen Eisstufe in nun wieder weniger schwieriges Gelände machen zu können.

Flach wie ein Fußballfeld breitete sich das vor uns liegende Plateau aus, das uns Bergsteiger zur zweiten, noch höheren Eisstufe führte.

Ich fühlte mich richtig wohl, weil ich sicher sein konnte, jetzt keinen tödlichen Fehltritt zu machen. Nach einer ausgiebigen Rast hatten wir am frühen Nachmittag das Ende des Plateaus und damit den Beginn der zweiten, noch viel anstrengenderen Steileisstufe erreicht, die sich von 6800 auf 7000 Meter Seehöhe hinaufzog. Andi war diesmal unser Vorsteiger und kletterte als Erster hinauf, um die Anker des Fixseiles zu kontrollieren. Thomas raufte sich mit mir Meter um Meter diese blau gefärbten Blankeispassagen höher. In meiner linken Hand schwang ich den Pickel, der sich klirrend im spröden Eis seinen Halt suchte, mit der rechten Hand schob ich die Steigklemme, die mich vor dem Absturz bewahren sollte, über das Fixseil hinauf. Das Eis war gespickt mit kleinen Unebenheiten und Ausbuchtungen, und so prallte mein Eispickel immer wieder mal vom Berg ab, wenn ich ihn nicht im genauen Winkel von neunzig Grad ins Eis drosch. Nur die Frontzacken meiner Steigeisen boten mir dann Halt, was mir meine Wadenmuskeln schmerzlich bestätigten. Unter dieser enormen Anstrengung raste mein Herzschlag an der Grenze zu 7000 Metern so heftig, dass ich ihn in allen Adern spürte. Nach Stunden der vollkommenen Verausgabung gab das Gelände endlich etwas nach und legte sich sanft zurück.

Schnell hatte ich mich erholt, und schon scherzte ich wieder mit meinen Jungs über unser unglaublich flottes Tempo, womit ich natürlich das Gegenteil meinte. Über Funk erfuhr ich, dass Wolfgang wegen eines kurzzeitigen Unwohlseins einen ganzen Tag verloren hatte und nun in Lager 3, eine Tagesetappe über uns, auf seinen Gipfelaufstieg wartete. Die zwei entgegengesetzten Wetterberichte vom Abend zuvor hatten wir schon fast vergessen, als sich Thomas, Andi und ich nach einer kleinen Portion Kartoffelpüree in die Schlafsäcke kuschelten. Weil wir mit den Zelten haushalten mussten, zwängten wir drei uns in ein Zweimannzelt, was die Nachtruhe nicht gerade begünstigte. Eine Nacht auf einer Meereshöhe von 7200 Metern ist in keinem Fall ein Genuss, und so war ich richtig froh, als nach einigen Stunden endlich wieder etwas Bewegung in unser Zelt kam. Im Halbschlaf dachte ich, einer meiner Partner wäre schon dabei, sich aus dem Schlafsack zu schälen, weil ich die Zeltplane flattern hörte. Doch plötzlich waren wir alle hellwach und stemmten unsere Körper gegen die sich biegenden Zeltstangen, um nicht mitsamt unserer Behausung von dem unheimlichen Orkan, der draußen wütete, davongefegt zu werden. Das war um vier Uhr morgens und draußen war es noch stockdunkel.

Die Lautstärke des Sturmes in den flatternden Zeltplanen hatte sich in kürzester Zeit in ein Brüllen und Tosen verwandelt, das jedes normale Gespräch unmöglich machte. Peitschende Böen wollten sich ihren Weg direkt unter dem Zeltboden hindurch bahnen. Thomas versuchte, sich einen Überblick über das hereinbrechende Chaos zu verschaffen, indem er den Reißverschluss des Zelteingangs öffnete und hinaus in die Nacht schlüpfte. Wie aus einer Schneekanone schoss der feine Pulverschnee zum Zelteingang herein, obwohl uns ein kleines Vorzelt davor schützen sollte.

Thomas kam sofort wieder zurück, da draußen nichts auszurichten war. Unsere Aufgabe für die nächsten zwei Stunden bestand vielmehr darin, unser Zelt mit Hilfe der schweren Ausrüstung und mit unserem eigenen Körpergewicht an Ort und Stelle zu halten. Wolfgang sollte um diese Zeit schon vom Lager 3 in Richtung Gipfel unterwegs sein. Wir hofften, dass ihn der Wettersturz nicht beim Aufstieg in einer Höhe über 7500 Metern überrascht hatte. Das war also die extreme Schlechtwetterfront mit Orkan und Schneefall, vor der der militärische Wetterdienst zwei Tage zuvor noch gewarnt hatte.

Ich zog mein Funkgerät aus der Tasche meiner Daunenjacke und versuchte, Kontakt mit dem Basislager und mit Wolfgang aufzunehmen. Als ich Wolfgangs Stimme aus dem kleinen Lautsprecher krächzen hörte, war ich froh, dass er überhaupt antwortete. Sein Akku war fast leer und so bekamen wir nur mit, dass er im Zelt in Lager 3 auf 7500 Metern sei. Vom Basislager hörten wir den dringenden Appell, möglichst schnell abzusteigen, weil der Orkan noch schlimmer werden sollte.

Innerhalb von zehn Sekunden beschlossen wir, unverzüglich den Rückzug anzutreten. Was für eine Aufgabe, sich in einem brüllenden Orkansturm mit einem Blinden, dessen Orientierung maßgeblich von seinem Gehör abhing, über zwei extrem steile Eiswände sicher abzuseilen! Unter diesen schlimmen Wetterbedingungen war es schlichtweg nicht möglich, mir mit unterstützenden Handgriffen zur Seite zu stehen.
Ich setzte meine Hoffnung auf unsere Erfahrung vom stürmischen Aufstieg zum Mount McKinley, wo mich Thomas mit kurzen ins Ohr gebrüllten Anweisungen und mit Klopfzeichen seines Pickels auf den richtigen Weg geführt hatte. Außerdem war ich mir sicher, dass ich mich auf mein Gefühl, meine Intuition und auf meine Geschicklichkeit voll und ganz verlassen konnte. Mir war aber auch klar, dass ich, sobald wir das Zelt verlassen hatten, vollkommen isoliert von meinen Freunden sein würde, weil mir der Sturm gleich zwei meiner Sinne, nämlich den Hör- und den Riechsinn, rauben würde.
Aber was war die Alternative? Stündlich kühlte man dort mehr aus und es war nur eine Frage der Zeit, wann man da oben für immer tiefgekühlt blieb. »Ein Blinder kommt doch noch eher vom Berg als ein Tiefgekühlter«, sprach ich mir selber Mut zu, als mir auch schon meine Kapuze wild um die Ohren schlug. Vom Aufstieg am Tag zuvor wusste ich noch genau, dass mir hier auf diesem weiten Plateau noch keine Absturzgefahr drohte. Der gefährlichste Moment würde dort kommen, wo das Plateau jäh endete und das erste Fixseil begann, das uns in das blaue Steileis queren ließ. Mit meiner Hand war ich über den Eispickel, den Thomas mir entgegenstreckte, mit ihm statisch verbunden, und so wusste ich genau, in welche Richtung ich meine Schritte setzen musste. Je länger wir über das leicht abfallende Schneefeld nach unten marschierten, desto größer wurde meine Sorge, dass ich dem nahenden Abgrund mit der 200 Meter hohen Eismauer unter mir vielleicht zu nahe treten könnte. Ganz automatisch ging ich immer langsamer.
Jetzt musste ich meinen Oberkörper weiter nach vorne neigen, um mit der Hand den Pickelschaft noch zu erreichen. Thomas war

im selben Tempo weitergegangen und hatte nicht bemerkt, dass ich langsamer geworden war. Also gab ich mir einen Ruck und setzte meine Schritte nun auch wieder zügiger, im vollen Vertrauen, dass meine Freunde auf meine Bewegungen achteten. Da verharrte der Pickelschaft in meiner Hand, eine Hand fasste die meine und führte mich zum Beginn der Fixseile. Ein wohliges Gefühl des Heimkommens durchfuhr mich, weil ich mir jetzt sicher war, selbstständig über das steile, schwierige Gelände absteigen zu können.

Vom Aufstieg her wusste ich genau, dass das Fixseil von nun an bis unter die Steilstufe ohne Unterbrechung durchlief. Wie ein roter Faden würde mich das Seil durch die Wand nach unten führen, und ich musste mich nur noch auf das ordentliche Setzen meines Pickels und der Steigeisen konzentrieren. Ich klickte meinen Sicherungskarabiner ein und schon begann ich die lange Querung, die mir am Tag zuvor noch großes Kopfzerbrechen bereitet hatte. Wie ein rückwärts laufendes Tonband spulte ich meine Bewegungen ab. Bald kam ich an die Stelle, an der das Fixseil von der Horizontale in die Vertikale überging. Dort konnte nur ein Bergsteiger nach dem anderen die Abseilfahrt machen, damit nicht zwei Menschen gleichzeitig an einem Fixseil hingen. Thomas war schon über das erste Seil hinuntergeglitten und Andi kam hinter mir die Querung herüber. Deshalb wusste ich nicht genau, wann ich mit dem Abseilen beginnen konnte.

Bei Sturm geben die Bergsteiger einander mit Handzeichen Bescheid, dass das Seil nun frei ist. Doch wie sollte ich erkennen, ob mein Vorgänger sich nun schon am nächsten Seil zirka fünfzig Meter unter mir weiter abseilte? Ich ergriff das nach unten verlaufende Seil und wartete so lange, bis ich daran keine Spannung mehr spüren konnte. Dann wartete ich noch einige Sekunden, um ganz sicherzugehen, dass Thomas tatsächlich schon das nächste Seil belastete. Nur noch den Abseilachter eingehängt und schon ging die Fahrt in die Tiefe los, wie ich es in den Dolomiten schon hundertmal erlebt hatte.

Wie ein Automat arbeitete ich mich Seillänge für Seillänge hinunter, und es fühlte sich gut an, als selbstständiger Bergsteiger zu agieren. Nach einigen Stunden erreichten wir Lager 1 auf dem Felssporn in 6400 Metern, wo wir eine Rast einlegten. Wolfgang, der natürlich ebenfalls hatte umkehren müssen, war mit seinem Sherpa mittlerweile auch bei uns eingetroffen und erzählte uns von dem extremen Sauwetter da oben in 7600 Metern.

Mein körperlicher Zustand war akzeptabel, das Gelände unter uns einfach, und so beschlossen wir, den Abstieg über weitere drei bis vier Stunden bis ins Basislager durchzuziehen.

Bis Ende Mai harrte unser Team noch im Basislager aus, um auf eine zweite Chance für einen Gipfelgang zu warten. Täglicher Neuschnee, einzelne Bergsteiger, die von aussichtslosen Gipfelversuchen total geschwächt zurückkamen, und immer wieder schlechte Wetteraussichten begleiteten uns eine ganze Woche lang, bis wir am 30. Mai endgültig unsere Zelte abbrachen.

WIE IM RICHTIGEN LEBEN

EINE BERGTOUR MIT MIR ERFORDERT ein gewisses Maß an Umsicht. Denn öffnet beispielsweise jemand beim Ausladen der Rucksäcke die Heckklappe des Autos, ohne mir Bescheid zu sagen, schlage ich mir daran möglicherweise die Stirn blutig. Auch ist es ein folgenschwerer Fehler, die Trinkflasche während der Gipfelrast unmittelbar neben mir abzustellen. Eine kleine Bewegung von mir, und schon ergießt sich das kostbare Getränk möglicherweise über ein Hosenbein und versickert in der Botanik. Die Begegnung mit anderen Wanderern auf schmalen Pfaden führt mitunter zu komischen Situationen, zum Beispiel, wenn mein Vordermann einen Naturgenießer überholen will. Denn wenn mein Begleiter vor mir direkt neben dem zu Überholenden marschiert, höre ich plötzlich zwei Schrittgeräusche gleichzeitig und habe Schwierigkeiten, den richtigen Vordermann herauszufiltern. Da kann es schon einmal vorkommen, dass ich mit hoher Geschwindigkeit und ungebremst von hinten auf einen wildfremden, meist ziemlich überraschten Wandersmann auflaufe. Extremes Unbehagen empfinde ich immer dann, wenn wir auf einem eisigen, von anderen Bergsteigern belagerten Gipfel mit den Steigeisen an den Füßen noch einige Schritte zu unserem Rastplatz zurücklegen müssen. Meine Körpersprache gleicht dann eher der eines stocksteifen Kleiderschranks als der eines dynamischen Bergathleten. Die messerscharfen Stahlstifte, die tief in das blaue Eis eindringen sollen, um mich vor dem Abrutschen zu bewahren, könnten genauso gut einen herumliegenden Rucksack oder die teure Jacke irgendeines Gipfelstürmers treffen und großen Schaden anrichten.

Meine Seilpartner wissen, dass sie mit mir einige spezielle Regeln beachten müssen und etwas langsamer unterwegs sind, aber sie wissen auch, dass sie von einer Bergtour mit mir einen Erlebniswert ganz besonderer Art mit nach Hause nehmen. Paradoxerweise muss die Seilschaft mit einem blinden Partner nicht unbedingt mehr Gefahr bedeuten, sondern kann auch ein Mehr an Sicherheit bringen. Denn wenn meine Freunde mit mir eine schwierige Wand durchstiegen haben, kommen sie nicht wie andere Bergsteiger in Versuchung, auf dem letzten, oft flacher werdenden Teil der Wand auf das Seil zu verzichten. Das machen sehende Seilschaften gern, weil man seilfrei doch wesentlich schneller vorankommt und man nach einer schweren Tour die unteren Schwierigkeitsgrade ohne Probleme beherrscht. Dabei liegen die wirklich gefährlichen Stellen einer schwierigen Route nie an der steilsten Stelle der Wand, nein, sie liegen genau dort, wo man es am wenigsten erwartet. Die gefährlichsten Stellen sind unscheinbare, tückische Bereiche mit losem Schotter oder lockerem Fels, wo der Kletterer in die Falle geht. Genau auf solchen Teilstrecken bin ich aufgrund meiner Einschränkung noch bedachter unterwegs, weil ich es mir schlicht nicht leisten kann, über solche Stellen hinwegzuhuschen.

Ein gewisser Weitblick, die Bereitschaft zu Experimenten und vor allem die überdurchschnittliche mentale Stärke meiner Partner machen mir solche Abenteuer erst möglich. Dabei spüre ich eine natürliche Trennung zwischen Menschen, für die Bergsteigen weitaus mehr als eine körperliche Ertüchtigung ist, und Menschen, denen es in erster Linie um die üblichen Rekorde schneller, höher, steiler oder geiler geht. Ein Bergsteiger der letzteren Kategorie wird mit mir nie eine Seilschaft bilden. Bei meinen Freunden, die mit mir in die Berge gehen, handelt es sich um ganz besondere Menschen, die anderen oft unbegreiflich sind. Wie kann man sich, so fragt sich kopfschüttelnd mancher Bergsteiger, nur mit einem Blinden in das Seil knüpfen und freiwillig auf Geschwindigkeit, Sicherheit und – wie sie meinen – Spaß verzichten? Auch Missmut über meine Erfolge schlägt mir aus der Bergsteigerszene entgegen: Für einzelne Spitzenkletterer habe ich mit meinen Aktionen heilige Wände entweiht. Vielleicht, weil sie fürchten, sich mit dem Erklettern einer Route nicht mehr brüsten zu können, die einer schon »blind« gemeistert hat.

Eine solche heilige Wand ist die Südwand der Laserz mit dem Schwierigkeitsgrad VIII- (VI+ Ao, bei Verwendung der Sicherungshaken auch zur Fortbewegung), eine extrem überhängende Felswand, deren Oberfläche glatt wie eine Betonmauer ist. Mit exakt antrainierten Bewegungsmustern drückt und spreizt man dort seinen Körper nach oben. Man zieht sich oft nur mit zwei Fingerkuppen an einer Grifffläche von der Größe einer einzigen Computertaste hoch, um dann im richtigen Moment die Last des Körpergewichts von den beiden Fingern an eine Fußspitze weiterzugeben, mit der man sich den Halt an einer rauen Stelle zunutze macht.
Ohne seine ganz besondere mentale und körperliche Stärke hätte sich mein Seilpartner David Denifl nie und nimmer mit mir alleine in diese Wand wagen können. Die Laserz-Südwand ist so stark überhängend, dass man im Falle eines Sturzes gleich einige Meter von der Wand entfernt mehr als hundert Meter hoch über der Westschlucht in der frischen Luft hängt und es nahezu unmöglich ist, die Wand wieder zu erreichen.
David hatte mich nicht nur von sich aus zu dieser Extremtour eingeladen, sondern mir in keiner einzigen Sekunde der Durchsteigung dieser 300 Meter hohen Wand das Gefühl gegeben, eine Last für ihn zu sein. Die vielen Erfahrungen, die er mit mir in den steilsten Wänden der Dolomiten gesammelt hatte, und sein Vertrauen in meine Fähigkeiten kalkulierte er ein. So konnte er mir von oben systematisch Tipps geben, wie ich die Überhänge am besten meistern konnte. Dabei hat er mir noch den Eindruck vermittelt, unendlich viel Spaß mit mir und unserem Pionierprojekt zu haben. Für mich war es ein gelungener Versuch, mit vereinten Kräften schwierigste Barrieren zu überwinden und dabei meine Grenzen erheblich auszudehnen. Bei meinen Vorträgen und Seminaren sage ich immer wieder: Es ist keine Bürde, voneinander abhängig zu sein. Ein Ziel gemeinsam zu erreichen, ist etwas vom Schönsten überhaupt. Wenn man verstanden hat, dass jeder Einzelne von uns eine Fähigkeit mitbringt, die zum Gelingen einer Aufgabe beitragen kann, geht es nur noch darum, diese auch zu entdecken. Es ist vermessen zu glauben, dass irgendjemand auf dieser Welt wirklich unabhängig ist. Durch meine Blindheit bin

ich natürlich in besonderer Weise auf andere angewiesen. Das könnte ich jetzt als grundsätzliche Benachteiligung sehen oder als große Ungerechtigkeit, die mir das Schicksal hat zuteilwerden lassen. Doch habe ich spätestens in meinem »zweiten« Leben gelernt, das ganz anders zu sehen. Es geht viel Energie verloren, wenn man seine Schwächen versteckt, um sich selbst ein falsches Gefühl der Überlegenheit einzureden. Wenn man dieses unkonstruktive Verhaltensmuster ablegen kann, hat man viel gewonnen. Es ist nämlich viel einfacher, wenn man sich als Blinder und als Einarmiger in 6000 Metern Höhe gegenseitig eingesteht, was man am wenigsten kann, als sich etwas vorzumachen. Die wenige Energie, die in solchen Extremsituationen noch vorhanden ist, kann man so für das Wesentliche nutzen. Eine Erkenntnis, die mich und meinen Freund Peter immerhin auf den Gipfel des Aconcagua gebracht hat. Das hat mir eindrucksvoll gezeigt, dass es nicht darauf ankommt, was man hat oder nicht hat, sondern, wie man mit seinen eigenen Defiziten und wie man miteinander umgeht.
In den Bergen spielt der Dienstgrad keine Rolle, auch nicht die Höhe des Kontostands oder die Anzahl der Versicherungen. Die einzige Versicherung, die dort oben greift, besteht aus meinem Seilpartner, dem lieben Gott und mir selbst. Ich denke auch, dass Gott sich manches Mal in meine Gedankengänge einbringt, um mich bei wichtigen Entscheidungen zu lenken. Das lasse ich gerne zu. Mehr als einmal in meinem Leben habe ich erfahren, dass ich damit gut beraten bin. Es gibt Situationen, egal ob in einer senkrechten Felswand oder im Alltag, da bin ich am Ende meiner Weisheit, und meine Gedanken werden, sosehr ich mich auch bemühe, nur noch konfuser. Dann wird es höchste Zeit für mich, das Steuer für eine kleine Weile aus der Hand zu geben und den da oben darum zu bitten, es doch mal kurz zu übernehmen. Und dann lasse ich die Dinge laufen, ohne krampfhaft ins Geschehen einzugreifen. Meine Sensoren sind dann auf höchste Empfindlichkeit eingestellt, damit ich merke, in welche Richtung es gehen soll und wann ich die Kontrolle wieder selbst übernehmen kann. Diese Phase der von mir gefühlten Fremdsteuerung dauert oft nur wenige Sekunden an. Und meist ist dabei weniger Schaden entstan-

den, als wenn ich mit aller Gewalt versucht hätte, den Karren selbst aus dem Dreck zu ziehen.

Die Bergwelt hat viel dazu beigetragen, dass ich mich trotz meines Handicaps immer weiterentwickeln konnte, dass mein Vertrauen in die eigenen Fähigkeiten immer größer wurde und ich immer noch neugierig auf neue Herausforderungen bin.

Und so versuche ich jeden Tag aufs Neue, das Leben so dynamisch und spannend wie möglich zu gestalten, weil ich weiß, dass jeder Morgen eine Einzelausgabe des Universums ist.

... Meine Mutter entdeckt am westlichen Himmel dicke, schwarze Wolken. An der höchsten Gratschneide einer Dolomitenzacke in ein Gewitter zu geraten, ist etwas vom Schlimmsten, was einem Bergsteiger widerfahren kann. Deshalb dränge ich zum Abstieg. Ich seile meine Mutter einen kurzen Kamin hinunter, bis sie zwanzig Meter tiefer auf einen schmalen Steig trifft, der uns hinüber zur Teplitzer Scharte auf den normalen Wanderpfad leitet. Nach wenigen Minuten stehe ich neben ihr und wir wundern uns über das lautstarke Summen an den Felsen. Sogar die Spitzen der Wanderstöcke, die meine Mutter am Rucksack befestigt hat, surren wie ein Wespennest. Das ist die mit Elektrizität aufgeladene Gewitterluft, die unseren Berg einhüllt. Der erste Donnerschlag wird nicht mehr lange auf sich warten lassen. Teils aufrecht, teils kriechend, hangeln wir uns an der Wand entlang hinüber in die kleine Einschartung zwischen der Großen Teplitzerspitze und dem südlichen Nachbargipfel. Dort angekommen geht es nun über eine steile, mit Schotter gefüllte Rinne hinunter zur Karlsbader Hütte, wo wir uns trotz der nun entfesselten Naturgewalten in Sicherheit wiegen können. Während wir uns am knisternden Hüttenfeuer wärmen, sagt meine Mutter zu mir: »Eigentlich darf man das gar keinem Menschen erzählen, was wir beide heute erlebt haben. Sie würden mich einsperren. So unverantwortlich zu handeln, sich mit seinem blinden Sohn in diese Todesgefahr zu begeben und dabei noch zu jubeln, das ist einfach zu viel. Ach Andy, was ich mit dir schon für verrückte Dinge erlebt habe, damit könnte ich ein ganzes Buch füllen.«

Nun bin ich ihr zuvorgekommen.

DANK

ES VERGEHT KEIN TAG, an dem ich nicht von Herzen dankbar bin; jenen Menschen dankbar, die mich in meinem Leben begleitet haben und immer noch begleiten. Denn ohne sie hätte ich weder meine ersten Gehversuche gemeistert noch irgendeinen Gipfel meiner geliebten Berge erreicht. Dieses Gefühl einer stärkeren Abhängigkeit drückt mir nicht auf die Schultern, nein, ich kann dadurch immer neue menschliche Verbindungen knüpfen.

Meiner lieben Frau Sabine, die mir mein heimeliges Nest garantiert, mir die Freiheit meines Lebens lässt und immer wieder meine Träume mit mir teilt,

meiner Mutter und meinem Vater, die immer an mich geglaubt haben und mir damit ein stabiles Fundament geschaffen haben, das mir sicherlich bis zu meinem Lebensende den nötigen Halt gibt,

dem Bruckner Hans, der mir mit seiner positiven Lebenseinstellung, dass man aus jedem und allem etwas Gutes machen kann, die Türe zu meinen Bergen endgültig geöffnet hat,

und jedem einzelnen meiner vertrauten Bergpartner in Eis, Schnee und Fels, die sich so selbstlos mit mir in das Seil knüpfen und ohne die ich da oben nicht den Funken einer Chance hätte,

sage ich ein ganz großes »VERGELT'S GOTT!«